建筑企业法律风险防控策略

沈明宇　著

中国社会出版社
国家一级出版社·全国百佳图书出版单位

图书在版编目（CIP）数据

建筑企业法律风险防控策略／沈明宇著. —北京：中国社会出版社，2015. 12

ISBN 978－7－5087－5219－8

Ⅰ. ①建… Ⅱ. ①沈… Ⅲ. ①建筑业—建筑法—研究—中国 Ⅳ. ①D922. 297. 4

中国版本图书馆 CIP 数据核字（2015）第 297217 号

书　　名：建筑企业法律风险防控策略
著　　者：沈明宇

出 版 人：浦善新
终 审 人：李　浩
责任编辑：陈　琛　　**责任校对：**杜　淼

出版发行：中国社会出版社　邮政编码：100032
通联方法：北京市西城区二龙路甲 33 号
电　　话：编辑室：（010）58124845
邮购部：（010）58124848
销售部：（010）58124850
传　真：（010）58124856
网　　址：www. shcbs. com. cn
shcbs. mca. gov. cn
经　　销：各地新华书店

中国社会出版社天猫旗舰店

印刷装订：北京华创印务有限公司
开　　本：170mm×240mm　1/16
印　　张：24. 25
字　　数：360 千字
版　　次：2015 年 12 月第 1 版
印　　次：2015 年 12 月第 1 次印刷
定　　价：68. 00 元

中国社会出版社微信公众号

目　录

前　言

近三十年来，最能造就人才的行业要数中国建筑行业。多少农民工兄弟，凭着勤劳、胆大、心细、算计而逐渐成为班（组）长、包工头、小老板、大老板、建筑公司老总。听他们的故事，看他们的言行，或似游击队农村包围城市，或似耸天脚手架上的钢管舞表演者；或似围攻欠债公司大楼的敢死队，或似聚集市政广场的）送葬队伍。他们的功绩——一幢幢楼房，一座座桥梁，一条条高铁。他们的劣迹——一次次殴斗，一次次涉黄，一次次被监禁。有时他们是赌棍，用 50 万元去赌 5 亿元的建筑项目。有时他们是骗子，既无资质又无营业执照，居然能接上亿元的总承包工程。是谁在操纵农民工？是谁在搅混建筑市场？偌大的中国建筑市场啊，你的风险到底有多大？陷阱到底有多深？快速暴发的建筑企业哟，如何才能识别风险、防控风险，走稳自己的路呢？

虽然有些建筑企业曾经飞黄腾达、红极一时，但现在多数建筑企业债台高筑，步履维艰。甚至资不抵债，破产倒闭。其风险之高，前所未有。作为建筑行业的亲历者和建筑企业的资深法律顾问，痛定思痛后，下决心把我经历的种种法律风险告诉读者，使之警觉警醒，并教之防控策略，让那些不知风险者能够识别风险，让那些遇险而又束手无策者能够有效应对。

一、本书的结构

本书由前言和正文构成。前言中讲解风险、法律风险等基本知识，使读者渐进深入正文内容。正文共有十一章。

第一章建筑企业设立中的法律风险与防控策略，旨在告诉读者从建筑公司设立之时就应注意法律风险的防控，从企业胚胎时就防范病毒侵入。

第二章资质外借与挂靠的法律风险与防控策略，目的在于教会建筑企业如何把非正规军（农民工）改造成正规军（建筑工人），变“非法”为“合法”。

第三章招投标中的法律风险与防控策略，旨在教会读者掌握招投标过程中的博弈技巧。一个项目的成功与否，赚钱与否，招投标时就可预知结果。

第四章建设工程施工合同签订的法律风险与防控策略，旨在讲授合同法律术语、合同签订技巧和如何防范被人挖“坑”而不知！

第五章工程款结算的法律风险与防控策略，工程款结算是合同双方争夺的焦点、难点，工程项目利益如何分割、分配，在本章得以集中体现，你死我活的斗争，明里暗里的博弈在本章详述。

第六章工程项目索赔的法律风险与防控策略。

第七章工程概预算的法律风险与防控策略。

第八章举证不能的法律风险与防控策略，对第五章起辅助作用。

第九章建筑企业国际合作的法律风险与防控策略，以作者亲历的案例告诉读者如何在国外打官司、德国法院的审判流程和庭审技巧。

第十章建筑企业常用合同模版，周全，公平，可拿来即用，对那些没有法律顾问的公司特别有益。

第十一章建筑企业常用法律法规，是建筑企业行为的指南针，是其维权的法宝，值得建筑企业每位员工细读。

危难之处显身手，建筑企业危难之际正是精英人才大展宏图之时。

如果您是位一心想做大的“包工头”，认真读了这本书，您会变得更精明，少上他人当，少吃他人亏。

如果您是身价亿万的建筑商，认真读了本书，就能洞悉建筑市场的法律风险与防控策略。

如果您是在校大学生、研究生，认真读了本书，您将看清建筑市场的真实图景。在您惊叹之余，您定会摩拳擦掌，准备在法律风险特高的建筑业大显身手。

怀着中国梦的人，不可不读本书！

想成为建筑企业高管的人，不可不读本书！

立志成为中国建筑业领军人物的人，不可不读本书！

要读懂本书，需具备风险管理方面的基础知识。出于本书章节安排的合理性，作者将风险基础知识安排在前言中讲述。

二、风险基础知识

“风险”是指损害的可能性。《中央建筑企业全面风险管理指引》第三条将风险定义为：未来的不确定性对公司实现其经营目标的影响。风险包含三个要素：有害结果、发生的概率和现实状态。风险有三个特征：损失性、不确定性、客观性。一般将风险分为两类：纯粹风险和投机性风险。纯粹风险又称静态风险，是指只有机会损失而无获利可能的纯损失风险，如火灾、地震等导致的风险。投机性风险又称动态性风险，指既有机会损失又有获利可能的风险，建筑企业经营风险多属此类，它常与政治、经济、科技、法律变动等相关；风险还可以分为外部风险和内部风险。外部风险是指由于外部环境变化而带来的风险，如冰雹、洪水等自然灾害、房地产政策调整等带来的风险。内部风险是指建筑企业内部员工在行为过程中由于操作不当且缺乏有效防控体系而产生的风险，如建筑企业法定代表人不审查合同就签字导致本方责任过重的风险。

法律风险与其他风险一样，具有损失性、不确定性、客观性，而且还具有建构性、可控性和规范性等法律属性。因此，建筑企业法律风险可定义为：建筑企业因其不当行为或者不利的法律环境而导致其目标不达、人身财产损失以及承担法律责任等不利法律后果的可能性。

建筑企业法律风险可做如下分类：

根据建筑企业经营行为，可将建筑企业法律风险分为合同法律风险、市场营销法律风险、知识产权法律风险、劳动法律风险、投资法律风险、公司并购法律风险、税收法律风险、破产法律风险等。

根据法律风险产生的原因可分为外部法律风险和内部法律风险。外部法律风险是指因建筑企业外部环境的变化导致的法律风险，如国家法律制定、修订导致的法律风险。新合同法规定“建设工程的价款就该工程折价或者拍卖的价款优先受偿”，导致“在建工程的银行贷款抵押权”劣后于“在建工程承包人的工程款受偿权”。又如《中华人民共和国企业破产法》修订而扩展了破产范围，给金融业、保险业增加了收款不能风险。内部法律风险是指由于建筑企业内部员工操作不当或者风险控制系统不完善，未能对面临的法律风险及时做出有效反应而产生的风险。如建筑企业不与员工签订劳动合同或者所签劳动合同不合法，被劳动监察部门处罚及对员工进行补偿的风险；又如建筑企业未调查对方的资信，就与其签订买卖合同造成货款不能收回的风险；再如建筑企业员工接到行政处罚通知书后，置之不理而丧失申请听证、提起行政复议或诉讼的机会等。

建筑企业法律风险一旦变为现实，就表现为建筑企业的“行为目的不达”、“人身财产损害”以及“承担法律责任”。行为目的不达包括行为主体的预期利益不能实现、投入的成本和费用不能收回。例如：某装修公司欲承包某大酒店的装修工程，由于没有对发包人的资信进行调查，在开标前夕才得知发包人负债累累、极有可能拖欠工程款的事实，于是不得不放弃投标，结果导致其投标准备阶段所发生的费用无法收回，效果图绘制费用、投标文件编制费用、招待费等统统化为乌有。

人身财产损害是指在遭受他人违约或者侵权而致人身财产损害，因诉讼时效已过、证据不足、法官自由裁定权等原因导致败诉的风险损失。表现为人身受到侵害而不能得到赔偿，财产受到损害而不能得到补偿等。

承担法律责任包括承担民事责任、行政责任和刑事责任，这将导致其人身自由被剥夺或者受限制，甚至生命或法律主体资格被剥夺，自然无从通过从事经营活动等获得利润或报酬，同时还要遭致巨额经济损失（违约金、赔偿金、罚款、罚金、没收财产等)。

建筑企业法律风险具有可控性。法律风险因当事人的行为与相关法律而生，所以，当事人于行动之前应对法律进行深入研究，这样不仅可以预测法律风险发生的可能性，而且可通过纠正某行为的非法性来规避、防控法律风险。因此，建筑企业法律顾问、律师在建筑企业法律风险管控中大有用武之地，能够诊断、识别建筑企业法律风险，防范或控制建筑企业风险，做一名优秀的“建筑企业医生”。

防控建筑企业法律风险，不仅仅是高管的事，而且是全体员工的事，我们提倡全员全面风险管理，具体措施有：

（一）树立全员、全面法律风险防控意识

对于一个建筑企业来说，法律风险无处不在，无时无有，必须对建筑企业全体员工、各个岗位进行法律风险意识培育，对重点人员、重点岗位还应重点培育，提高法律风险防控意识，使之在日常工作中形成条件反射，每次行动前就能想到法律后果，在“做”与“不做”之间做出明智抉择，达到有效防控法律风险之目的。如果一个建筑企业认为法律风险防控仅仅是法务部门的事，那就大错特错了。法务部门虽是法律风险归口管理部门，但财务部门、知识产权部门、技术部门、法定代表人等部门或者岗位都是法律风险高发地，如果不对这些部门或岗位人员进行法律培训，提高其法律风险防控意识，建筑企业或早或晚会有案件发生，甚或因一人一事出错给建筑企业带来灾难性法律后果。

（二）正确识别建筑企业法律风险

建筑企业法律风险管理的第一步就是要进行法律风险识别。如果由于主客观原因不愿识别或者无法识别，就无从谈起法律风险管理。法律风险识别的方法很多，下面主要介绍两种方法：

1. 法律行为流程图法

该法是指将建筑企业法律行为过程中每个环节按先后顺序排列，然后，对每个环节的合法性进行分析，将每个环节的不合法之处标注于该环节，这样可清晰地知道各环节的风险所在。

例如，在识别合同法律风险时，将合同管理过程划分为初始审查、资信审查、合同条款审查、合同签订、合同备案、合同履行共六个环节，然后按先后次序依次鉴别。

（1）初始审查是指审查是否经过招标、政府集中采购等强制性法律程序。未经这些程序，将产生合同效力风险和被行政处罚风险。

（2）资信审查是指审查拟签合同的相对人的主体资格，三证（营业执照、组织机构代码证、税务登记证）是否齐全，特殊行业还要审查其是否有资质证书、许可证等，有无未结重大诉讼案件，是否有不良履约记录，

现在的履约能力如何等等。资信审查不严，往往会导致所签订合同无效或者履行不能。

（3）合同条款审查包括对合同术语的审查、普通条款的审查、专用条款的审查，特别要注意对数据大小写的审查。任何遗漏或差错都将导致当事人的权利义务不明确或有失公平，埋下法律纠纷隐患。

（4）合同签订的方式不完善，也可能导致合同无效。如签字人未经授权，没有盖章或者所加盖公章不是公司行政章或合同专用章，而是公司部门章、项目部章等。

（5）未按规定将合同备案，将导致合同是否有效的风险。

（6）未按合同履行，既产生违约风险，又将产生经济损失。

2. 法律风险图表法

先确定导致法律风险的因素，利用图表形式将这些法律风险一个一个列明，然后，对应列出这些风险的现实状态，由此辨别该种法律风险是否存在。

例如，要识别某有限公司的成立是否存在目的不达的法律风险。首先，确定公司名称、股东、股本、章程、申请文件和行政审批文件作为法律风险因素。然后，在每个因素下面列出其现实状态（是否具备、是否合法、是否必须）。

有限责任公司法律风险辨识表

因素 状态	公司名称	股东	股本	章程	申请文件	行政审批文件
是否具备	已通过预登记	具备	具备	具备	具备	不具备
是否合法	合法	合法（3人）	合法（50万元）	合法（绝对必要事项齐全）	合法	
是否必须	是	是	是	是	是	否

（三）客观评测建筑企业法律风险

建筑企业法律风险评测是指对已识别的公司法律风险发生概率进行评估或测算，以确定发生的概率大小，进而测算损失的严重程度，包括损失

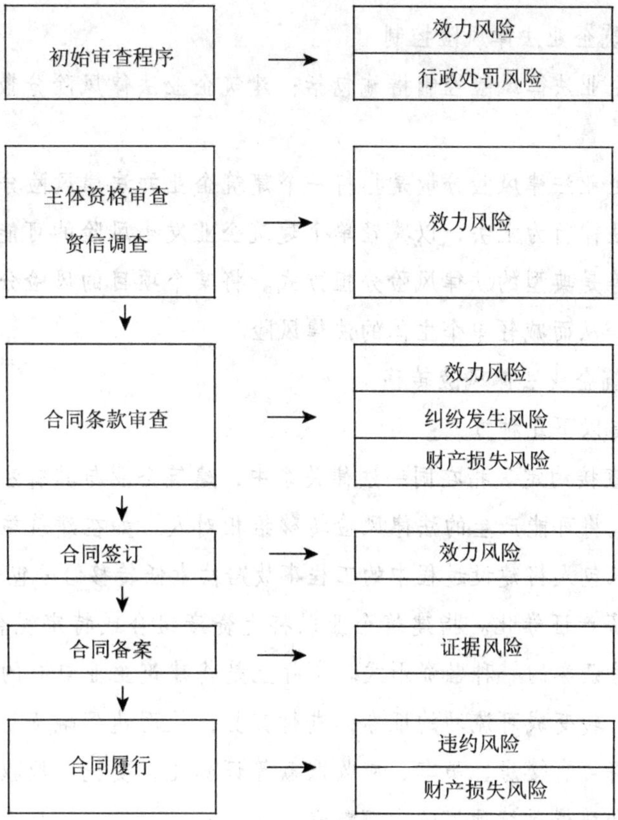

合同法律风险辨识流程图

额、影响范围、持续时间、法律风险解决成本等。

（四）有效防控建筑企业法律风险

1. 法律风险回避

法律风险回避是指充分考虑预定目标达成的外部法律环境因素和建筑企业运营中法律风险因素，结合自身的风险偏好性和风险承受能力，从而做出中止、放弃某种法律行为或调整、改变某种法律行为，以期达到回避法律风险的目的。众所周知，风险和收益总是相伴而生的，完全回避风险是做不到的，除非该建筑企业不开展业务，只要开展业务，必有风险存在。因此，多数公司都会在一定程度上容忍法律风险存在，进而采取控制措施，将其控制在能容忍的限度内。

2. 建筑企业法律风险控制

建筑企业法律风险控制措施包括：建筑企业法律风险分散、转移、降低或承担。

建筑企业法律风险分散是指将一个建筑企业的法律风险分散到多个主体或多个法律行为上去，以减轻单个建筑企业发生风险的可能性。合作经营、联营等是典型的法律风险分担方式。将某个项目的风险分散到多个法律主体上，从而减轻单个主体的法律风险。

3. 建筑企业法律风险转移

主要有以下几种方式：

(1) 直接约定。指在同一法律关系中，建筑企业与其有法律关系的相对人约定，将可能产生的法律风险转移给相对人。如在建筑施工总承包合同中，总承包人将建设过程中的工程事故赔偿责任转移给分包人。

(2) 资产证券化。指建筑企业以特定资产组合或特定现金流为支持，发行可交易证券的一种融资形式。实际上是将建筑企业自有的不具备流动性的资产，转变成可流动的证券，进行交易，从而达到融资目的。如：某建筑企业将自有楼房、吊车、应收账款等证券化，委托某股权交易所进行交易，成功获得后续项目的大额融资。

(3) 委托或外包。建筑企业将一些非核心流程或业务委托、外包给其他主体，从而将这些非核心流程或业务蕴含的法律风险也一并转移给其他主体，如某建筑公司将建材运输委托给专门的运输公司，将本公司的安保工作委托给保安公司去做，等等。

本书所用资料来自于本人亲办案件和日常工作积累，由于成书仓促，书中错误难免，但仍然瑕不掩瑜，有些篇章或段落可作为建筑企业的模版或示范文本使用，对那些想成为建筑企业行家的人特别有用，不可不读，不可不认真读。

作者：沈明宇博士
2015 年 5 月完稿于天津

第一章
建筑企业设立中的法律风险与防控策略

一、企业类型选择的法律风险与防控策略

二、股东出资的法律风险与防控策略

三、股东资格取得的法律风险与防控策略

四、“干股赠与”的法律风险与防控策略

五、公司注册地选择的法律风险与防控策略

一、企业类型选择的法律风险与防控策略

企业类型的选择就好比构建一座大厦的骨架，直接勾勒出未来企业的外形，这个外形不一定越宏大越好，也不是越小越好，一定要与创办人的资金实力、管理水平、可能开展的业务范围等相适应。否则，就会拉大旗作虎皮，狐假虎威，形成空壳公司；或者会因企业过小（如个人独资企业、合伙企业）而限制其业务发展，可能成立不过两三年又频繁变更公司形式，导致设立成本增加。因此，企业类型选择是否恰当，直接关系到企业能否设立、设立成本、业务范围、发展规模、法律风险程度、盈利水平等。可以说，企业类型的选择是企业成功的第一步。

如何选择企业类型呢？建筑业又有哪些常见企业类型呢？不同创办人有不同的管理风格和资源，因此，各创办人应选择最适合于自己管理风格和自有资源的企业类型。

一般来说，企业类型的选择要考虑两方面问题：一是公司组织形式问题。是组建有限责任公司呢，还是股份有限公司，抑或是套建合伙企业、独资企业，还是中外合资企业？每一种组织形式都有其相对的利弊；二是股东投资的出资形式。《中华人民共和国公司法》规定实物、工业产权、非专利技术、土地使用权及现金等都是合法的出资形式，但同时对以实物、工业产权、非专利技术、土地使用权出资的作价有一定控制，规定必须评估作价，核实财产，不得高估或者低估。对于合伙来说，劳务也是合

法的出资形式。如果是某一个股东的出资出现违反了《中华人民共和国公司法》或相关法律关于出资类型的规定，这个违法出资的股东肯定要承担法律责任，同时会殃及其他股东，其他股东可能会因此而承担某些不利的法律后果，比如对债务承担连带责任、共同瑕疵担保责任等。

按企业规模从大到小的顺序，建筑企业常见的类型有：

（一）施工总承包企业

这类企业通常的名称为“××建筑工程有限公司”或者“××建筑工程总承包有限公司”，其业务范围很广，几乎涵盖建筑方面的所有工种，其资质等级要求也很高，大多具有二级、一级甚至特级施工资质。施工总承包企业一般覆盖专业承包企业的业务范围，施工总承包企业可承接总承包资质覆盖范围内的专业承包工程，如：机电安装工程施工总承包可覆盖机电设备安装工程专业承包；市政公用工程施工总承包覆盖桥梁工程专业承包、隧道工程专业承包和管道工程专业承包；公路工程施工总承包覆盖公路路面工程专业承包、公路路基工程专业承包、桥梁工程专业承包和隧道工程专业承包；港口与航道工程施工总承包覆盖港口与海岸工程专业承包和航道工程专业承包。即具有这些施工总承包资质的建筑企业，承接覆盖范围内的专业承包工程，不再需要取得相应的专业类别资质，即可参与相应专业工程的投标活动；总承包企业投标或承接其总承包类别资质覆盖范围以外的专业工程，须具备相应的专业承包类别资质。因此，施工总承包企业可承接施工总承包工程，对所承接的施工总承包工程内各专业工程可全部自行施工，也可将专业工程依法分包给具有相应资质的专业承包企业。相应地，专业承包企业可承接施工总承包企业分包的专业工程和建设单位依法发包的专业工程。

（二）专业承包企业

由于建筑业细分专业很多，有60个专业门类，各门类都可以取得相应资质后设立专业承包企业。如下表：

1. 地基与基础工程专业承包企业；
2. 土石方工程专业承包企业；
3. 建筑装修装饰工程专业承包企业；
4. 建筑幕墙工程专业承包企业；
5. 预拌商品混凝土专业承包企业；
6. 混凝土预制构件专业承包企业；
7. 园林古建筑工程专业承包企业；
8. 钢结构工程专业承包企业；
9. 高耸构筑物工程专业承包企业；
10. 电梯安装工程专业承包企业；
11. 消防设施工程专业承包企业；
12. 建筑防水工程专业承包企业；
13. 防腐保温工程专业承包企业；
14. 附着升降脚手架专业承包企业；
15. 金属门窗工程专业承包企业；
16. 预应力工程专业承包企业；
17. 起重设备安装工程专业承包企业；
18. 机电设备安装工程专业承包企业；
19. 爆破与拆除工程专业承包企业；
20. 建筑智能化工程专业承包企业；
21. 环保工程专业承包企业；
22. 电信工程专业承包企业；
23. 电子工程专业承包企业；
24. 桥梁工程专业承包企业；
25. 隧道工程专业承包企业；
26. 公路路面工程专业承包企业；
27. 公路路基工程专业承包企业；
28. 公路交通工程专业承包企业；
29. 铁路电务工程专业承包企业；
30. 铁路铺轨架梁工程专业承包企业；
31. 铁路电气化工程专业承包企业；
32. 机场场道工程专业承包企业；
33. 机场空管工程及航站楼弱电系统工程专业承包企业；
34. 机场目视助航工程专业承包企业；
35. 港口与海岸工程专业承包企业；
36. 港口装卸设备安装工程专业承包企业；
37. 航道工程专业承包企业；
38. 通航建筑工程专业承包企业；
39. 通航设备安装工程专业承包企业；
40. 水上交通管制工程专业承包企业；
41. 水工建筑物基础处理工程专业承包企业；
42. 水工金属结构制作与安装工程专业承包企业；
43. 水利水电机电设备安装工程专业承包企业；
44. 河湖整治工程专业承包企业；
45. 堤防工程专业承包企业；
46. 水工大坝工程专业承包企业；
47. 水工隧洞工程专业承包企业；
48. 火电设备安装工程专业承包企业；
49. 送变电工程专业承包企业；
50. 核工程专业承包企业；
51. 炉窑工程专业承包企业；
52. 冶炼机电设备安装工程专业承包企业；
53. 化工石油设备管道安装工程专业承包企业；
54. 管道工程专业承包企业；
55. 无损检测工程专业承包企业；
56. 海洋石油工程专业承包企业；
57. 城市轨道交通工程专业承包企业；
58. 城市及道路照明工程专业承包企业；
59. 体育场地设施工程专业承包企业；
60. 特种专业工程专业承包企业。

（三）劳务分包企业

现代建筑企业的用工形式发生了根本性变化，随着项目管理方法的推广，建筑企业管理层和劳务层进一步“两层分离”，施工总承包公司、专业公司一般不再长期雇用工人了，只雇用管理人员、技术人员，而将施工中的劳务全部分包给其他单位或个人（包工头）。这就大大节省了总承包公司、专业公司的劳动力成本，也提高了劳动效率。因此，经工商注册的劳务分包公司较多，没有注册而实际从事劳动分包的个人（包工头）也很多，前者合法，后者不合法，但却长期存在，建设行政主管部门对其屡禁不止。

劳务分包是指施工总承包企业或者专业分包企业（均可作为劳务作业的发包人）将其承包工程的具体劳力工作发包给劳务分包企业完成的过程。如：江苏建工工程有限公司（总承包人）承揽工程后，自己购置材料，同时将劳务分包给湖北光旭建筑劳务公司，由后者负责具体施工，前者负责施工管理。当今，劳务分包是施工行业的普遍做法，法律在一定范围内允许。但是禁止劳务公司将承揽到的劳务分包业务再次转包或者分包给单位或个人；禁止主体工程专业分包，因为主体工程的完成具有排他性、不可替代性，必须由总承包人自己完成。

劳务分包在实际操作中没有统一的形式，缺乏统一规定，致使劳动关系处于一种不明朗状态，由此引起多重法律风险，容易产生很多劳动争议或纠纷，下面逐一厘清。

1. 自带劳务承包。自带劳务承包指企业内部正式职工经过企业培训考核合格成为工长，劳务人员原则上由工长招募，人员的住宿、饮食、交通等由企业统一管理，工资由企业监督工长发放或由工长编制工资发放表由企业直接发放。例如，湖南第一工程有限公司承包山东大成房地产有限公司的“大成家园”项目后，任命本公司职工刘小、王卫、吴大为工长，由这三位工长分别招募工人进行地基、砌墙、木工作业。刘小、王卫、吴大手下的工人（多为农民工）应视为湖南第一工程有限公司的职工，刘小、王卫、吴大只是召集人、领头人，仅相当于一个基层管理者。如果发生工伤或者其他劳动争议，在确定法律关系时应将“湖南第一工程有限公司”

认定为用人单位。理由如下：

对于“自带劳务承包”，公司将所承建的部分工程通过签订承包合同的形式，交由本公司职工具体承包施工，该承包人自招工人，就形式而言，工程由承包人负责施工与管理，工人的报酬也是由承包人支付，这似乎在承包人与工人之间已形成了劳务关系，与公司无关。然而，关键的问题是，该承包人系该公司职工，他以公司的名义履行承包合同并与他人发生法律关系，故该承包合同属于内部承包合同，其法律后果归属于公司。承包经营属企业内部经营管理方式的变化，不会导致施工合同履行主体变更为该承包人。该承包人招用工人行为应视为公司的行为（有权的职务代理），被招用的工人与公司之间存在劳动关系，与承包人之间则不存在劳务关系。

2. 零散的劳务承包。零散的劳务承包指企业临时用工，往往是为了一个工程项目而临时招用工人，将零散的劳务交给一个人或几个人去完成。这是平等主体之间根据民法（主要是合同法）签订的劳务合同，而非劳动合同。劳务发包人与劳务承包人之间不建立劳动关系，如果发生因执行工作导致的工人人身损害，应根据侵权责任法或合同法追究责任；如果劳务发包人没有及时结清劳务费，也不能视为劳动法中的劳动报酬或工资未结清，而只能依据民法（含合同法）追究违约责任。因为劳务承包人仅仅是工费承包，并且一般从事的是工程中单一工种的作业，其个人收入与施工效益直接挂钩，但对工程项目的承建不进行独立管理，也不对工程质量承担终身责任，仅对劳务发包人承担“合格”的质量责任。劳务承包人在提供劳务期间属临时性质的劳务人员，对施工期间发生的伤害事故、质量安全问题均不承担责任。

3. 成建制的劳务分包。成建制的劳务分包指具有劳务分包资质的企业（常命名为“××劳务公司”）从总承包企业或专业承包企业承揽的项目中分包劳务作业。下文所述的劳务分包主要是指这一类。

现实劳务分包中，由于劳务分包的非单纯性，劳务承包人及其属下的劳务人员往往受分包人一定程度上的管理和监督，劳动关系复杂。当发生劳动纠纷时，劳务分包人、劳务承包人和劳务人员（农民工）三方常常纠缠不清，因此必须将此法律关系重点厘清。

“劳动合同”与“劳务合同”都是以人的劳动为给付标的之合同。劳务合同是平等主体公民之间、法人之间、公民与法人之间以提供劳务为内容而签订的协议，而劳动合同是指劳动者与用人单位确定劳动关系、明确双方权利和义务的协议，两者之间有着本质区别。但又极易混淆，主要区别有：

（1）合同内容不同。

劳动合同规定的是劳动者作为用人单位的一个成员，承担一定的工种或职务工作，并遵守用人单位的内部劳动规则和其他规章制度；用人单位负责分配工作或工种，按照劳动者劳动的数量和质量支付劳动报酬，并根据劳动法律、法规和双方协议约定提供各种劳动条件、社会保障和福利待遇。根据《中华人民共和国劳动法》的规定，劳动合同应当具备以下条款：劳动合同期限、工作内容、劳动保护和劳动条件、劳动报酬、劳动纪律、劳动合同终止条件、违反劳动合同的责任等必备条款，这些内容属于法律的强制性规定，即必须规定，不能缺少。

而劳务合同的内容为：一方提供劳务而另一方给付报酬，是在意思自治的原则下，当事人在法律规定的范围内约定的，法律未作强制性规定。

（2）合同主体资格不同。

劳动合同的用人主体必须是国家机关、企事业单位、社会团体或者个体工商户；劳务合同的用人主体则更广泛，除了上述单位外，还可以是自然人或家庭。

劳动合同的被雇用主体一方必须是年满16周岁（特殊行业要经过审批），男不满60周岁、女干部不满55周岁（女职工不满50周岁）的、没有完全丧失劳动能力的劳动者。而劳务合同的被雇用主体只需具备完全民事行为能力就可以。

（3）隶属性不同。

在劳动合同的履行过程中，劳动者必须参加到用人单位的劳动组织中去，担任一定的职务或工种，服从用人单位的行政领导和指挥，遵守劳动纪律，双方存在隶属关系。而劳务合同的劳务提供人则与劳务需求人不存在隶属关系，只存在协调关系。劳务提供人自己做主，只根据自己的技术、经验等来完成约定的作业任务，完工后接受劳务需求人的检查验收便可，不需要接受劳务需求人的管理，不存在隶属性。

（4）社保待遇不同。

劳动合同关系中的劳动者，必须依法缴纳社会保险费；而劳务关系中的劳务提供人则不需要缴纳社会保险费。

（5）加班费方面的不同。

劳动关系有加班时间和加班工资支付的限制，劳务关系则没有这方面的限制，劳务费通常实行包干制。

（6）适用的法律规范不同。

劳动合同由劳动法律规范来调整，而劳务合同由民事法律规范来调整。由于适用的法律不尽相同，因此适用法律的一些基本原则也不同。劳务合同在订立和履行的过程中必须遵循民事主体地位平等的原则，而劳动合同中的劳动者在签订劳动合同时，遵循平等自愿协商一致的原则，双方的法律地位平等。"法律地位平等"暗含不平等，只是法律规定上的平等，而不是真正的平等。因为用人单位一般处于优势地位，与处于弱势地位的劳动者不可能真正平等，因此劳动法中并没有使用"平等主体"这一用语，而仅提到"平等自愿协商一致"，此处的"平等自愿"只是立法人的一种善良愿望而已，实际工作中无法做到，在大量农民工急着找活干的建筑市场上更无"平等自愿"可言。

（7）法律后果不同。

劳务分包合同应当由建筑管理部门进行监督管理，而劳动合同则由人社部门进行监督管理。用人单位违反劳动合同可能承担行政责任、民事责任甚至刑事责任。如，用人单位侮辱、体罚、殴打、非法搜查和拘禁劳动者的，由公安机关对责任人员处以15日以下拘留、罚款或者警告；构成犯罪的依法追究刑事责任。违反劳务合同一般只承担民事赔偿责任，而不涉及行政和刑事责任。

（8）合同终止或解除的条件不同。

解除劳动合同应当符合《中华人民共和国劳动法》的规定，解除劳务合同的重要依据则是双方的约定，没有约定的才依照《中华人民共和国民法通则》、《中华人民共和国合同法》进行处理。

在建筑施工行业，劳务分包人不具有独立管理工程的职能。许多劳务合同名为“工程分包”，实际上是项目经理部对管理、技术、质量、材料等方面负责，劳务分包人仅仅从事土石方、混凝土浇铸工种的劳作，而工程操作、施工程序等技术问题完全在项目部指派的工程技术人员指导监督下进行，劳务分包人只提供劳务、管理劳务。在工程质量上，劳务分包人对其劳务作业，仅向劳务发包人承担“合格”质量责任，并以监理工程师验收认可为标志。劳务提供人（农民工）不对工程质量承担终身责任。

成建制的劳务分包形式，由于也存在一定程度上受分包人的管理，甚至施工场地交叉，在劳务作业分包工程中，劳动关系复杂，主要表现为两种形态，即劳动关系与劳务关系。按照《中华人民共和国劳动法》规定，双重劳动关系是不允许的，不可能同时存在劳动法律关系、劳务法律关系。在劳务作业分包中，存在两个合同关系、三方当事人：一个是劳务分包人（总承包企业或专业承包企业）与劳务承包人（劳务分包企业）之间的劳务分包法律关系；另一个是劳务分包人与劳务提供人（农民工）之间的劳动合同关系。因此，农民工与劳务分包人确立了劳动关系，由于劳动引起的关系受《中华人民共和国劳动法》调整，因此从理论上讲，农民工讨薪只能向劳务分包人讨，而不能向劳务发包人讨。

但另一种观点认为：如果劳务承包人没有资质而仅是“包工头”，包工头招集农民工做劳务，包工头与其属下的农民工应看作一个整体，均是劳务提供人，只是由包工头领头罢了。如果包工头与劳务发包人签订有合同，应属于“集体劳动合同”性质，对劳务发包人、包工头及其手下的农民工均具有约束力。因此，包工头及其手下的农民工均可以向劳务发包人讨薪。即使包工头没有与劳务发包人签订任何合同，只要包工头及手下的农民工提供了劳务，就与劳务发包人形成了事实劳动合同关系，有权向劳务发包人主张劳动报酬（工资）。

目前我国的法律法规对建筑工程的劳务分包并没有详尽的规定，仅有住建部的部门规章《建筑业企业资质管理规定》、《最高人民法院关于审理建设工程施工合同纠纷案件适用法律问题的解释》和《建设部关于建立和完善劳务分包制度发展建筑劳务企业的意见》。该意见指导思想意在以发展劳务企业为突破口，建设预防建设领域拖欠农民工工资的长效机制，规范建筑市场秩序，建立和完善劳务分包制度，调整全行业建筑队伍组织结构，提高劳务队伍的职业素质，保障工程质量和安全。该意见的工作目标是，从 2005 年 7 月 1 日起，用三年的时间，在全国建立基本规范的建筑劳务分包制度，农民工基本被劳务企业或者其他用工企业直接吸纳，“包工头”承揽分包基本被禁止。为此还提供了一系列的政策措施，譬如简化建筑劳务分包企业资质审批程序、施工总承包、专业承包企业用工必须办理社会保险，加强对承包企业“职工教育经费”的使用监管，加大农民工职业培训资金投入数额等，其目的就是规范建筑工程的劳务分包。但我国建筑工程劳务分包仍然存在诸多不完善，“包工头”现象仍然普遍存在。

二、股东出资的法律风险与防控策略

中小建筑企业老板们通常有这样一种心理：出小钱，办大事。虽然没几个钱，还想成立大公司，我们经常看到这样一些招牌：××建设工程集团有限公司、××建筑总承包公司、××工程投资有限公司、××房地产股份有限公司。再看营业执照，注册资本大多在几亿元、几十亿元以上。他们为什么要取这么响的牌子？为什么在营业执照上载明巨额注册资本？原因只有一个，彰显实力，获得投标机会。因为在招投标过程中，欲投标的单位必须过招标单位第一关（资质审查）。如果投标单位的资质不够高，注册资本低，就不可能过这第一关，也就不能进入下一步招投标程序。因此，在资金不多的情况下，许多老板经不住中介机构的怂恿、蛊惑，便半推半就地进行虚假出资、“真实”工商注册，取得一整套工商注册文件，貌似合法，实质违法。因此，在出资中必须准确预见可能存在的法律风险，及时予以应对。

（一）出资不足的法律风险

2013 年新公司法删掉了老公司法中的许多限制性条款，虽然仍有“注册资本”的规定，但不再要求在公司营业执照上载明“实收资本”，也不要求注册前进行验资了。公司法不再要求“股东出资必须达到法定最低限额”，股东出资多少，何时出资，分几次出资，决定权完全在股东，由股东商议后在公司章程中规定，法律不再做统一要求。

很多人因此有一种误解：既然不验资，营业执照上也不载明实收资本，那么就可以少出资，只把注册资本写高些就可以了。这真是大错特错，公司法并不允许虚假出资，并没有放弃对诚实出资的要求，出资人必须诚实出资。

在司法实践中，出资不足主要包括两种情况：第一，承诺出资而未出资；第二，未足额按期出资。按照公司法的有关规定，股东应当足额缴纳各自所认缴（即“承诺”）的出资额。如果股东不按规定缴纳所认缴的出资，应当向已足额缴纳出资的股东承担违约责任，赔偿其他已经足额缴纳出资的股东因此而造成的损失。并且，当公司不能清偿债务时，债权人可以请求出资不足的人补足其出资额，用于还债。

（二）抽逃资金的法律风险

抽逃资金是公司法明确规定的违法行为，情节严重者可依法追究刑事责任。许多发达起来的包工头虽然有些经济基础，但算不上很有钱，在一心想做大的心理支配下，往往找一些“财务公司”或大老板代为垫资注册公司，等公司注册后在“财务公司”或者大老板的催逼下，不得不把资金抽出来还给垫资人，这样就涉嫌虚假出资、抽逃公司资本等违法行为。对于这两种行为，情节严重的，可能触犯我国刑法中的虚假出资罪和抽逃公司出资罪。

《中华人民共和国刑法》第一百五十九条规定：公司发起人、股东违反公司法的规定未交付货币、实物或者未转移财产权，虚假出资，或者在公司成立后又抽逃其出资，数额巨大、后果严重或者有其他严重情节的，处五年以下有期徒刑或者拘役，并处或者单处虚假出资金额或者抽逃出资金额百分之二以上百分之十以下罚金。

单位犯前款罪的，对单位判处罚金，并对其直接负责的主管人员和其他直接责任人员，处五年以下有期徒刑或者拘役。

【风险案例 1】

吴某委托中介虚报注册资本被重罚

吴某从清华大学土木水利学院毕业后，到中国某知名建筑工程有限公司工作，凭他的聪明才智很快掌握了该公司的管理诀窍，决定自己开办公司大干一场，于是与另外两人相约投资设立泰山建设工程有限公司。他们知道，注册资本是写在企业法人营业执照上的，是公司实力的表现，注册资本越高，投标时就容易中标。他们三人资金不够，就找了一个工商咨询有限公司帮助其注册。该咨询公司称，已垫资为其注册了公司，注册资本为一亿元，并把所有工商注册的全套资料交给了该泰山公司，收了 50 万元的咨询费。一年后，公安机关找上门来，说他们虚假出资，虽然工商注册资料是真的，但出资是假的，涉嫌犯罪，现公安局经侦大队已侦查完毕，将案件移交检察院审查起诉。吴某到处求人找关系，自认为搞定了检察院，不会再有事。但两个月后，某工商局又找上门来，说检察院将案件移送到工商局，并提交了《检察建议书》，建议对其进行行政处理，工商局决定处以 80 万元罚款，并送来《行政处罚决定书》和《行政听证告知书》。当时，正值新公司法出台，吴某大声喊冤：新公司法都不要求注册资本验资了，以后营业执照上也不写实收资本，还有什么虚假出资的，你们还揪着尾巴不放手，想干什么吗？工商局没有理睬吴某的辩解，执意要罚款。吴某最后交了 5 万元罚款才脱身。

（三）出资不到位者的民事责任

民事责任的承担以民事义务为前提，而民事义务则为民事法律关系的重要内容之一。出资法律关系其实不是简单的一对一关系，它既包括各出资股东之间的联合出资关系，还包括股东和公司之间的出资与股东享有的权利义务关系。在股东和公司的关系问题上，公司应当有权要求股东补交出资；也有学者主张按照权利义务对等原则来限制或剥夺其股东权利的行使和享有（股东资格区别于股东权益的实际享有）。

公司法规定：股东应足额缴纳公司章程中规定的各自所认缴的出资额。股东以实物、工业产权、非专利技术或者土地使用权出资的，应当依法办理其财产权的转移手续。股东不按前款规定缴纳所认缴的出资，应当向已足额缴纳出资的股东承担违约责任。如果某公司以土地使用权出资，但未办理过户手续（过户手续未办理的责任，在此不予考虑），应当属于公司法规定的“股东不按前款规定缴纳所认缴的出资”的情形，所以“应当向已足额缴纳出资的股东承担违约责任”。

如何承担违约责任呢?

在未履行出资义务股东的责任追究上，公司法只讲明要承担违约责任，但具体如何承担违约责任则不明确。实践中的做法是首先看出资协议或章程对此有无明确约定，如有，则依约定；否则，需找寻可适用的法律，依其规定处理。

从本质而言，有限公司各股东之间其实是一种联合投资合同关系，因此，《中华人民共和国合同法》在此能适用。合同法第一百零七条规定，当事人一方不履行合同义务或者履行合同义务不符合约定的，应当承担继续履行、采取补救措施或赔偿损失等违约责任。

继续履行、采取补救措施都是切实可行的，至于赔偿损失，前提是必须有客观损失的存在。例如：甲公司与乙公司相约共同出资成立丙公司，甲公司以现金500万元出资到位，乙公司将自有土地及地上建筑物折价500万元交给丙公司使用，但没有验资也没有过户到丙公司名下，直到丙公司起诉时为止。乙公司没有过户的行为未对丙公司经营造成任何影响，故无损失可言。丙公司要求乙公司办理土地、地上建筑物的过户手续是对的，但要求乙公司赔偿损失无据，因为乙公司出资瑕疵未对丙公司经营造成任何影响，无损失存在。甲公司以自己已出资500万元为由，要求乙公司赔偿甲公司500万元的利息损失，更是无依据。因为，甲公司出资500万元是其应尽的义务，将500万元交给丙公司掌控后就是丙公司的财产，不再是甲公司的财产了，何来的利息呢?

《最高人民法院关于审理公司纠纷案件若干问题的规定（一）（征求意见稿）》第8条规定：出资人或者发起人约定以土地使用权、房产、船舶、车辆等出资，虽未办理财产权转移登记，但已交付公司实际使用，并在第一审法庭辩论终结前补办了财产权转移登记的，人民法院应认定其履行了出资义务。虽然征求意见稿还不具备法律适用的效力，但法院判例的作用却是深远的，所以法院对类似案件的处理，实有斟酌考虑的必要。

三、股东资格取得的法律风险与防控策略

A、B两公司共同投资成立C有限公司，其中A公司以土地使用权及地上建筑物出资，但未办理过户手续。现B公司以A公司未履行出资为由，向法院起诉，要求否认A公司的股东资格，并赔偿C公司经济损失300万元（以A公司应出资额为基数计算的利息损失）。A公司抗辩称，从C公司设立之日起，该宗土地及其地上建筑物就已经交付给C公司正常使用，对C公司之经营未造成任何损失，故否认股东资格并赔偿损失。

本案的争议焦点主要在于：股东出资不到位（未履行或未完全履行其出资义务）时，该出资人是否还具有股东资格？我国立法并无明文规定，司法实践和学术界均未有一致结论。肯定说最主要的理由在于：出资是取得股东资格的对价，出资是股东最主要的义务，没有出资或出资有重大瑕疵，当然就不能称其为股东。

乍听起来，上述理由似乎有道理。但由此引发的一系列问题却得不到解释。首先，越来越多的司法实践都主张“公司有股东出资不实的情况时，可要求该股东在出资范围内向公司债权人承担责任”，既然出资未到位而应被否认其股东资格，他缘何又要向公司的债权人承担责任呢？其次，我国公司法规定“有限责任公司由两个以上五十个以下股东共同出资设立”，在只有两个股东的情况下，股东之一因为出资未到位而被否认股东资格，此时的有限责任公司还能合法存续吗？其次，股东资格被正式否认前，已行使和享有的股东权，效力如何？再次，在出资义务履行有瑕疵的情况下（如财产实际交付却未予过户），否认该出资人的股东资格，就否认了他与公司之间的法律关系，此时公司对其实际交付财产进行使用，是否构成侵权或者不当得利？最后，在现实经济生活当中，名义出资的做法普遍存在。所谓名义出资，即名义出资人只有出资之名而无出资之实，

真正出资人没有写明。若出资不到位就被否认股东资格，而名义出资人却保留股东资格，实属不公。

可见，因出资不到位而否认股东资格将对许多既成法律关系带来冲击，所以，从尊重现实生活、稳定经济秩序、保护善意交易的角度出发，不应只因出资不到位就否认股东资格。

关于出资问题，原公司法采用法定资本制，而2013年起实施的新公司法采用授权资本制，已经不要求在股东出资与股东资格之间建立一一对应关系了。因为：股东出资是认定股东资格的重要依据但不是必要依据，“不出资”或“出资有瑕疵”并不足以否定股东资格，如：干股（即赠送的股份）持有人就没有出资，而该人是股东。

出资证明书（又称股单）是股东出资的凭证，是证明出资人已经交付出资款、成为公司股东的法律文件，是股东对公司享有权利、承担责任的重要依据。根据《中华人民共和国公司法》的规定：股东出资后，公司应当向股东签发《出资证明书》并盖章。当股权转让后，公司应当注销原股东的出资证明书，同时向新股东签发出资证明书。但是，出资证明书仅是证权凭证，本身并无创设权利的属性，仅凭出资证明书不能表明持有人在公司的法律地位，出资证明书仅是证明股东资格的基础证据，还需要其他相关证据来共同印证，具体如下：

（一）公司章程

公司章程是公司必备的法律文件，它规定公司组织和与活动的基本原则，以书面形式将全体股东的一致意思表示固定下来。我国公司法规定：设立公司必须制定公司章程。公司章程对公司、股东、董事、监事、高级管理人员具有约束力。公司章程是公司法人的自治规定，在公司内部具有最高行为准则的效力，是公司的内部宪法。有限责任公司的公司章程载明有股东姓名和出资额等内容，因此公司章程可以作为认定股东身份的法律标准之一，我国公司法对此虽没有明确规定，但在司法实践中也得到了认可。如最高人民法院《关于审理公司纠纷案件若干问题的规定（一）（征求意见稿）》规定：已为公司章程记载为公司股东的，可以确认其对公司享有股权。北京市、江苏省高级人民法院等都有类似规定：有限责任公司股东身份的确认，涉及实际出资数额、股权转让合同、公司章程、股东名册、出资证明书、工商登记等。确认公司股东应当综合考虑多种因素，在具体案件中对事实证据的审查认定，应当根据当事人在实施具体民事行为中的真实意思表示，选择确认股东身份的标准。

（二）工商登记

工商注册登记是指当事人根据法律规定，向工商行政部门提出的旨在设立、变更或终止公司主体资格的申请，并被工商行政部门核准注册的一系列法律行为的总称。公司法规定：公司应当将公司的姓名或者名称及其出资额向公司登记机关登记；登记事项发生变更的，应当办理变更登记。未经登记或者变更登记的，不得对抗第三人。大陆法系国家普遍认为：公司设立登记被设为公司取得法人资格的程序性要件，同时也是发起人取得股东资格的标志。

（三）股东名册

股东名册是指根据公司法的规定，公司必须置备的、用以记载股东及其所持股份数量、种类等事宜的簿册。公司法规定：记载于股东名册的股东，可以依股东名册主张行使股东权利。

上述公司章程、工商注册登记、股东名册为形式证据，原则上可以适用，例外情况还需适用实质证据。理由如下：

1. 形式证据具有公示性、外观性、效率性，易于识别。上述三类形式证据中，工商登记具有最高效力，其次是公司章程，具有较强的证据效力，股东名册的效力更次之。

2. 实质证据是指股东实际出资、实际享有股东权利并承担股东义务的证据。当遇到下述三种情况时就要考察实质证据：

（1）冒名股东与被冒名者需要确认股东资格时；

（2）隐名股东与显名股东需要确认股东资格时；

（3）股东与公司内部纠纷发生时。

实质证据的查证比较困难，需要综合付款凭证、证人证言和其他书面资料进行综合判断。实践中常遇到代缴出资的股东如何保护自己的债权的问题。代缴出资的股东就是上述的隐名股东，公司章程、工商注册登记、股东名册、出资证明书上均没有记载他的名字，别人不知道是他出的资，也不知道他是股东，因为公司章程、工商注册登记、股东名册、出资证明书上没有他的名字而是另一个人的名字（显名股东的名字），如果发生争议，隐名股东存在举证困难，很难维护其合法权益。但这并非一点办法都没有，可以通过调查银行付款凭证、公司董事会、监事会出具的证明材料、其他证人证言等来举证，证明自己是实际出资人。

隐名投资问题在社会生活中很普遍，司法实践中这方面的纠纷也是层出不穷。针对这一情况，我国还没有专门的法律规定，但最高人民法院和各地法院相继出台了一些指导意见、庭审纪要等规定以弥补立法上的不足。隐名合同的效力要根据双方协议的具体内容及效力的指向范围不同而做出不同的区分，基本原则是隐名投资人和显名投资人之间经济利益关系遵循意思自治、风险利益一致的原则。但凡涉及股东身份及股东权利行使方面纠纷则还应当判断其他股东和公司对隐名投资的态度或是否知悉。上海市高级人民法院发布的《关于审理涉及公司诉讼案件若干问题的处理意见（一)》规定："当事人之间约定以一方名义出资（显名投资)、另一方实际出资（隐名投资）的，此约定对公司并不产生效力"。《最高人民法院关于审理公司纠纷案件若干问题的规定（一）（征求意见稿)》规定："一方出资，另一方以股东名义参加公司，双方约定实际出资人为股东或者实际出资人承担投资风险，实际出资人主张名义出资人转交股息和其他股份财产利益的，如无违反法律强制性规定的情节，人民法院应予以支持。"这说明司法机关都认为：隐名投资协议对公司及其他股东是不生效的，但在隐名和显名投资人双方之间是有法律约束力，尤其是经济利益。如果涉及股东权益、股东身份确认纠纷之时就不能仅仅依照"意思自治"原则，如上海高院《关于审理涉及公司诉讼案件若干问题的处理意见》规定："有限责任公司半数以上其他股东明知实际出资人出资，并且公司一直认可其以实际股东的身份行使权利的，如无其他违背法律法规规定的情形，人民法院可以确认实际出资人对公司享有股权。"可见，隐名投资者仅凭与显名投资者之间的一纸协议是不能理所当然地成为公司股东的。《最高人民法院关于审理公司纠纷案件若干问题的规定（一）（征求意见稿)》

也有类似规定："一方出资，另一方以股东名义参加公司，双方未约定出资人为股东或者出资人承担投资风险，且出资人亦未以股东身份参与公司管理或者以股东名义向公司主张过权利的，出资人仅对以股东名义参加公司者享有债权；其起诉主张享有股权或者享有股东利益的，人民法院不予支持。"这说明隐名投资不具备相应要件的话，只能被认定为简单的债权债务关系，隐名投资人是无法享有股东利益的。

四、"干股赠与"的法律风险与防控策略

在建筑企业，常出现干股现象，如二十多年前几十个哥们从农村出来在建筑工地一块摸爬滚打，一块冲锋陷阵才拉起一个公司。但做老板或领导的毕竟只是少数人，多数人仍只能靠打工挣钱，心理多有不平衡。为了平衡各方利益，拢住人心，继续抱团发展，建筑老板就想到了"干股赠与"来团结人的方式。

"干股"是指股东不必实际出资就能占有公司一定比例份额的股份。现在社会上常用的"干股"一词，并非是法律概念上的股东股份的规定，而是指在公司里占有股份的股东，实际上不出资或者不投入资产，而按所占股份比例享有分红权。但是，工商部门登记时，不能写干股或者写上实际不出资者占有多少股份。持有这种股份的人叫作干股股东。

（一）干股具有如下特点

1. 干股是股份的一种。尽管干股股东并未以实际对公司出资为对价获得股份，但其股东身份被公司所承认。干股股份的权利义务与其他股权并无实质差别，经登记后在公示和外观上也能够取得充分的认可。

2. 干股是协议取得，而非出资取得。干股股东取得股份与其他股东不同，干股股权不是通过实际出资来取得的，而是通过公司或其他股东与该干股股东达成意思表示一致为其设定股权，使其在同样股份上享有同等权利、承担同等义务。

3. 干股具有赠与的性质。与上述两点相应，干股作为股权不是通过实

际出资取得，而是通过公司或其他股东直接将公司权利赋予干股股东的，具有赠与的性质，这一法律关系可以通过出资协议、公司章程或单独的股权赠与协议来确立。

4. 干股的地位要受到无偿赠予协议的制约。股权不仅具有股东身份的人身权属性，而且在商事活动中还是股东的财产权利。该权利通过赠与合同设立时，也自然要受《中华人民共和国合同法》关于赠与合同之规定的调整。

（二）干股股东的权利义务

干股的取得和存在，往往以一个有效的赠股协议为前提。赠股协议的效力属于股东之间的协议，和设立协议一样对股东具有约束作用，赠股协议的内容也可以在章程上体现。由于股东并没有实际出资，因此股东资格的确认完全以赠股协议为准，如果赠股协议具有可撤销、无效、解除等情况，干股股东自然就失去了股东资格，干股股东的权利义务比如股利请求权、表决权由协议确定，但股东的义务，尤其对外义务同一般股东，理由是股东的登记具有对外公示性。但是干股股东如果所受股份为瑕疵股份（因协议有瑕疵而予以撤销），在一般情况下，干股的受让人也应对股份的出资义务承担责任（在出资不足的情况下，所有股东对外承担连带赔偿责任），但是，一般而言如果有一部分为瑕疵股份，有一部分为正常股份，那么首先认定获赠股份为正常股份，在其不足的情况下，仍定为瑕疵股份。

（三）干股成立的要件

由于干股本质上是一种股份赠与，必须符合股份转让的要件，也就是说需要股东全体一致同意，没有人行使优先权时才能成立。否则，由于有限责任公司的闭锁性和人合性所带来的对股东进入公司的限制，和其他股东的优先权问题，干股就无法成立。因此，股份赠与必须股东全体一致通过。干股自签订协议之日起生效，附条件的则在条件成就之日起生效，如果不在章程上体现干股，就不得对抗善意第三人。

（四）干股取得的几种情形

1. 干股可以是部分股东对股东之外的人赠与股份，也可以是全体股东对股东之外的人赠与股份。

2. 干股可以在创设时取得也可以在公司存续期间取得。如果股东在公司存续期间取得干股，公司并没有扩资，发行新的股份，但原有股东所持股份比例随之下降。

3. 干股可能是附条件的股份赠与，也可能是未附条件的股份赠与。附条件股份赠与协议中所附条件对股份的转让方和受让方产生约束力，在所附条件成就时，受让方取得或者失去相应的股份。由于对所附条件是否成就可能存在异议，工商机关在登记变更时对该情况也难以认定，客观上要求法院判决后，工商机关依据法院的判决办理变更登记。

4. 干股的取得可能是因为个人的技能或者经营才能而取得，也可能因为其他原因而取得。干股的效力如何，最终要视赠与协议的效力和履行情况确定。

总之，干股股东在受让股份并持有股权的过程中将面临很大的法律风险，建议其在受让和持有的各个环节征询专业律师的法律意见，以减少或避免可能出现的法律风险（如行贿受贿嫌疑）。

（五）干股协议书

干股协议一般包括：股份的出资额、有无表决权、责任的承担、分红的比例、时间、交付方式、违约责任等。

干股协议书

甲方：××公司，住所为××××，法定代表人为×××，董事长

乙方：××自然人，男，汉族，身份证号码为×××××，住所为×××××

鉴于乙方以往对甲方的贡献，为了激励乙方更好地工作，也为了甲乙双方进一步提高经济效益，经双方友好协商，双方同意甲方以虚拟股的方

式对乙方的工作进行奖励和激励。为明确双方权利义务，特订立本协议：

1. 定义。除本条或上下文另有所指，下列用语含义如下：

1.1 股份：是指××公司在工商部门注册登记的注册资本金，总额为人民币××万元，按每股人民币计算，共计××××股。

1.2 虚拟股：是指××公司名义上的股份，虚拟股拥有者不是指甲方在工商注册登记的实际股东，虚拟股拥有者仅享有参与公司年终利润的分配权，而无所有权和其他权利，不得转让和继承。

1.3 分红：是指××公司年终按照公司章程可分配的利润。

2. 甲方根据乙方的工作表现，授予乙方虚拟股。

2.1 乙方取得的虚拟股股份记载在公司内部虚拟股股东名册。由甲乙双方签字确认，但对外不产生法律效力：乙方不得以此虚拟股对外作为在甲方拥有资产的依据。

2.2 每年会计年终，根据甲方税后利润计算每股的利润。

2.3 乙方年终可得分红为乙方的虚拟股数×每股利润。

3. 分红取得

3.1 在确定乙方可得分红的七个工作日内，甲方将乙方可得分红金额的50%支付给乙方。

3.2 乙方取得的虚拟股份分红以人民币的形式支付，除非乙方同意，甲方不得以其他形式支付。

3.3 乙方可取得分红的其他部分暂存甲方账户，并按同期银行利息计算，按照下列规定支付或处理：

a. 本协议期满时，甲乙双方均同意不再签订劳动合同的，乙方未提取的可得分红在协议期满后三年内，由甲方按每期支付给乙方。

b. 本协议期满时，甲方要求继续续约而乙方不同意的，乙方未提取的分红的一半由甲方在协议期满后的五年内按均支付；可得分红的另一半归甲方所有。

c. 乙方提前终止与甲方的劳动合同或者乙方违反劳动合同的相关规定或者甲方的规章制度而被甲方解职的，乙方未提取的分红归甲方所有，乙方无权再提取。

4. 乙方在获得甲方授予虚拟股的同时，仍可根据甲乙双方签订的劳动合同享受甲方给予的其他待遇。

5. 合同期限

5.1 本合同为年，自××××年×月×日起，至××××年×月×日止。

5.2 合同期限的续展：

本合同到期日自动终止，除非双方在到期日之前签署书面协议，续展本合同的期限。

6. 合同终止

6.1 本合同于合同到期日自动终止，除非双方按5.2条规定续约。

6.2 如甲乙双方的劳动合同终止，本合同也随之终止。

6.3 双方持续的义务

本合同终止后，本合同第7条的规定甲乙双方仍需遵守。

7. 保密义务

乙方对本协议的内容承担保密义务，不得向第三人泄露本协议中乙方所得虚拟股数以及分红等情况，除非事先征得甲方的许可。

8. 违约

8.1 如甲方违反劳动合同第××条，乙方有权提前解除本协议。

8.2 如乙方违反本合同第7条，甲方有权提前解除本协议。

9. 争议的解决

在本协议履行过程中如果发生争议，甲乙双方首先应当友好协商解决，协商不成，任何一方可向甲方所在地人民法院提起诉讼。

10. 其他规定

合同双方签字盖章起生效。本合同一式两份，甲乙双方各一份。

甲方（盖章）：　　　　　　　　乙方：

法定代表人（签字）：　　　　　签订时间：　　　年　　月　　日

五、公司注册地选择的法律风险与防控策略

公司注册地选择关系到多方面的利益。就地方政府而言，肯定希望建筑企业注册在本辖区内，因为通常以公司住所地为纳税地，当地政府的财产收入才可能趋大化。并且，建筑企业主要提供劳务、机械和材料，不太可能造成严重污染，基本上属于清洁型企业。如果本地没有或只有很少的建筑企业，外地建筑企业来本地进行建筑施工，同样也带来噪音、粉尘等污染，因此，地方政府一般都希望本地建筑企业多一点，纳税多一点，到外地施工多一点。江苏南通市政府就很支持建筑企业的发展，不仅公司多，而且建筑施工资质高，银行放贷力度大。

就公司而言，通常希望将公司注册在政策比较宽松、有税收优惠、农民工较多的地方。河南、四川、重庆等省市的农村剩余劳动力比较多，因此，在这些省份注册的建筑公司、建筑劳务公司就比较多。

关于在外地施工，是否需设立分公司或者子公司，法律没有统一规定，地方法规也没有强制性规定。但为了工作需要，建筑企业一般会在外地设立分公司或子公司，以便于对施工项目的管理。但在外地设立分公司或子公司也有风险，因为这些公司在外地，如果用人不当，管理不善，在外地形成的债权债务纠纷、行政处罚、刑事犯罪等很可能会牵涉到总公司或母公司。因此，制定严格的管理制度和用人制度，并严格执行才能防范外地设立分公司或子公司的法律风险。

第二章

资质外借与挂靠的法律风险与防控策略

一、资质外借与挂靠现象大量存在的原因

“资质外借”与“挂靠”这两个概念没有实质上的区别，有时相互混用。“资质外借”是指持有资质的企业将本企业的资质外借给其他单位或个人使用（用于承揽工程项目或投标）。在建筑行业，借用资质一方称为借用人（或挂靠人），出借资质一方称为出借人（或被挂靠人）。

通常情况下，挂靠关系存在于工程项目发包人与无资质的承包人之间。发包人当然希望与有资质的承包人签订建筑工程施工合同，但工价较高，其比无资质的包工头报价高出很多。所以，有些发包人明知对方没有符合要求的建筑施工资质，仍然默许其签订建筑工程施工合同。而无资质的包工头，情愿牺牲部分工价，挂靠在大企业名下，借用其建筑施工资质、营业执照、组织机构代码证、税务登记证等证书和资料参与招投标、签订合同、结算工程款，信誓旦旦保证不会出问题，出了问题由他负责。当然这是谎言，这些胆大包天的包工头们多数是赌徒，他们在说这话时根本不知什么是法律后果，他们惯常的心态是：干了再说，套住的是被挂靠人，赔了就不给农民工发工资，自己光棍一个，拿我没办法；一切顺利的话，一个项目赚几百万元很正常。被挂靠人通常也存在侥幸心理，全行业大量存在资质外借，法不责众，建筑行政主管部门通常睁只眼闭只眼，一般不会管，有人查时可利用人情关系搞定。况且，不用组织施工，不用很辛苦地去干具体活就能收取大量管理费，何乐而不为呢？这样的美事，越多越好哟！简而言之，资质外借与挂靠现象存在的首要原因在于利益驱

动，其次是执法不力，监管失范。

有时，没有资质借用的事实发生，也存在“挂靠关系”。如：某包工头为租赁建筑器材，与某租赁公司签订租赁合同时，被告知必须加盖建筑公司的公章，如果该建筑公司在《租赁合同》上盖了章，该建筑公司与包工头之间就存在“挂靠关系”。

二、资质外借与挂靠的法律风险与防控策略

没有资质或虽有资质但不符合建筑工程资质等级标准的单位或个人经常需要借用资质，资质出借人只是名义人的承包人（被挂靠人），资质借用人（挂靠人）才是实际承包人（最高人民法院在《关于审理建设工程施工合同纠纷案件适用法律的若干规定》中称为“实际施工人”），这对双方都有法律风险。当然，挂靠人通常是无工程建设资质的包工头，有些包工头甚至连工商营业执照都没有，对他们而言，有无风险无所谓，反正“打赤脚的，不怕穿鞋的”，出了事倒霉的是被挂靠人。

被挂靠人常见的法律风险有：

（一）建设工程施工合同无效

法律规定，没有资质的实际施工人借用有资质的建筑企业名义，签订的建设工程施工合同无效，因合同无效给建设方造成经济损失的，应当由被挂靠人来承担。

（二）对建设工程的质量承担连带责任

《建筑法》规定，建筑施工企业转让、出借资质证书或者以其他方式允许他人以本企业的名义承揽工程的，对因该项承揽工程不符合规定的质量标准造成的损失，建筑施工企业与使用本企业名义的单位或者个人承担连带赔偿责任。

（三）对挂靠人的债务承担法律责任

被挂靠人作为法律上的承包主体，是该建设工程债权的享有者和债务的承担者。如果是以被挂靠人的名义对外签订采购合同、租赁合同等，在工程施工中往往出现挂靠人与供应商、出租人等第三人之间的债务纠纷，法院将会判决被挂靠人承担法律责任。

【风险案例2】

王某以红极集团名义签订合同，红极集团损失数百万元

王某是一包工头，2011年3月承揽金街花园项目，因无资质和营业执照，没人愿意与之签订合同，王某欲以红极集团名义对外签订合同。红极集团董事长明知这会违反《红极集团资质外借管理办法》第6.2条的规定，但经不住王某的死缠硬磨，看在老乡面子上同意了，指示办公室主任在王某提供的《建筑器材租赁合同》加盖了“红极建筑集团股份有限公司合同专用章”，王某以委托代理人名义签字按手印。该合同有效期为2011年3月16日至2011年9月16日。该合同到期后，王某没有将租来的钢管、扣件、木板等归还给出租人。出租人长达4年讨债未果，于2015年2月向法院提起诉讼，诉讼标的额暂定为450万元。法院在2015年春节前几天查封了红极集团的银行账户，向银行送达了《协助执行通知书》，要求冻结红极集团存款600万元（当时红极集团账户上有130万元）。当法院发现红极集团会计在转移公司财产时，又迅速查封了该会计的个人账户，要求银行冻结该会计个人账户存款600万元（当时该会计账户上有350万元）。

时值农民工发工资，当听到这一不幸消息时，红极集团炸开了锅，农民工们彻夜守在董事长办公室，吵吵闹闹要血汗钱。红极集团董事长如坐针毡，急得团团转。第二天，消息很快传到了红极集团的关联企业，几十家材料供应商、工程项目分包商纷纷来电话询问情况，催要欠款，急得董事长只想拿刀杀人。受董事长相邀，该公司法律顾问急赴某法院交涉。但无论如何争取，法院在原告强大压力下始终不同意解除财产保全措施。董

事长又找当地朋友疏通关系，不但没有解除财产保全措施，反而被原告设陷阱，诱骗该董事长在《建筑器材丢失明细表》上签字按手印，固定了原告想取得而一直无法取得的证据。该公司法律顾问见此情景，强忍怒火，劝董事长另想办法发放农民工工资。还好，与红极集团长期合作的中铁公司又结算了一部分工程款给红极集团，只要红极集团的账户解冻便可以将款支付过来。董事长只好向法院求情，法院同意只冻结红极集团会计个人账户，条件是红极集团向该账户补足到600万元。几经周折红极集团才把农民工的工资发了，董事长于大年三十才带着懊悔、气恼乘飞机回家过年。

事后，法律顾问了解到：王某没有向红极集团交一分钱，之所以在上述《建筑器材租赁合同》上盖章，完全是出于老乡关系好，碍于面子才盖的，没想到四年后惹上这样一场官司，后悔莫及。

2015年春节后，红极集团与原告进行了长达半年的诉讼，最后调解结案，红极集团赔偿原告近500万元。红极集团转而向王某索赔，王某已身无分文，无力赔偿红极集团的任何损失。

（四）对挂靠人的劳动纠纷承担法律责任

虽然挂靠人与被挂靠人之间可能会在协议中明确约定建筑工人的工资以及一切工伤事故均由挂靠人承担，但是此约定会因为违反劳动法律而归于无效，最后被挂靠人仍为责任承担者。

（五）收取的管理费可能被没收

承包人非法转包、违法分包建设工程或者没有资质的实际施工人借用有资质的建筑施工公司名义与他人签订建设工程施工合同的行为无效，人民法院可以收缴当事人的非法所得。此处的“非法所得”指被挂靠人收取的管理费、挂靠人在该项目中获得的利润。

（六）遭受行政处罚

《中华人民共和国建筑法》规定：建筑施工企业转让、出借资质证书或者以其他方式允许他人以本企业的名义承揽工程的，责令改正，没收违法所得，并处罚款，可以责令停业整顿，降低资质等级；情节严重的，吊销资质证书。

【风险案例 3】

红极集团资质外借

红极建筑集团股份有限公司（简称“红极集团”）经过二十五年的发展，从一个由五人组建的小建筑工程有限公司发展成为全国知名的建筑大企业，具有房屋建筑施工总承包企业特级资质、市政公用工程施工总承包企业一级资质、公路工程施工总承包企业特级资质等等。由于它资质等级高，在业界信誉好，想挂靠它的公司多。于是董事会决定：鉴于目前国内建筑市场萎缩，风险巨大，红极集团不再具体承包工程，充分利用已有资质和声望，在全国范围内大量接纳潜在的挂靠人，以收取挂靠人管理费为红极集团利润增长新模式。董事长美其名为“建筑加盟”、“全国连锁”、“中国建筑业的肯德基”。董事长指示：法务部牵头，工程部和财务部等部门协助，制定一整套管理办法和相关法律文件。

法律总顾问深知无论如何操作资质外借都不合法，但为了落实董事会的决定，实现公司的经营目标，也为了保住自己法律顾问这个位置和待遇，只得尽可能多地采取措施来防控法律风险。在法律总顾问领导下，法务部与其他部门商议后，制定了《红极集团资质外借管理办法》、《承诺书》范本，报公司领导审批后实施。同时指出：要求资质借用人签订《承诺书》比要求其签订《合作协议》要好，可更有效地降低红极集团的法律风险。因为《承诺书》是资质借用人的单方意思表示，只约定借用人的义务，而不规定红极集团的义务。如果红极集团与资质借用人签订合作协议，则是双方的意思表示，对红极集团和资质借用人均具有法律约束力。从红极集团风险最小化考虑，红极集团应尽可能说服资质借用人采用《承诺书》，签章后交给红极集团，原件一份留给红极集团。如果资质借用人必须要《承诺书》，就给资质借用人一份复印件，不给原件，使之无法掌握有效证据。

红极集团资质外借管理办法

为规范红极集团资质外借行为，尽可能降低法律风险，实现利润增长新模式，特制定本办法。

1. 定义

资质外借，是指红极集团将本企业的各类资质借给红极集团之外的单位或个人使用。出租人为红极集团，借用人为需求单位或个人。

2. 资格预审

2.1 潜在借用人必须由红极集团部门经理以上干部引荐。

2.2 潜在借用人应提供以下资料供红极集团进行资格预审：

（1）工商年检合格的《营业执照》原件一份、复印件一份（在其上注明出处，加盖公章）；

（2）《税务登记证》原件一份、复印件一份（在其上注明出处，加盖公章）；

（3）《组织机构代码证》原件一份、复印件一份（在其上注明出处，加盖公章）；

（4）《法定代表人身份证明》原件一份、复印件一份（在其上注明出处，加盖公章）；

（5）经办人的《授权委托书》原件一份、复印件一份（在其上注明出处，加盖公章）；

（6）其他相关文件原件一份、复印件一份（在其上注明出处，加盖公章）。

2.3 资格预审费200元，由潜在借用人向红极集团提供预审资料时交纳。

3. 签订承诺书并办理担保手续

3.1 资格预审合格的潜在借用人，接到红极集团通知后3日内到红极集团法务部签订《承诺书》。

3.2 借用人和担保人必须在《承诺书》上签字、盖章，并在同日办理财产担保手续。

3.3 担保金额由红极集团根据拟投标项目标的额大小进行确定，但最低担保额不少于50万元。

3.4 借用人若以不动产作抵押的，应办理抵押登记；若以动产作质押的，应将质押物交给红极集团；若提供保证金的，应将保证金存入红极集团指定账户。

4. 资质借用

4.1 只有签订《承诺书》并完成担保手续后，红极集团才允许借用人使用红极集团的资质原件或复印件。

4.2 借用人需要使用红极集团资质时，由红极集团资质管理专员携带资质原件、复印件，与借用人一道前去办理项目招投标、签订合同等，不允许借用人携带、复印、打印红极集团的任何证书或文件。

5. 收费标准

5.1 对于使用红极集团资质投标的每个标，借用人应向红极集团支付人民币10万元的资料费，于投标书盖章之前汇入红极集团指定账号，红极集团收款后只出具收据。无论借用人是否中标，红极集团均不退还该资料费。

5.2 对于使用红极集团资质投标并中标的项目，借用人必须保证发包人将工程款全部支付到红极集团指定账户上，红极集团按实收工程款的百分之三收取管理费。

5.3 如果红极集团没有收到发包人支付的工程款，资质借用人自动将该债权转让给红极集团，由红极集团向发包人追要工程款。红极集团为此支付的诉讼费、仲裁费、律师费等合理费用，由资质借用人承担。

5.4 虽经红极集团和资质借用人共同努力，红极集团仍无法全部或部分收取工程款的，借用人应向红极集团支付最低管理费50万元整。

6. 其他

6.1 未经红极集团书面同意，私自打印红极集团资质证书去参加项目资格预审、购买标书、投标、签订合同的，每发现一页，红极集团向投标人索赔人民币10万元整。

6.2 无论何种原因，红极集团均不向个人出借红极集团的资质证书。

6.3 红极集团法务部为红极集团所有资质证书和文件的归口管理部门，负责红极集团资质外借事宜。

6.4 本办法于2011年1月1日起施行，解释权归红极集团法务部。

红极集团资质外借承诺书范本

承　诺　书

红极建筑集团股份有限公司：

鉴于我公司业务发展需要，经我公司申请，贵公司同意我公司借用红极集团的资质证书、营业执照、组织机构代码证、税务登记证和其他相关资料的原件、复印件，用于我公司承揽工程施工项目、参加资格预审、投标、签订合同等，我公司为此郑重承诺如下：

第一条　对于我公司借用贵公司资质而承揽或中标的工程项目，无论何时何地，我公司或其属下的任何员工，保证以红极集团名义开展全部相关活动，包括但不限于向发包人提供资质预审文件、投标文件、合同签订和履行、对外联络等。若违反此约定给贵公司造成经济损失的，我公司负责全额赔偿。

第二条　我公司保证向贵公司交纳下述资料费、管理费和其他费用：

（一）对于使用红极集团资质投标的每个标，我公司应向贵公司支付人民币10万元的资料费，于投标书盖章之前汇入贵公司指定账号，贵公司收款后只出具收据。无论我公司是否中标，均不要求贵公司退还该资料费。

（二）对于使用红极集团资质投标并中标的项目，我公司保证发包人将工程款全部支付到贵公司指定账户上，贵公司按实收工程款的百分之三收取管理费后，将余款转付给我公司。

（三）如果贵公司没有收到发包人支付的工程款，我公司自动将债权转让给贵公司，由贵公司向发包人追要工程款。贵公司为此支付的诉讼费、仲裁费、律师费等合理费用，由我公司承担。

（四）虽经我们双方的共同努力，贵公司仍无法全部或部分收取工程款的，我公司应向贵公司支付最低管理费50万元。

第三条　我公司保证所承包的工程项目合法、可靠、发包人有能力支付工程款；我公司保证有实施该项目必备的资金、人力和材料，能够独立完成施工任务直至竣工验收合格。

第四条　我公司为履行第三条约定的义务，自愿向贵公司提供担保，担保总额为人民币××万元。若以不动产作抵押的，我公司同意办理抵押登记；若以动产作质押的，应将质押物交给贵公司；若提供保证金的，应将保证金存入贵公司指定账户。

第五条　我公司需要使用红极集团资质时，由贵公司资质管理专员携带资质原件、复印件，与我公司一道前去办理项目招投标、签订合同等事宜，我公司不携带、复印、打印红极集团的任何资质文件。

未经红极集团书面同意，我公司私自或教唆第三人打印红极集团资质证书等资料去参加项目资格预审、购买标书、投标、签订合同的，每发现一页，我公司向贵公司赔偿人民币10万元整。

第六条　贵公司除负责出借资质外，我公司不要求贵公司对工程项目承担任何责任，由我公司负责完成施工任务并对质量、工期、安全等负全责。

第七条　保密承诺

（一）无论何种原因、何种情况发生，我公司均不得将本承诺书向任何单位或个人透露、出示。

（二）如果我公司未能遵守本条第（一）款约定而致贵公司遭受经济损失、行政处罚或被追究刑事责任的，我公司赔偿贵公司全部经济损失（最低不少于人民币500万元）。

第九条　争议解决方式

（一）在项目执行过程中如果发生争议，贵我双方应友好协商解决，协商不成，我公司只提请贵公司所在的商会调解。

（二）无论发生何种争议或纠纷，我公司都不向人民法院提起诉讼或向仲裁委员会提请仲裁或向行政机关提请处理，否则，我公司向贵公司支付不低于人民币500万元的赔偿金。

承诺人（盖章）：

法定代表人签字：

承诺时间：　　　年　　月　　日

评　价

红极集团为防控法律风险，制定了《红极集团资质外借管理办法》和《承诺书》范本，从条款的完备性和内容来看，可谓严密周全，但仍存在以下法律风险或缺憾。

1. 进行资格预审，拒绝将未经工商注册的包工头纳入资质借用人范围，使那些一无资金、二无施工机具、三无资质的小包工头被拒之门外，一定程度上降低了法律风险。但在执行过程中，碍于各种情面，时有将红极集团资质出借给前述“三无老板”的情况，使风险处于失控状态。

2. 要求资质借用人签订《承诺书》并提供担保，可规避自身责任，能将资质出借人和借用人的双边法律责任推给借用人单边承担。要求借用人再提供一定的财产担保，也会部分降低资质出借人的法律风险。

3. 保密承诺和高额赔偿额的规定，可有效约束那些不懂法的挂靠人，使之守口如瓶，不向外界透露资质借用的事实。

4. 但是，红极集团上述优点无法掩盖其违法事实，在资质出租人与借用人不发生纠纷的情况下，也许会相安无事；一旦有纠纷发生，当事人一方或双方出于自身利益考虑，都有可能或者不得不向司法机关陈述资质借用的原委，资质出借人的非法收入（如资料费、管理费）可能会被没收，资质借用人的利润收入也可能得不到法律保护。

三、法律风险防控策略的一般性准则

（一）十分重视事前风险控制

1. 对挂靠人进行尽职调查。弄清挂靠人的实力、拟承包项目的真实性、发包人的信誉和支付该项目工程款的可能性，重点审查的资料有：挂靠人已年检合格的营业执照、资质证书、安全生产许可证、税务登记证、拟用于工程施工的相关人员名单及上岗资格证、具体经办人员的授权委托书、近三年工程业绩、近三年的财务报表、债权债务纠纷、未履行完的重大合同、未结诉讼或仲裁案件、曾经的业主、当地主管部门和当地居民对挂靠人的评价等。

2. 在准许挂靠时，要求挂靠人签订《承诺书》并提供履约担保。担保形式可以为银行出具的履约保函、实物抵押、质押、交纳保证金、保证人担保等。

（二）加强工程项目经营管理

1. 加强资料备案管理，留下第一手有效证据。建筑企业应要求内部承包人将工程有关的各种合同或协议、诉讼或仲裁法律文书、所有人员的明细表及其联系方式、施工图、竣工图、现场签证、工作联系函、施工日志、财务凭证等，按时送报备案，能留原件的，一定要留原件；不能留原件的，至少留一份清晰的复印件。

2. 加强工程质量管理，套成项目质量控制小组，向施工人提出比工程监理更严格的要求。因为质量一旦出现问题，建筑企业所受的损失将比所获得的利益大得多，甚至会危及企业的生存。

3. 加强授权管理和印章管理，严禁以项目部的名义私刻公章，对外签订合同。

企业中标某项目后，都会成立项目部，由项目部具体负责该项目的人工、材料、机械和施工，对该项目的质量、工期、安全全面负责。因此，项目部是该企业的代表，项目部的行为就是该企业的行为，授权必须明确具体，哪些能为，哪些不能为，必须通过授权委托书予以明确。但最关键的是项目部不能刻公章，不得对外签订合同，否则远离企业总部的项目部会自行其是，乱签合同，乱盖公章，给企业带来灾难性后果。

4. 加强工程款管理。内部承包人常常以各种方式套走工程款，但又不用于项目本身，从而给项目的运作带来很大障碍。因此，项目的建设资金应由该建筑企业直接掌控，具体做法是：建筑企业（承包人）与发包人签订《建筑工程施工承包合同书》时就要明确约定，发包人只能将工程款支付到承包人指定的银行账号，否则视为发包人违约并要支付高额违约金。若发现内部承包人套取了工程款，建筑企业应及时予以追缴并加收高额罚款。

同时加强财务监管，防止工程款被挪用或职务侵占。切不可允许内部承包人与发包人结算，只要求内部承包人上交管理费。这样做将使建筑企业收不到工程款，甚至还倒背一身债，惹一身官司，不得不替内部承包人偿还材料款、工人工资等。

5. 保留单方解除权，及时解除于己不利的内部承包合同。在工程项目承包中，常有承包人层层转包渔利的现象，造成工程质量无法保证。如果内部承包人外逃、判刑等原因造成项目停顿，企业不得不向发包人、材料供应商承担违约责任。如果企业在内部承包合同中保留有合同单方解除权，发现问题时及时解除合同，就可防止情况进一步恶化，将风险或损失降到最低。

（三）将《建设工程施工合同》一分为二，变为《劳务分包》和《委托采购合同》

具体做法是：先将《建设工程施工合同》中劳务作业部分转包给有资质的劳务分包公司，这种转包法律是允许的，且不需事前征求发包人的同意；再将该《建设工程施工合同》中材料采购部分授权给前述劳务承包人或者其他单位采购，这也是符合法律规定的，相当于代理行为，俗称“代购”。

以上两个合同标的加起来就是《建设工程施工合同》的所有工作内容。由于将施工任务分解为材料和劳务两部分，分别签订合同，比较隐蔽，若不同时发现两个合同存在则挂靠关系就不会被揭穿。特别是劳务承包人、建筑材料委托采购人不是同一人时，几乎无法证明其违法性，是一种形式合法行为。

（四）采用内部承包方式，与挂靠人签订《内部承包合同》

被挂靠人防范法律风险的根本之策就是不采取挂靠方式，而采取内部承包方式。内部承包是法律允许的，将挂靠项目实实在在地转变为被挂靠人的自有项目，即将“外包”纳入“内包”，切实将挂靠纳入本企业的内部承包体系，变“非法”为“合法”。具体做法如下：

1. 将有才干和有一定资金实力的挂靠人（多为包工头）招聘为本企业员工，与之签订《劳动合同》，建立劳动关系、为其购买社会保险，并对其进行一定培训、教育，使之成为本企业的正式职工，并赋予项目经理的职位。

但项目经理职位的取得并非易事，需要有相当长的行业工作经历，并要参加资格考试，取得注册执业证书。《2013 年建设工程施工合同示范文本》第 3.2.1 条规定：项目经理应为合同当事人所确认的人选，并在专用合同条款中明确项目经理的姓名、职称、注册执业证书编号、联系方式及授权范围等事项，项目经理经承包人授权后代表承包人负责履行合同。项目经理应是承包人正式聘用的员工，承包人应向发包人提交项目经理与承包人之间的劳动合同，以及承包人为项目经理缴纳社会保险的有效证明。承包人不提交上述文件的，项目经理无权履行职责，发包人有权要求更换项目经理，由此增加的费用和（或）延误的工期由承包人承担。

2. 根据工程项目的大小和项目经理的施工组织能力，企业与该项目经理签订《××项目内部承包责任书》或者《××项目内部承包合同》，使之成为“企业内部全额风险承包人”，使“挂靠人”来一个合法转身。其实，“内部承包人”与“挂靠人”在权利和义务方面没有实质上的区别，差别只在于：内部承包人是本企业的员工，而“挂靠人”是企业的外部人员。

为什么要赋予挂靠人项目经理的职位？因为根据相关规章规定，只有企业的项目经理才能与企业签订内部承包合同，不具备此职务的人是不能与本企业签订内部承包合同的。但项目经理资格的取得，是需要经过一定的考试考核才能获取的，对大多数文化水平不高的包工头而言很困难。那又怎么做，才能化解难题呢？

如果实际挂靠人并不具备项目经理人资质，企业最好先与有资质的项目经理签订《××项目内部承包合同》，实际挂靠人作为担保人在《××项目内部承包合同》上签字并按手印，由项目经理和实际挂靠人共同对被挂靠人承担连带责任，这样被挂靠人的权益便能得到法律保护。这样的《××项目内部承包合同》签订后，合同当事人有三方：甲方（本企业，实际上是被挂靠人）、乙方（本企业有项目经理资格的内部职工）、丙方

（企业外的包工头，实际的挂靠人）。

经过上述一番技术处理后，内部承包人以本企业的名义派遣项目管理人员，并以本企业的名义与项目负责人、技术负责人、核算负责人、质量管理人员、安全管理人员等签订《劳动合同》，以本企业名义向他们发放工资。这些项目管理人员是少数，本企业与之签订劳动合同似乎不成问题。问题是：本企业是否必须与大量农民工签订劳动合同？由内部承包人与大量农民工签订劳动合同是否合法？干脆不与农民工签订劳动合同，是否可行？

从节省人工成本考虑，企业不愿意招聘农民工为本企业员工，不愿意与之签订劳动合同。因为企业不仅要支付农民工工资，而且还要为他们长期缴纳社会保险费，由于参与工程建设的农民工众多，每年缴纳的社会保险费总额巨大，企业通常不情愿承担此笔费用。

其次，由于工程项目的阶段性、单项性特征，企业也不愿意招聘农民工为本单位的职工。因为一个工程项目施工完后，企业不一定能找到或很快找到新项目。在无项目施工的情况下，企业养不起几百名农民工，任何一个建筑企业都不可能发空饷养闲人。现在的建筑企业，几乎都不保留纯体力劳动的人员了，一般只留管理人员和技术人员，“两层分离”现象十分明显。

再次，农民工们也不愿意长期待在一个企业或一个项目上，哪里工资高就往哪里走，已成常态。

那么，农民工的利益如何保证呢？谁来与农民工签订劳动合同呢？

目前建筑业的做法令人吃惊，很坑农民工兄弟。建筑企业与发包人签订建设工程施工合同后，就将工程全部或部分交给内部承包人来实施，这些内部承包人为完成施工任务就招募大量农民工干活，而不与农民工签订任何合同或协议，也不发工资，只是每月给农民工一二百元不等的生活费（如果有统一食堂，生活费也是不给的）。在每年九月农民工子女因上学需学费时、每年春节前农民工要回家过年时，才由内部承包人向他们结算工资。如果内部承包人有良心，总能想些办法向农民工发放部分工资，没有良心的则一分不给或给之甚少，造成农民工讨薪事件频发，有些地方因讨薪还发生过人命案，黑恶势力参与其中，抓人打人，农民工暴尸街头的常有之，其景惨不忍睹！

除了黑心老板不发工资、克扣工资外，还有以下客观原因使农民工得不到工资：

1. 工程款结算的滞后性。建筑工程项目一般按进度付款，这也是行业惯例。根据合同约定的进度，每年九月、春节前不一定是结算工程款的时间，有一定的滞后性。

2. 内部承包人或包工头无力支付。内部承包人或包工头没有什么资金实力，几乎全靠东拉西借来维持日常施工开销（农民工食宿费、建筑机具费等），当发包人不支付或不按时支付工程款时，承包人也无钱转付给内部承包人或包工头，内部承包人或包工头也就无钱发放农民工工资。特别是当内部承包人或包工头因经济犯罪（多因建筑材料、借款、贷款、担保诈骗）被捕时，农民工就不知向谁讨薪。在恐慌情绪支配下大量农民工罢工，找政府部门信访或围堵企业办公场所。

3. 没有合同保障。农民工们有一种错误认识：内部承包人或包工头要他们签的劳动合同，都是限制他们的，大多条款写的是如何让他们多加班，如何克扣工资，很不公平，他们不愿意签订劳动合同或协议。有些劳动合同确定存在不公平条款，但有合同总比没合同好。如果合同条款显失公平，农民工们可以申请仲裁委或法院予以撤销；如果没有合同，出现劳动争议或纠纷后，因无任何证据支持农民工的主张，败诉的可能性很大。笔者曾亲历过一个案件，某53岁的农民工李某某，在一建筑工地受伤后提起劳动争议，因无证据支持他的主张，竟被法院裁定为“李某某与该企业不存在劳动关系”，没有得到任何补偿。

从合法性上讲，建筑企业（承包人）应与农民工签订劳动合同，而不是内部承包人与农民工签订劳动合同。但是，我们也不反对由内部承包人与农民工们签订劳动合同。因为，农民工们是内部承包人招来的，甚至是由下面各班组长招来的，通常一个班组长带出几个、几十个老乡和熟人，企业对之并不熟悉，也不便对之进行管理。因此，从管理上讲，由内部承包人与农民工签订劳动合同是可行的，也便于农民工兄弟在情感上接受（熟人因素），更便于加重内部承包人的法律责任，如果发生工伤事故，受害人第一时间告的是内部承包人而不是企业。当然，内部承包人与农民工签订的劳动合同，最终法律责任承担者还是建筑企业，因为这种情况构成内部承包人对建筑企业的代理。

鉴于工程项目施工的阶段性、农民工的易流动性，建议内部承包人与农民工签订“以完成一定工作任务为内容”的短期劳动合同，任务一旦完成或项目一旦完工，劳动合同就自动终止。这既合法，又为建筑企业节省了大量不必要的工资支出。

内部劳务承包合同

甲方：××建筑公司，住所地：××市××区××路××号，法定代表人：×××

乙方：李某某，身份证号码：×××××××××××

依据《中华人民共和国合同法》、《中华人民共和国建筑法》以及××市有关法律法规和行政规定，为确保工程顺利进行，保护甲乙双方的合法权益，遵循平等、自愿、公平和诚信的原则，双方根据分工负责、配合协作的原则，经充分协商一致，订立本合同并严肃执行。

一、工程概况

1. 工程名称：××工程××段

2. 工程地点：××省××市××县××镇××路××号

3. 建筑面积：××

4. 结构类型：框架剪力墙

二、承包方式：大清包（主材：钢筋、混凝土、塔吊、电梯、大型土方工程的挖土机，大型土方调运由甲方负责，其他均由乙方负责。其中包括：中小型机械、实体外辅材、周转工具、大型工具、劳保用品以及全部一次结构工程的劳务施工等）

三、工程性质：商住房

四、分包工程范围及内容

一次结构：甲方所提供××××公司××花园5#楼商住房设计图

纸、工程变更、工地交底除楼地面后浇层、墙体砌筑内构造柱、圈过梁、窗台以外的全部一次结构钢筋混凝土以及为完成上述工程的全部劳务施工、所需实体外大型工具，如：脚手架用钢管、脚手板、扣件、安全网、密目网、跳板、各种各类安全防护用品，各种安全防护设施，如：安全通道、防砸棚、灯架临边防护等安全设施的料具，以及用于工程实体的模板、方木、钢管、扣件、扣碗架等，以及中小型机械、实体外辅材、电动工具、手使工具、劳保用品等。

一次结构包括但不限于以下内容：

（1）开挖及回填土方人工配合、跟槽、清槽、做排水沟、做井、修坡。

（2）降水（如需降水，乙方负责提供降水设备，降水设备维修及人工均由乙方负责），以及降水井、减压井、观测井的保护和封堵。

（3）破桩头、运桩头、清挖盲沟。

（4）下反梁人工挖土、倒运土。

（5）所有土建图纸、设计变更内标注的预埋件安装及洞口预留。

（6）基础处理、砌抹砖模、一次结构施工各部位及现场施工期间临建设施全部搭拆、维修、维护等。

（7）一次结构钢筋混凝土工程的全部钢筋翻样、钢筋制作、绑扎以及钢筋制作所需机械设备闸箱和线、安装、调试、维护等。

五、合同价款的套成以及单价包括的内容

1. 本合同单价采用综合固定单价，按建筑面积计算330元/平方米包干，综合单价包括：除甲方供应的主材外其他全部劳务施工和承包工程范围及内容所需的料具等费用均由乙方负责。

2. 单价包括的内容：

（1）施工现场用电，甲方负责接至二级箱；施工现场用水，甲方负责接至现场；施工现场上甲方指派的清工，应做到随叫随到，否则甲方按100元/工日向乙方承担违约责任。

（2）文明施工的用工，其中脚手架、维护、安全网主体施工期间更换不少于两次，临边的安全维护由乙方提供材料并负责按拆、维护。

(3) 临建房基础（含生活区、现场、办公区地面硬化、场区道路围墙，生活区、施工现场、办公区的排水沟、沉淀池等临时设施完善和配合用工费用)。

(4) 塔吊基础、电梯基础、塔吊扶墙、电梯等配合用工和费用。

(5) 业主及甲方提供料具设备的场内装卸、倒运、搭拆、安装、维护、保管、中小型机械操作（含塔吊、电梯驾驶）的用工和费用。

(6) 场内二次倒运、现场保卫、成品保护、与其他专业配合、超高施工、冬雨季施工、夜间施工、配合土方开挖清扫（含外部市政道路垃圾场内清运及外运装卸)。

(7) 本工程因图纸设计变更、停电停水、机械维修间歇、材料暂不到位、暂停施工、工序调整、工程验收、扰民、自然条件影响等原因，造成人员窝工、机械停滞、抢工等费用。

(8) 塔吊、电梯驾驶人员的费用和食宿。

(9) 实体外辅材，如：铁钉、铁丝、粘胶带、焊条、焊剂、垫块、氧气、乙炔气等，穿墙螺丝套管、对拉螺栓、螺母、山型卡、脱模剂、混凝土养护材料、塑料布、彩条布、冬雨季施工覆盖和升温材料（禁用草帘子)、刷脚手架油漆用材料等费用。

(10) 二级配电箱以下电线（含地下室临时照明用的低压变压器及线路）以及现场所有临时设施安拆、维护、零配件、管理费用。

(11) 施工及消防设施器材由甲方提供，乙方负责配合安装、维护、维修。

(12) 照明用具、测量计量用具、检测用具、办公用具等费用。

(13) 所有生活用具（如食堂的灶具、床铺、床垫、燃气、空调、电暖气等）费用。

(14) 工程施工和文化工地建设所需的脚手架、安全防护、防砸棚、电梯井、门窗洞口用标准防护栅栏的费用。

(15) 塔吊用卸料平台、施工电梯用防护架、安全门、上料平台材料由甲方提供，劳务由乙方负责。

(16) 乙方自愿向甲方提供二次结构所需模板、方木、扣件、架子管等二次结构砼构件用料具（含施工电梯所需防护架、安全门、上料平台所需料具），并做到满足6#、7#两栋楼两层所需用量，甲方承诺以上由乙方负责提供的二次结构所需料具，施工电梯所需防护架、安全门、上料平台等料具，甲乙双方各派代表清点验收签字（并分清规格、种类、数量）交甲方专人负责保管使用，二次结构完工如数交付乙方并办清交接手续，如施工过程中造成乙方的料具丢失、严重损坏（不能维修的），若需维修，由甲方负责维修，或者由甲方按料具原值负责赔偿。

六、甲方项目经理职权

项目经理：×××××

职权：审核付款并报公司，设计变更、竣工结算及结算依据签证费用及工期顺延等一切重大事项，其批准的文件在符合甲方对有关资料的管理和审批程序后有效，所有工程结算依据资料均以甲方项目经理的签字为准，还需同时满足甲方对结算资料的管理及审批程序。

七、合同价款的调整及结算

（1）本合同为固定单价合同，为一次包死，承包范围内不再发生任何清工和费用。本合同履行过程中可能发生不可抗力和扰民问题，现有的地址等可能会给正常的施工造成影响，甚至停工、返工，乙方报价前已视察现场并充分考虑这些问题，所造成的停工、窝工等损失，固定单价不因此而做任何调整。

（2）本工程一次结构中的设计变更及签证，如果不涉及建筑面积增减，且单项变更定额工日（定额工日执行2008年××市相关预算基价定额）不超过80工日的，费用不予增减；如果超过80工日的，调整80工日以外部分，工日不得累加。按单价150元/工日计取，中小型机具、实体外辅材、周转工具及措施费等不计取。

（3）工程量：本合同已完工的（建设单位认可的）主体结构建筑面积作为结算工程量，建筑面积的计算以正式的实际结构施工图，执行××年××市建筑工程预算基价定额中的计算规则。

（4）工程结算：按节点完成时间结算，乙方每次节点工程完成前三天提供本节点完成工作量（建筑面积）供甲方审核，同时提供已完部位的钢筋下料小样，甲方预算人员依据合同、图纸、变更等审核工程量（建筑面积）作为节点付款依据，如乙方未按时报送则甲方有权拒绝支付工程款。

(5) 完工结算：乙方应在合同约定的全部工作内容履行完毕，经有关部门人员验收通过十五日内，向甲方提交签字盖章的工程结算资料一式三份，同时提供以下资料：

①甲方项目部出具的各队砼结构尺寸偏差证明或自行整改证明。结算时如果未提供此证明或证明尺寸不合格的，则合同单价下浮 3 元/平方米，按建筑面积计算。

②整理成册的钢筋下料单

甲方工长审核工作内容，双方预算人员核实工程量（建筑面积），报甲方项目经理审核，最终结算造价以甲方领导审批为准；如果乙方未按上述要求上报结算，造成结算价款延期支付和劳务费纠纷的，甲方不承担任何责任。

八、工程款支付

1. 乙方每次节点工期部位全部完成，经验收合格，乙方应按本合同约定向甲方报告已完工程部位和工程量（建筑面积），甲方验收审核批准后，根据已完工作量（建筑面积）按比例支付工程款（劳务费）。

2. 主体六层现浇板砼浇筑完，经验收达到本合同相关标准，支付已完建筑面积劳务费的 75%；主体十二层现浇板砼浇筑完，经验收达到本合同相关标准，支付已完建筑面积劳务费 75%；主体十八层现浇板砼浇筑完，经验收达到本合同相关标准，支付已完建筑面积劳务费 75%；主体封顶（二十四层），经验收达到本合同相关标准，支付至全部总建筑面积劳务费的 80%，主体二次结构工程全部完成支付至全部工程款劳务费的 90%，土建抹灰工程全部完成支付至全部工程款劳务费的 95%，其余 5% 工程款待全部竣工备案验收通过之日起三个月满时，一次付清。

3. 乙方每次领取工程款时应提供合格材料票，同时提供每月乙方全部现场施工人员签字的工资表原件一份。否则，甲方有权拒绝支付工程款，一切后果由乙方自负。

九、质量要求

1. 一次结构（主体）必须达到国家现行质量验收合格标准。

2. 分部、分项工程由于乙方原因未达到合格标准的，乙方应立即整改或退工达到合同约定标准，一切费用由乙方承担，拆模后及时完成穿墙螺栓孔的封墙（材料由甲方提供）。

3. 对于预留预埋工程，乙方必须保证埋件、孔洞留置三碑，位置准确，如出现尺寸位置错误或漏留、漏埋现象，乙方必须在发现之日起3日内整改完成，如果拖延甲方项目，甲方有权另行安排其他队伍完成，所发生的费用全部从乙方结算款中扣除。

十、工期要求

1. 开工竣工时间：本工程定于××年××月××日开工，××年××月××日竣工。主要节点工期要求：

(1) 基础工程至正负××天，即××年××月××日~××年××月××日；

(2) 首层至第六层浇制板完，××年××月××日~××年××月××日；

(3) 第七层至第十二层浇制板完，××年××月××日~××年××月××日；

(4) 第十三层至第十八层浇制板完，××年××月××日~××年××月××日；

(5) 第十九层至第二十四层结构封顶，××年××月××日~××年××月××日。

2. 工期违约：根据甲方要求，乙方自愿按照上述节点完成施工，如因乙方原因造成工期延误，每延误一日乙方应承担合同总价款万分之一违约金，但是如果总体工期达到合同要求，甲方应退还已收取的乙方违约金。若因总工期或节点工期延误，甲方向发包人承担的违约高于前述约定，则乙方的违约金额应与甲方需向发包人承担的违约金相同。

3. 工期顺延：下列情况造成工期延误，经甲方确认，工期可以顺延：

（1）进场日期因甲方原因延迟。

（2）重大设计变更引起建筑面积增加。

（3）不可抗力。

（4）甲方同意给予顺延的其他情况。

十一、材料、机具、临时设施等供应及管理

1. 构成工程实体的主要材料由甲方供应。

2. 甲方主要材料实行定额消耗包干办法，进退场材料、临时设施采取双管双控，施工中甲方供应的材料将与乙方共同验收，乙方材料验收员必须持有乙方出具的法人授权委托书，乙方必须主动参与材料验收签字，如乙方的材料人员不参与材料验收、签字确认并造成材料损失的，其全部损失应由乙方承担。如果乙方对甲方进场的材料有任何异议，乙方必须在当时以书面形式向甲方提出，否则视为乙方已认同。乙方无权处理废钢筋头，统一由甲方处理，处理费用归于甲方。

3. 乙方自行采购的材料，由乙方盈亏自负，但数量和质量必须满足工程要求。如果乙方采购的材料不能满足工程质量和安全要求时，甲方有权自行采购，费用由乙方承担。

4. 除乙方负责材料外，由甲方负责采购工程的主要材料，按××年《××市建筑工程预算基价》计算用量，乙方应在每月23日前提出下月材料用量计划。每月10日前提出当月的补充材料用量计划报送给甲方，乙方必须按甲方要求的时间报送材料使用计划，不按时上报或漏报材料计划，从而影响的工期、造成窝工及机械停滞的，均由乙方自行负责。

5. 甲供材料，乙方在施工中未按操作规程及甲方要求正确使用或审图错误造成的浪费，由甲方从乙方的工程款中扣除，如发现乙方劳务人员有严重浪费材料的，甲方将要求乙方双倍赔偿。

6. 施工机械设备除塔吊、电梯、混凝土泵车、土方机械由甲方提供外，其余所有施工设备均由乙方负责提供。

7. 临时设施、现场的办公用房及住房的材料由甲方提供，乙方按甲方要求负责搭拆（彩板房除外），日常维修、维护由乙方无偿负责。

8. 安全、文明施工料具，除图牌、洗车泵由甲方提供外，其余均由乙方负责提供。

十二、合同终止

1. 乙方原因，由于乙方不能满足工期质量、安全等要求，发包人或甲方要求其退场的，对已完合格的工程量按70%结算，其余30%款项作为乙方的违约金。

2. 禁止乙方将本分包工程转包，一经发现，甲方有权单方面终止合同，乙方应无条件退场，对乙方已完成的工程量按照合同单价的70%结算。

十三、劳务管理及民工工资支付

（一）项目班子配备及管理。

乙方必须根据本工程需要，配备以下人员：

1. 劳务队长　2. 技术员　3. 土建工长　4. 木工工长
5. 钢筋工长　6. 材料员　7. 预算员　8. 质检员
9. 安全员　10. 劳资员　11. 农民工管理员

乙方劳务队长、技术人员、安全员、特殊工种人员必须持证上岗。劳务队长外出、开会必须事先向甲方请假，乙方劳务队长到位率必须100%，乙方更换劳务队长及管理人员应征得甲方同意，劳务队长未经甲方同意擅自离开工地8小时以上（含8小时），甲方每发现一次罚款2000元。

（二）乙方必须向甲方每月提交农民工工资发放表，并积极配合迎接检查，否则发生的劳务纠纷造成甲方直接付给工人工资的，甲方所支付的工人工资均可从乙方应得款项中扣除，同时乙方还应向甲方支付前述工人工资等额的违约金。

（三）乙方每月对其发放的工资予以公布，接受上级单位和员工的监督。

十四、安全及文明要求

1. 本工程必须达到文明工地标准：

（1）文明工地包括：现场安全防护、机械安全、消防保卫管理、现场管理、料具管理等，必须符合国家、市区及甲方现场的有关规定和要求，达到文明工地标准。如果达不到标准，乙方承担发包人及各级政府管理部门对甲方的全部罚款。

（2）乙方进入施工现场后必须服从甲方的管理及遵守施工现场的各项规章制度和奖罚办法，杜绝野蛮施工和违章作业，每发现乙方野蛮施工一次，乙方向甲方每次支付10000元。

（3）工地的围墙、临建、大门标牌，统一执行甲方规定，保持整洁完好美观。

（4）现场内机具、架料及各种施工用材料必须按平面图布置堆放整齐，及时清理，工完场清。

（5）施工临时用电、脚手架搭设、安全网布设、施工用的机械设备安装使用必须符合国家安全管理部门的规定。

（6）甲方需要清整现场、生活办公区时，乙方有充足的清理人员并做到随叫随到，否则，甲方有权委托其他人员完成，其费用由乙方承担。

（7）施工过程中，乙方必须对所有完工后的地下室、各楼层进行及时清理、抽水、保证干燥、整洁，费用已包括在合同单价中。

（8）乙方施工管理人员家属及工人家属，严禁住在施工现场宿舍内，宿舍内严禁男女混住，如有违反按1000元/人次罚款。

（9）乙方人员不得在工地现场开设小卖部，如违反按3000元罚款并清除出场。

2. 安全及消防：

（1）安全管理：杜绝死亡事故，避免工伤，一般轻伤事故控制住1.5‰以内，无火灾事故，确保达到安全文明施工。

（2）消防管理：无火灾隐患，无火灾事故，所有工作面动用火源时，必须有专人监护，如因乙方原因而造成事故，乙方承担全部责任和处罚。

3. 安全管理措施及要求：

（1）乙方负责编制安全施工组织设计，经甲方审批后，乙方必须遵照执行，并确保方案中所需安全用品（料具）的质量和数量。

（2）甲乙双方应建立起安全管理体系，严格执行建设部颁布的有关安全工作“一标三规定”中的国家强制性标准及天津市有关规定，确保安全生产。

（3）乙方要强化安全意识，抓好安全生产和杜绝一切事故的发生，施工中因乙方原因造成工程财产损失、人身伤害（包括第三者人身伤亡和财产损失），均由乙方承担责任及因此产生一切费用。若出现安全事故，要按规定保护好现场，立即上报，不得隐瞒，并按政府部门的要求处理。

（4）乙方工作人员应按甲方的安全教育及安全交底组织施工，若违章操作或不按甲方要求施工所造成的损失由乙方负责，并承担相应的处罚。

（5）特殊工种必须持证上岗，并在进场前提供所有人员的花名册，应具备“三证”即身份证、暂住证、务工证。乙方应为特殊工程的工人投保工伤险，其费用由乙方承担。

4. 消防管理及要求：

（1）乙方负责编制消防管理方案，经甲方审批，乙方必须执行，乙方必须确保消防区域内甲方提供的消防器材（消防水管、水龙头、消防栓、消防泵等）数量充足、完好，教育工人遵守有关消防规定。

（2）乙方应严格执行动火管理制度、易燃易爆管理制度、电气焊管理制度等各项管理制度，消除各类火灾隐患。因乙方违反规定或管理不善造成火灾，由乙方承担责任和罚款。

（3）乙方在生活区内应按照甲方要求及天津市和国家规定，搭设符合文明工地标准食堂，并按要求管理食堂，严禁乙方人员在宿舍内男女混住、设置通铺，不得发生和组织各种非法集会、上访、游行和其他不利于社会稳定的非法活动，发现酗酒、赌博、偷盗、打架斗殴的，对相关人处以罚款2000元/次，对主要负责人处以罚款5000元/次，对偷盗者处以财物价值两倍的罚款。情节严重的，甲方有权清除出场，或送交司法机关处理。

十五、转包或再转包

严禁乙方将本分包工程转包或再分包，甲方一经发现，对转包人处于罚款50000元，并有权立即解除合同，责令乙方退场，并赔偿甲方的一切损失。

十六、工程质量保险和售后服务

1. 本工程质量保修期限自保修书订立之日计算，保修期限届满或乙方完成修补后（以较后者为准）终止保修协议。

2. 本工程保修期内如出现质量问题，乙方应在接到甲方维修通知后，4小时内派人维修，否则甲方有权委托第三方维修，其费用从乙方工程尾款中扣除，不足部分甲方有权向乙方索赔。

十七、其他

1. 本合同签订之日起七天内，乙方需按相关规定足额交纳农民工保证金。

2. 甲方对发包人的承诺也是对乙方的约束，乙方必须协助甲方兑现。

3. 如果甲方与发包人的总工程量需要重新核对，要求乙方提供钢筋下料小样单，并在甲方与业主核对工程量时派相关人员协助工作。

4. 本合同自甲乙双方签字盖章生效，工程完工、保修期满并结清工程款之日自动终止。

5. 甲乙双方在执行本合同过程中，如发生争议，双方应友好协商解决，若协商不成，任何一方有权向工程所在地人民法院提起诉讼。

甲方：××建筑公司　　　　乙方：×××

（公章）

法定代表人：　　　　签字：

项目经理：

签订时间：　　　　签订时间：

签订地点：　　　　签订地点：

第三章
招投标中的法律风险与防控策略

一、招投标中的乱象

二、招投标乱象存在的原因

三、防控招投标乱象的国家策略

四、防控招投标乱象的企业策略

一、招投标中的乱象

国际国内的建设实践表明：工程项目招投标制度是比较科学合理的，也是保证建设工程质量标准，加快工程建设进度，取得理想经济效益的最佳办法。我国的工程项目招投标是市场经济培育过程中逐渐发展、渐趋成熟的。招标的主要目的是要达到资源的最佳配置，使招标人找到合适的项目承包人，确保工程项目的建设质量、工期和投资符合招标人要求；同时也是为了赋予众多建筑施工人一个公正、公平、公开的竞争机会。这看起来是一项十分利好的制度，利国利民，应当得到很好执行。但事实上并非如此，我国二十多年来的建设实践表明，招投标制度在我国难以推行，存在各种各样的问题。

（一）规避招标

某些建筑单位，对工程建设招投标认识不足，无视国家政策和法律法规，不办理招投标手续或将项目降低到50万元以下后发包，规避招标，逃避相关部门的监督与管理。

（二）贿赂评委

近年来，因为我国建筑市场持续发展，工程管理、施工水平和投标能力持续进步，所以标书中造价、工期和质量方面的差距越来越不明显，随之施工组织设计的地位提高了。然而，施工组织设计缺少定量评判标准，于是某些招标单位与建设单位贿赂评委，或对评委施加影响，通过不法手段达到目的。

（三）泄露标底

工程标底能够直接影响甚至决定了招投标的最终结果，是招投标工作过程中的重中之重。鉴于标底有如此重要的作用，某些投标单位想尽办法得知标底，而有的标底编审人员不具备应有的职业道德，将标底泄露给建设单位，给建筑市场的健康运行带来不良影响。

（四）明招暗定

某些建设单位意识到，那些规定必办招投标手续的工程项目是不可逃避招标的，因而不敢公然违反法律法规。他们在表面上进行形式上的招投标，而在私下与既定的建设单位确定关系，并为了掩人耳目另找一些建设单位来报名作为陪标，来应付相关部门的监督管理。

（五）盲目压价

我国建筑市场中的竞争十分激烈，这便引发了盲目压价现象。某些建设单位采用最低价中标的手段开展竞争，为了得到工程，某些建筑企业也盲目降价。这种压价是片面的、盲目的，会给工程质量和招投标工作带来不良的影响。

（六）黑白合同

某些招投标单位表面上按规定进行招投标工作，中标后双方签订一份合同并报建设行政主管部门备案，这份合同俗称为“白合同”，但双方当事人根本不按白合同的约定履行，使标书中的造价、质量、工期等内容变成一纸空文。双方当事人通常在招投标前或后私下订立一份合同（俗称“黑合同”）以供双方真正执行。这就使得招投标工作徒具形式，失去了它的应有之义。一旦在施工过程中产生矛盾，会直接影响到工程的进度、质量和工程价款的结算。

二、招投标乱象存在的原因

在招投标过程中长期存在上述七类问题的主要原因是：利润驱动，各得其好。

作为招标单位，本想通过招投标程序找到最佳施工单位来承包工程项目，使该工程项目的质量、工期、安全和投资等方面都得到保障。但招标单位往往只考虑投资成本和工期的控制，而把建筑质量、安全生产放在其次，因此招标单位并不都喜欢组织严密、施工组织规范的大建筑企业来承包其项目，因大企业的取费标准较高，比小企业或无资质的包工头报价相比高出许多。其次，大企业由于实力雄厚，相对来说不愁活干，不愿垫资；而小企业或无资质的包工头为了抢到活干，多半愿意垫资干工程，这可为招标单位节约部分资金，使其开发成本相对降低。再次，在正规的招投标过程中，招标单位的领导和关键人员得不到什么好处，而非规范招标或不招标（通过议标、直接授予合同），这些人则能得到竞争者的好处费甚至巨额贿款。

作为投标单位，特别是那些实力不强、资金不多、业绩不显的竞标人，更愿意通过非规范的投标行为甚至是非法手段，稳中标。他们虽然在招投标过程中开支比较大，但中标之后可在工程材料采购、工程量变更签证等方面弥补回来。相比几千万元、上亿元的工程款，中标人在招投标阶段花的钱只是小钱，在高额利润引诱下，竞标人通常认为值此一搏。

作为招标代理公司，明知招标单位、投标单位串通起来搞假招投标，但只要收了代理费，一般都会心照不宣地按程序走完招投标全过程，甚至帮助招投标双方把程序走严密，资料补充完善，不留漏洞，以便迎接建筑行政主管部门的检查或复查，自己也好摆脱责任。

作为建筑行政主管部门，肩负着执行《中华人民共和国建筑法》、《中华人民共和国招标投标法》等法律法规的重任，代表国家监管建筑市场各主体和工程项目，但他们中的某部分人在糖衣炮弹面前往往会败下阵来，一些案例中，不仅领导干部贪污受贿，而且关键岗位工作人员（如负责招投标文件备案的工作人员、质检站的质检员）也吃拿卡要，搞什么弹性执法或不执法，早已不是秘密。

当然，出现上述乱象的原因还有：立法不完善，招投标程度不够科学；中国人重感情，讲关系不讲法，等等。

三、防控招投标乱象的国家策略

从国家层面讲，治理招投标乱象的主要工具仍然是法律，当然也需要国家政策、党纪等的配合。不过，法律是主要的，没有符合国情和现实的良法，没有一大批严格执法的官员，招投标中的乱象不可能得到扼制。适时制定、修改与中国国情相符、绝大多数人都认同的招标投标法，实现法律科学化，才可称之为良法。严格执法，摒弃潜规则，斩断利益链，打消潜在违法者的赌博念头，使其违法成本大增，一时违法终身不得翻身，以达到“杀一儆百”的效果。

由于法律的制定、修改牵涉到方方面面的因素，制定一部良法并非易事，往往会触及既得利益者的神经，一部较好的法律即使制定出来，也难以通过。比如，2000 年 5 月 1 日起施行的《工程建设项目招标范围和规模标准规定》早已不合时宜，修改的呼声很高，国务院组织专家进行了修订，公布了送审稿，公开征求意见，但至今未正式发布。现摘录如下，以膳读者。

（一）立法说明

2014 年 3 月 24 日国务院法制办公室转发的发展改革委关于《工程建设项目招标范围和规模标准规定（修订）（送审稿）》公开征求意见的通知，阐明了修订的必要性、修订原则、修订的主要内容，现附录如下：

关于《工程建设项目招标范围和规模标准规定（修订）（送审稿）》的说明

一、修订的必要性

依据《招标投标法》第三条的规定，2000 年原国家发展计划委员会报经国务院批准发布《工程建设项目招标范围和规模标准规定》（国家发展计划委员会令第3号）（以下简称《规定》），明确了依法必须进行招标的工程建设项目的具体范围和规模标准。《规定》颁布实施以来，大部分省、自治区、直辖市人民政府都根据《规定》制定了本地区工程建设项目必须进行招标的具体范围和规模标准，增强了招投标制度的可操作性。

由于《规定》设置的招标范围和规模标准是依据当时的经济社会发展水平和物价水平确定的，随着我国经济社会的不断发展，上述情况已发生了变化，《规定》设置的强制招标范围、标准限额显得过宽、过低，有些情况下增加了市场主体的负担，当前招投标市场体系不断健全，建筑行业利润水平普遍较低的情况下，有必要对《规定》加以修改。相关市场主体、行业组织、有关专家也认为应进一步科学界定工程建设项目强制招标的范围和规模标准。

二、修订的原则

一是处理好政府和市场的关系。按照市场在资源配置中起决定性作用的要求，对于部分市场竞争比较充分的项目以及仅使用少量国有资金、国家融资资金的民间投资项目，不再纳入强制招标范围。

二是与经济社会发展相适应。根据经济社会发展水平，特别是固定资产投资价格变动情况，提高强制招标项目的规模标准。根据国家最新政策法规，对强制招标项目的具体范围作相应调整。

三是增强可操作性。进一步明确工程建设项目概念，规范合同估价规则，并对连续同类采购的招标要求等做出规定。根据实践情况，明确可以不进行招标的具体情形。

四是保持制度的连续性。考虑到《规定》在我国施行多年，已为市场主体和行政监管部门所熟悉和掌握，对强制招标项目的范围继续沿用了《规定》按项目属性和资金性质分别列举的方式，从体例上保持一致。

三、修订的主要内容

第一，明确界定工程建设项目的范围。依照《建设工程质量管理条例》和《建设工程安全生产管理条例》的有关规定，明确工程是指建设工程，包括土木工程、建筑工程、线路管道和设备安装工程及装修工程。

第二，调整必须进行招标项目的范围。一是删除《规定》中部分必须招标的项目。例如删除第3条第5项中的“商品住宅”，将住房范围限于保障性安居工程；删除第5条第3项“使用国家政策性贷款的项目”。二是调整项目类别和内容。将第2条第3项中的“邮政”调整至交通运输项目；将第5条中“国家融资项目”明确为“县级以上人民政府依照法定权限融资的项目”。三是合并和细化相关表述。将第2条第5项与第3条第1项合并，并补充“园林绿化”、“照明”；细化第2条第6项生态环境项目的内容；合并第3条第2项、第3项、第4项；将第4条第1项、第2项合并为“使用各级各类财政性资金的项目”。

第三，提高《规定》中必须进行招标项目的规模标准。把第7条第1项至第3项规定的标准翻一番：“施工单项合同估算价在400万元人民币以上的；重要设备、材料等货物的采购，单项合同估算价在200万元人民币以上的；勘察、设计、监理等服务的采购，单项合同估算价在100万元人民币以上的。”删除第7条第4项的规定。

此外，为增强可操作性，此次修订还明确了估价规则和连续采购的要求，增加了可以不进行招标的具体情形，删除《规定》关于授权地方人民政府制定本地区必须进行招标的范围和规模标准的规定，并规定各地方人民政府和国务院其他部门不得另行制定必须进行招标的具体范围和规模标准。

（二）《送审稿》原文

虽然该《送审稿》还不是正式的部门规章，还不能作为执法依据，但它具有很强的指导作用，某些地方已开始参照执行，因为它适合建筑市场的现实需要，受到业内人士的欢迎。

工程建设项目招标范围和规模标准规定
（修订）（送审稿）

第一条 为了确定必须进行招标的工程建设项目的具体范围和规模标准，规范招标投标活动，根据《中华人民共和国招标投标法》，制定本规定。

第二条 工程建设项目是指工程以及与工程建设有关的货物和服务。

工程是指建设工程，包括建筑物和构筑物的新建、改建、扩建及其相关的装修、拆除、修缮等。建设工程包括土木工程、建筑工程、线路管道和设备安装工程及装修工程。

与政府采购工程有关的货物和服务，是指《中华人民共和国招标投标法实施条例》第二条第二款规定的货物和服务。

第三条　关系社会公共利益、公众安全的基础设施项目的范围包括：

（一）煤炭、石油、天然气、电力、新能源等能源项目；

（二）铁路、公路、管道、水运、航空、邮政、综合交通枢纽等交通运输项目；

（三）电信枢纽、通信信息网络等通信项目；

（四）防洪、灌溉、排涝、引（供）水、滩涂治理、水土保持、水利枢纽等水利项目；

（五）环境污染防治、自然灾害防治、土地整治、矿山地质环境恢复治理等生态环境项目；

（六）其他基础设施项目。

第四条　关系社会公共利益、公众安全的公用事业项目的范围包括：

（一）供水、排水、供电、供气、供热、污水和垃圾处理、地下管道、道路、桥梁、公共交通、公共停车场、园林绿化、照明等项目；

（二）科技、教育、文化、卫生、体育、旅游，以及社会福利设施等项目；

（三）保障性安居工程项目；

（四）其他公用事业项目。

第五条　使用国有资金投资项目的范围包括：

（一）使用各级各类财政性资金的项目；

（二）使用国有企业、事业单位资金，并且国有资产投资占控股或者主导地位的项目。

第六条　国家融资项目是指县级以上人民政府依照法定权限融资的项目，包括：

（一）使用政府发行债券所筹资金的项目；

（二）使用政府对外借款或者担保所筹资金的项目；

（三）政府授权投资主体融资的项目；

（四）政府采用特许经营方式融资的项目。

第七条 使用国际组织或者外国政府资金的项目的范围包括：

（一）使用世界银行、亚洲开发银行等国际组织贷款资金的项目；

（二）使用外国政府及其机构贷款资金的项目；

（三）使用国际组织或者外国政府援助资金的项目。

第八条 本规定第三条至第七条规定范围内的各类工程建设项目，包括项目的勘察、设计、施工、监理以及与工程建设有关的重要设备、材料等的采购，达到下列标准之一的，必须进行招标：

（一）施工单项合同估算价在400万元人民币以上的；

（二）重要设备、材料等货物的采购，单项合同估算价在200万元人民币以上的；

（三）勘察、设计、监理等服务的采购，单项合同估算价在100万元人民币以上的。

第九条 本规定第八条所称单项合同估算价，根据项目所处阶段对应的估算投资额、概算或施工图预算等为依据确定。

同一工程建设项目12个月内发生的同类勘察、设计、施工、监理以及与工程建设有关的重要设备、材料等的采购，总估算价达到第八条规定标准的，必须进行招标。

第十条 除《中华人民共和国招标投标法》第六十六条、《中华人民共和国招标投标法实施条例》第九条规定的可以不进行招标的特殊情况外，有下列情形之一的，可以不进行招标：

（一）本规定第五条、第六条规定的工程建设项目达到第八条规定的标准，但使用国有资金或者国家融资资金不足50万元人民币；

（二）安排财政性投资补助或者贴息资金之前，已经依法进行勘察、设计、施工、监理或者与工程建设有关的重要设备、材料等的采购；

（三）经省级以上人民政府有关部门同意用于应急救援能力建设的工程建设项目；

（四）符合条件的潜在投标人数量不足三个。

前款第三项的具体管理办法另行制定。

第十一条 国家发展和改革委员会可以根据实际需要，会同国务院有关部门对本规定确定的必须进行招标的具体范围和规模标准进行部分调整，报国务院批准后公布施行。各地方人民政府和国务院其他部门不得另行制定必须进行招标的具体范围和规模标准。

第十二条 应当进行国际招标的有关重要设备、材料的采购，适用本规定。

本规定自发布之日起施行。

四、防控招投标乱象的企业策略

根据我国的国情，建设工程项目招投标乱象不可能得到根治，必定还会存在一段相当长时间。在这段时间里，建筑企业作为建筑市场的重要参与者，不可能袖手旁观，不可能坐以待毙，一定要有所为、有所不为。如何有所为、有所不为呢？这就需要精心谋略，方可在乱象中求生，在乱象中胜出。下面以案说谋略。

【风险案例4】

泰一公司与苏中公司假招投标案

1. 案情简介

泰一房地产开发有限公司（发包人，下称“泰一公司”）拟在衡水开发建设尚城国际房地产项目，2008年10月与苏中建设集团有限公司（承包人，下称“苏中公司”）签订《建筑施工补充合同》（下称“补充合同”，俗称“口合同”），其格式与河北省建设厅颁行的建设工程施工合同示范文本完全一致，关于价格条款双方约定：执行河北省2003年定额，并下浮12%。

为了应付衡水市建设行政主管部门的检查，泰一公司于2010年3月委托当地招标代理公司组织公开招标，苏中公司找了三家陪标单位进行投标，苏中公司中标后，与泰一公司签订了《河北省建设工程施工合同》并在衡水建设行政主管部门备案，行业内称为“备案合同”，俗称“白合同”。该备案合同的内容与补充合同的内容几乎完全一致，只是价格条款约有不同，无“下浮12%”的约定，总暂定价8300万元。

在项目执行过程中，双方一直按招标开始前签订的《补充合同》履行，项目于2012年12月竣工并预验收合格，泰一公司至此已付8000万元。双方就工程款结算问题发生争议，久拖不决，苏中公司于2014年3月向衡水中级人民法院提起诉讼，提出以下诉讼请求：

（1）判令被告支付所欠工程款8500万元，并支付延期付款违约金；

（2）拍卖所承建的尚城国际小区A、B栋房屋，优先受偿该拍卖款项；

（3）诉讼费、保全费、律师费等全部由被告承担。

苏中公司在起诉的同时，向法院递交了财产保全申请书，法院冻结了泰一公司的银行账户，查封了泰一公司尚未售出的商业用房和住宅用房，造成泰一公司的经营活动无法开展。

2. 争议焦点

根据《中华人民共和国建筑法》、《工程建设项目招标范围和规模标准规定》、《最高人民法院关于审理建设工程施工合同纠纷案件适用法律问题的解释》等规定，总投资额在200万元以上的工程建设项目必须进行招投标，在招投标之前，发包人与承包人不得就承包方案、承包价款进行实质性交流，承包人之间不得串通投标，在招投标前双方当事人签订的合同（俗称“口合同”）无效。本案所涉的补充合同就是黑合同，它虽是双方当事人的真实意思表示，也一直按此履行，但它违反法律强制性规定，属无效合同，得不到法律保护，得不到法院支持。

补充合同无效后，备案合同就一定有效吗？能否按备案合同来审结本案呢？

原告方律师极力主张补充合同有效，应按补充合同结算工程款1.65亿元，除已付8000万元外，被告还应付给原告8500万元。

被告方律师主张补充合同无效，同时主张备案合同部分无效，理由如下：

（1）《招标文件》规定本项目为固定总价合同，原告也是按固定总价进行的投标报价，《中标通知书》上载明的固定总价为8300万元。

（2）备案合同将工程价款改为暂定价8300万元，同时约定：工程造价执行河北省2003年定额标准，材料认价。因此，在价格条款上，备案合同实质改变了招标文件和中标结果，属无效条款。因此，在补充合同和备案合同价格条款均无效的情况下，应按河北省建筑市场平均价结算本项目的工程款。

3. 诉讼策略

天津津海律师事务所作为被告方的代理人，接案后深感此案复杂难办。如果按补充合同执行价款，原被告双方预算员计算出的工程总价款均在1.65亿元以上，相差不过200万元，这对被告很不利。如果按备案合同执行，按定额计算，工程总价款超过1.7亿元，对被告更不利，况且备案合同的主要条款（价格条款）也无效，坚持以此为结算依据也不符合法律规定。

以上两种方法，该项目的工程总价款都将从招投标时约定的8300万元猛增至1.7亿元，翻了一倍多，被告将多付8600万元，这实在不公平。如何破解此难题呢?

原告方律师的策略是：不管补充合同、备案合同是否有效，该工程项目已验收合格，被告方就应全额支付工程款。关于工程款的数额，由法院委托第三方进行司法审价来确定，这符合法律规定，法官完全可以第三方司法审价结果做出判决。这一策略很高明，在补充合同无效、备案合同中价格条款无效的情况下，第三方进行司法审价时就只能以河北省的定额为计价依据。众所周知，定额比合同价高出许多，第三方司法审价结果必然在1.7亿左右甚至更高，这对原告有利，对被告不利。

被告哑巴吃黄连，有苦说不出，只恨当初轻视合同的签订，认为补充合同是真合同，双方都愿意执行，备案合同只是应付政府主管部门检查，无关紧要，全权委托招标代理公司操办，被告方总经理在签字时没怎么看就签字盖章了，造成目前被动局面。如何在极其被动的情况下，为被告方出谋划策，制定正确的诉讼路线，是对被告方代理律师的一大考验。

一个有经验的律师，要想把案件办得漂亮，首先得向委托人讲明法理，得到委托人的理解与支持，共商案件诉讼策略。

津海律所指出："黑合同"是指房地产开发商在项目执行过程中，除了公开签订的合同（即白合同）外，又私下与施工单位签订合同，强迫施工单位垫资或带资承包、压低工程款等。黑合同违反了《招标投标法》、《中华人民共和国合同法》和《中华人民共和国建筑法》的有关规定，极易造成建筑工程质量隐患，既损害施工单位的利益，也最终损害开发商的利益。根据《最高人民法院关于审理建设工程施工合同适用法律若干问题的解释》第二十一条规定："当事人就同一建设工程另行订立的建设工程施工合同与经过备案的中标合同实质性内容不一致的，应当以备案的中标合同作为结算工程价款的根据"。

建筑市场为何会出现黑白两份合同？一方面是因为建筑市场承揽工程竞争激烈，施工单位为拿到工程，有时会做出价格上的巨大让步或者其他让步（如垫资干活）。在双方都有利的情况下，就会在招投标前或后私下签订口合同（黑合同的内容与白合同的内容几乎一致，只是价格条款和其他个别条款有所不同）。另一方面是由于建设工程事关社会公众生命、财产安全，因此建筑行业具有很强的行政监管性，有些工程必须通过招标投标的方式才允许订立合同，否则无法获得相关施工审批，因此签订规范的《建设工程施工合同》是政府要求、法律要求，是必须签的。为了应付政府部门检查，双方当事人不得不假装招投标，假装签订并不准备执行的《建设工程施工合同》（白合同）。

建设项目招投标十分必要，法律、行政法规、部门规章和地方规章都做出了强制性规定。《工程建设项目招标范围和规模标准规定》（国家计委3号令）划定了关系社会公共利益和公众安全的基础设施项目、关系社会公共利益和公众安全的公用事业项目（含商品住宅，包括经济适用住房）、使用国有资金投资项目、国家融资项目、使用国际组织或者外国政府资金的项目的范围，并在第七条规定：

本规定第二条至第六条规定范围内的各类工程建设项目，包括项目的勘察、设计、施工、监理以及与工程有关的重要设备、材料等的采购，达到下列标准之一的，必须进行招标：

（1）施工单项合同估算价在200万元人民币以上的；

（2）重要设备、材料等货物的采购，单项合同估算价在50万元人民币以上的；

（3）勘察、设计、监理等服务的采购，单项合同估算价在100万元人民币以上的；

（4）单项合同估算价低于第（1）、（2）、（3）项规定的标准，但项目总投资额在3000万元人民币以上的。

根据以上规定，几乎所有的工程施工项目都要进行招投标。国家之所以做出这样的法律安排，是基于社会公共利益与安全的需要，也是基于市场主体之间公平竞争的考虑。而建筑施工业内的操作方式，常与之大相径庭。发包人往往基于私人关系和相互利益驱动，在招投标前就与承包人签订合同或者协议，先按黑合同约定进行施工。常常出现一种怪现象，施工队伍已进场施工了或施工已进行数月了，还没有招投标，在建设行政主管部门催促下才补办招投标手续和备案手续。而建设行政主管部门也睁只眼闭只眼，所谓的“查处”也只是走过场。如果承发包双方合作愉快，竣工验收后按约定结算完毕，也会相安无事。但通常情况下，在施工结算过程中，双方往往博弈激烈，冲突与矛盾不可避免。无法协商解决时，就一定会诉诸公堂，打官司就是必然的事了。

就本案而言，泰一公司的教训在于：（1）不应在招投标前与苏中公司签订《建筑施工补充合同》；（2）错误估计按2003年河北定额结算工程款的后果，即使下浮2%也远高于市场价格；（3）不应把招投标文件、备案合同当作可有可无的事情。既然委托招标代理公司组织招投标，泰一公司作为发包人就要全程关注招投标过程和结果，特别是《中标通知书》发出后，要严格按招投标文件、中标通知书中的约定来签订正式合同，特别是关于工程范围、价格条件等实质性条款必须一致，不可更改，正式合同签订后要及时到建设行政主管部门备案，以便万一诉至法庭时才能把备案合同作为有效证据使用。

关于本案，我们提出了三点谋略：

（1）在开庭过程中应积极主张补充协议无效，不能作为结算依据，因为它是黑合同，违反法律规定；

（2）备案合同（即“白合同”）中的价格条款无效，因为这些条款违背了招投标文件、中标通知书的实质性规定；

（3）在补充协议、备案合同中价格条款均无效的情况下，主张按同期市场价格计算工程总价款。

法院最终采纳了我们的建议，在庭上向原告释明：补充协议无效，备案合同中的价格条款无效，只能按同期市场价格计算工程总价款。建议原被告双方先核对工程量。也就是说：工程量一定，便可根据同期同类建筑项目的市场价计算出总工程价款。

鉴于法院的释明，原告知道再坚持按补充协议计算工程总价款已不可能，按工程量、同期同类市场价格计算出工程总价款，于原告方不利，原告方被迫与被告方坐下来协商处理。

双方通过两个多月的博弈，最终和解成功，确定的工程总价款为1.35亿元。双方达成和解协议后，申请法庭出具了《民事调解书》：本案被告应付工程总价款为1.38亿元，除去已付的8000万元，被告还应向原告支付5800万元。此结果，比原告的诉讼标的少了2500万元，这是被告方律师精心谋划才达成的结果，否则被告就会因搞假招投标、签订黑合同而吃大亏。

4. 启示

无论是作为开发商的发包人，还是作为建筑施工的承包人，都应遵守法律，特别是法律的强制性规定必须遵守，否则，吃亏的还是自己，甚至双方都受损失。本案就是一例，在招投标之前双方都约定好了，双方签订的《建筑施工补充协议》十分完整，涵盖了《河北省建筑施工承包合同》标准文本的主要内容，但由于违反了招投标法中的强制性规定而无效，况且由于所定价格条款显然与市场行情不符，造成工程总价款虚高，而引起纠纷。因此，黑合同不能签，它得不到法律的保护，吃亏一方犹如哑巴吃黄连，有苦说不出。

国家规定工程项目招投标，并不是有意增设程序为难大家，为了收费，为了剥削人，而是为了规范我国建筑行业的市场秩序，开展公平竞争，平等对待各方市场主体，也是为了通过公平的招投标程序，选出有业绩、有实力的建筑施工企业，在阳光下运作，保质保量完成施工任务，防止暗箱操作。凡是招投标前就签订施工合同的企业，多半没有施工资质，而借用其他企业的资质从事建筑施工，质量、进度都难以保证。引进这样的施工队伍进行施工，作为开发商的发包人不会放心，随时都有可能出现质量事故、安全事故，一旦被查，必会遭受行政处罚，甚至被追究刑事责任。

有的老总会说，实在挪不开面儿，都是熟人、朋友、领导介绍来的施工队伍，无法拒绝。有的项目是通过行贿受贿得来的，更是无法拒绝，因此发包人、承包人双方共同舞弊，弄虚作假，编造招投标资料来应付检查。这种违法成本特别高，风险特别大，应当坚决避免。

第四章
合同签订的法律风险与防控策略

一、建设工程施工合同概述

二、合同签订前的准备工作

三、切实理解各个术语、条款及其法律后果

四、完善合同签章及签订时间

五、专用条款的签订

六、违约责任条款的签订

一、建设工程施工合同概述

建设工程施工合同，是指发包人（又称业主、建设单位、发包人）与承包人（施工单位）之间为完成商定的建设工程项目，确定双方权利和义务而签订的协议。根据《中华人民共和国合同法》第269条的规定，建设工程合同包括工程勘察合同、工程设计合同、工程施工合同。为此，建设工程施工合同是建设工程合同之一种，是三种建设工程合同中最复杂的一种，具有以下两个特征：

一是合同标的物的特殊性。建设工程施工合同的标的物是建筑产品，而建筑产品具有固定性、单体性，其制造过程（即施工活动）又具有流动性、投资大的特点，与一般产品显著不同。

二是合同内容十分庞杂，具有相当的复杂性，其主要内容包括：工程范围、建设工期、中间交工工程的开工和竣工时间、工程质量、工程造价、技术资料交付时间、材料和设备的供应责任、拨款和结算、竣工验收、质量保证范围和质量保修期、相互协作条款等。

鉴于建设工程施工合同的上述特点，国家相关部门先后制定了两个建设工程施工合同示范文本（下称“1999合同文本”、“2013合同文本”），以指导、规范合同当事人签订、履行合同，减少当事人对合同条款的谈判、磋商时间和难度，一定程度上防控了合同签订与履行中的歧义及法律风险的发生。但是，按示范文本签订合同时仍然存在着技巧和谋略，如何遣词造句、如何暗设陷阱而不被对方发觉、如何预防风险、风险来时又早设置好应对之策等等，全部体现在密密麻麻的文字中。签订好建设工程施工合同，绝对是一项高智商劳动，没有经过专业训练且富有实践经验的人恐难完成此项重任。

二、合同签订前的准备工作

（一）开会讨论，充分依靠群体智慧

在合同签订之前，就需要公司主管领导召集工程人员、法律人员、概预算员、财务员等开会研究谋略：如何设置合同条款？哪些条款可以让步，必须坚持的底线是什么？如何遣词造句，暗设陷阱或留有余地，等等。但最为关键的是：对拟签订合同中确定的工程项目进行经济技术分析，经济上要能达到最低的利润目标，技术上要可行，否则，这个合同就不能签。

（二）仔细审查当事人的履约能力，评估风险大小

1. 对发包人主要审查两方面：

（1）是否具备签订合同的主体资格，重点看工程项目建设相关的手续是否齐全。例如：建设用地是否已经批准？是否列入投资计划？规划、设计是否得到批准？是否进行了招标等。

（2）项目建设资金是否已经落实或可能落实，能否做到专款专用等。

2. 对承包人主要审查四个方面：

（1）资质情况：建筑施工资质证书、营业执照、组织机构代码证、税务登记证是否齐全，是否符合本项目的要求；

（2）施工能力：主要看承包人以往的业绩证明材料；

（3）社会信誉：走访承包人先前合作过的发包人，听听别人对承包人的评价；

（4）财务情况：经过权威机构审计的承包人近三年的财务报表。

进行上述两项工作后，法务部门应出具一份正式的法律意见书，详细分析法律风险的大小，供公司高层决策：是否签订。

三、切实理解各个术语、条款及其法律后果

1999 合同文本已废止，现在通行的是 2013 合同文本，由于篇幅大，全文阅读需要占用很长时间，但必须耐心阅读，切实搞懂每个术语的含义、各个条款的含义及其可能产生的法律后果，否则，会由于理解错误而导致误判，合同签订后才明白过来时就悔之晚矣。

2013 合同文本分为四部分：合同协议书、通用条款、专用条款、合同附件。合同协议书虽然简明，但都是极其重要的条款，可以说整个合同最核心的东西都集中于此。通用条款十分详尽、十分完善，是专家们参照国际惯例（主要是 FIDIC）、结合我国国情编制的，基本公平，当你自感能力不如专家时，最好不要在专用条款中对其修改。专用条款是对通用条款的补充或修改，允许当事人根据工程项目的实际情况进行补充或修改，但你拿不准或者可改可不改时，最好别改，否则，对方不会接受或者反而对己方不利。你要做的，就是要认真理解和研究下述重要条款：

（一）工程概况

1999 合同文本规定了“工程概况”和“工程承包范围”，2013 合同文本将之合并成一项“工程概况”，就是为了避免产生歧义，工程概况的内容就是发包人发包的全部内容，也是承包人承包的全部内容，两者应当是完全一致的，没有必要分开。如果分开填写“工程概况”和“工程承包范围”，当二者不完全一致时，就容易产生歧义，双方各执一词。2013 合同文本将之统归为“工程概况”，便能较好地避免歧义和纠纷，只要我们在填写时尽可能写全，做到清晰、准确便可。

（二）工期、开工日期、竣工日期

工期、开工日期、竣工日期，这三个概念紧密相连，其中一个变更，其他两个必然变更。所以有必要将这个三个术语一块研读。

1. 工期

工期是指在合同协议书中约定的承包人完成工程所需的期限（全部时间），包括按照合同约定所作的期限变更。这是因为影响工期的因素很多，往往出现超工期现象。而超工期会直接影响到发包人、承包人的利益，可能造成经济损失，有时损失还会特别大，因此对工期的确定、变更要引起高度重视。特别是下述几个影响工期的因素，在合同签订前就要考虑到：

（1）施工许可证。如果取得施工许可证但未施工，以取得施工许可证之日作为开工日期；如未取得施工许可证但已经施工，则一般以施工开始之日为开工日期。

（2）拖欠工程款。因拖欠工程款导致停工或施工缓慢，则工期可以顺延，但承包人必须证明延误的天数及拖欠工程款与延误天数之间的因果关系。

（3）设计变更（图纸迟延/增加工程量）。如果在关键线路上，则工期可以顺延，但承包人需要证明延误的天数、设计变更（图纸迟延/增加工程量）与延误天数之间的因果关系；不在关键线路上，则不应以此为由顺延工期。

（4）质量鉴定。《最高人民法院关于审理建设工程施工合同纠纷案件适用法律问题的解释》第十五条规定：建设工程竣工前，当事人对工程质量发生争议，工程质量经鉴定合格的，鉴定期间为顺延工期期间。如果鉴定合格，顺延工期；如果鉴定不合格，视情况而定。

（5）发包人的其他原因。通常有：发包人指定的代表未按照约定提供指令、批准，致使施工不能正常进行；发包人未按照约定时间和要求提供原材料、设备、场地等；隐蔽工程在隐蔽前，承包人发出检查通知，发包人未及时检查等。

（6）一周内，非承包人因停水、停电、停气造成停工累计超过 8 小时的，工期顺延。

（7）发生不可抗力事件。无法预见、不可避免并不能克服的事件，一旦发生，要积极采取措施，阻止和预防扩大损失，要及时按照合同约定的程序和时限报告。没有尽此义务，工期不能顺延。

2. 开工日期、竣工日期

2013合同文本规定计划开工日期、计划竣工日期、实际开工日期、实际竣工日期，这些概念是有区别的。在《建设工程施工合同书》中载明的工期，只是指计划开工日期、计划竣工日期。这是因为工程项目在开工前有许多工作要做，如果“三通一平”没有按时做到位，就无法开工，即使合同中定了开工日期，承包人也无法按时开工。在双方有矛盾时，发包人常以承包人没有按合同约定的开工日期开工为由提出索赔，而承包人要证明是因发包人原因才导致开工迟延，在举证上有一定困难。开工之前双方的关系融洽，承包人一般不会有什么防备，没有注意留存资料，后来根本无法收集某方面的证据资料。例如，2010年泰一公司作为发包人，在尚城国际项目开工前进行了长达半年的地基处理，地基处理是由河北公司承揽的，与后来的施工承包人苏中公司无关。当苏中公司进场准备施工时，发现地基周围有很多积水，无法施工，泰一公司协调河北公司处理，河北公司却以种种理由拖延，结果导致苏中公司晚开工60日。当时，谁也没有说什么，都认为工期相应顺延。但在2014年的诉讼中，苏中公司晚开工60日成了泰一公司追究违约责任的一个主要理由，而苏中公司又举证不能，只好自认倒霉。

建设工程项目的施工时间都将比较长，三年以上的工程项目较多，其间会因多种原因导致不能按时竣工，合同中即使定了竣工日期，也只是个“计划”而已。因此，2013合同文本在通常条款中详细规定了实际开工日期、实际竣工日期的认定办法。

（1）实际开工日期

实际开工日期是指监理人按照第7.3.2项（开工通知）约定发出的符合法律规定的开工通知中载明的开工日期。而开工通知具有重大法律意义，如果监理人不按时发出开工通知，必然给发包人、承包人造成经济损失。

附：第7.3.2项开工通知

发包人应按照法律规定获得工程施工所需的许可。经发包人同意后，监理人发出的开工通知应符合法律规定。监理人应在计划开工日期7天前向承包人发出开工通知，工期自开工通知中载明的开工日期起算。

除专用合同条款另有约定外，因发包人原因造成监理人未能在计划开工日期之日起90天内发出开工通知的，承包人有权提出价格调整要求，或者解除合同。发包人应当承担由此增加的费用和（或）延误的工期，并向承包人支付合理利润。

（2）实际竣工日期

工程经竣工验收合格的，以承包人提交竣工验收申请报告之日为实际竣工日期，并在工程接收证书中载明；因发包人原因，未在监理人收到承包人提交的竣工验收申请报告42天内完成竣工验收，或完成竣工验收不予签发工程接收证书的，以提交竣工验收申请报告的日期为实际竣工日期；工程未经竣工验收，发包人擅自使用的，以转移占有工程之日为实际竣工日期。

（三）缺陷责任期、保修期

这两个概念容易混淆，但绝不是同一概念。它们有相同点，也有不同点。

1. 缺陷责任期：是指承包人按照合同约定承担缺陷修复义务，且发包人预留质量保证金的期限，自工程实际竣工日期起计算。

这就意味着实际竣工日期前，工程尚在建设中，施工队伍尚在工地，若有问题随时修整，本来就是承包人的责任范围，不存在缺陷责任期。但自竣工之日起，施工已经停止，施工队伍也开始撤离现场，但可能有部分缺陷需要修补。如果双方约定有缺陷责任期（一般为6个月、12个月、24个月），在该期限内若有缺陷，承包人即使撤离了施工队伍，仍负有修补义务，这无疑对建筑产品的质量起到保证作用，因此发包人预留一定数额的质量保证金是合理的。

缺陷责任期由当事人自主约定，法律没有作强制性规定。《建设工程质量保证金管理暂行办法》第二条规定，“缺陷责任期一般为六个月、十二个月或二十四个月，具体可由发、承包双方在合同中约定。”2013合同文本第15.2.2条规定：工程竣工验收合格后，因承包人原因导致的缺陷或损坏致使工程、单位工程或某项主要设备不能按原定目的使用的，则发包人有权要求承包人延长缺陷责任期，并应在原缺陷责任期届满前发出延长通知，但缺陷责任期最长不能超过24个月。

2. 保修期：是指承包人按照合同约定对工程承担保修责任的期限，从工程竣工验收合格之日起计算。这是因为即使竣工验收合格，也不可能将建筑产品的所有缺陷都检查出来，某些隐蔽质量问题需要经过一段时间才逐渐暴露出来，因此应当规定保修期，在保修期内承包人应当承担保修义务。

质量保修期具有法定性，当事人约定的保修期不得违反法律规定。即使当事人没有约定，也要执行《建设工程质量管理条例》对质量保修期作出的强制性规定：在正常使用条件下，建筑工程的保修期应从工程竣工验收合格之日起计算，其最低保修期限为：（1）地基基础工程和主体结构工程，为设计文件规定的该工程的合理使用年限（如30年、50年、70年等）；（2）屋面防水工程、有防水要求的卫生间、房间和外墙面的防渗漏，为5年；（3）供热与供冷系统，为2个采暖期、供冷期；（4）电气管线、给排水管道、设备安装、装修工程为2年。

3. 缺陷责任期、保修期虽是两个不同的概念，但其目的是一致的，都是要求责任人对建筑产品的质量缺陷承担修复义务。修复费用都由造成缺陷的责任方来承担。《标准招标文件合同》第19.2.3款约定的缺陷责任期的修复费用承担："监理人和承包人应共同查清缺陷和（或）损坏的原因。经查明属承包人原因造成的，应由承包人承担修复和查验的费用。经查验属发包人原因造成的，发包人应承担修复和查验的费用，并支付承包人合理利润。"目前，人们习惯规定"保修期"而不规定"缺陷责任期"，这并非明智的做法。因为工程竣工之后，承包人提交竣工验收申请，但因种种原因没有进行竣工验收，如果没有规定缺陷责任期，在这段时间内就无人对建筑产品的缺陷负责。因此，同时约定缺陷责任期、保修期，无疑是对建筑产品质量上了双保险。

（四）基准日期

2013合同文本中规定，基准日期是指：（1）招标发包的工程以投标截止日前28天的日期为基准日期；（2）直接发包的工程以合同签订日前28天的日期为基准日期。这符合国际惯例，世界银行多年前就开始在其编制的工程采购（招标）文件文本中使用“基准日期”这一术语，而且与FIDIC的定义相同。其法律意义在于：基准日期是作为判定某种风险是否属于承包人在投标阶段所应考虑到的分界日，如果事件或情况发生在该日期前，就是承包人应该承担的，即使其导致了承包人施工成本增加，承包人也无法要求发包人补偿；如果事件或情况发生在该日期之后，其结果导致承包人施工成本的增加，则发包人应该予以补偿。

2013合同文本第11.2条规定：基准日期后，法律变化导致承包人在合同履行过程中所需要的费用发生除第11.1款（市场价格波动引起的调整）约定以外的增加时，由发包人承担由此增加的费用；减少时，应从合同价格中予以扣减。基准日期后，因法律变化造成工期延误时，工期应予以顺延。

因法律变化引起的合同价格和工期调整，合同当事人无法达成一致的，由总监理工程师按第4.4款（商定或确定）的约定处理。

因承包人原因造成工期延误，在工期延误期间出现法律变化的，由此增加的费用和（或）延误的工期由承包人承担。

（五）中间交工工程的开工和竣工时间

一项整体的建设工程，往往由许多的中间工程套成，环环相扣，中间工程的完工时间影响着后续工程的开工，制约着整个工程的完成，必须在施工合同中明确约定中间工程的开工和竣工时间。那种“中间工程交工时间无所谓，整体竣工日前能完成就可以了”的观念是完全错误的。在办案中常发现，合同中没有约定中间交工工程的开工时间、竣工时间，纠纷发生后也就无法追责到中间交工工程的施工人，总承包人必会承担拖延工期的不白之冤。

（六）合同价格

2013合同文本规定了三种合同价格形式：

1. 单价合同

单价合同是指合同当事人约定以工程量清单及其综合单价进行合同价格计算、调整和确认的建设工程施工合同，在约定的范围内合同单价不作调整。合同当事人应在专用合同条款中约定综合单价包含的风险范围和风险费用的计算方法，并约定风险范围以外的合同价格的调整方法，其中因市场价格波动引起的调整按第 11.1 款（市场价格波动引起的调整）约定执行。

2. 总价合同

总价合同是指合同当事人约定以施工图、已标价工程量清单或预算书及有关条件进行合同价格计算、调整和确认的建设工程施工合同，在约定的范围内合同总价不作调整。合同当事人应在专用合同条款中约定总价包含的风险范围和风险费用的计算方法，并约定风险范围以外的合同价格的调整方法，其中因市场价格波动引起的调整按第 11.1 款（市场价格波动引起的调整）、因法律变化引起的调整按第 11.2 款（法律变化引起的调整）约定执行。

3. 其他价格形式

合同当事人可在专用合同条款中约定其他合同价格形式。

（七）验收

1. 分部分项工程验收

分部分项工程质量应符合国家有关工程施工验收规范、标准及合同约定，承包人应按照施工组织设计的要求完成分部分项工程施工。除专用合同条款另有约定外，分部分项工程经承包人自检合格并具备验收条件的，承包人应提前 48 小时通知监理人进行验收。监理人不能按时进行验收的，应在验收前 24 小时向承包人提交书面延期要求，但延期不能超过 48 小时。监理人未按时进行验收，也未提出延期要求的，承包人有权自行验收，监理人应认可验收结果。分部分项工程未经验收的，不得进入下一道工序施工。分部分项工程的验收资料应当作为竣工资料的套成部分。

2. 竣工验收

工程具备以下条件的，承包人可以申请竣工验收：

（1）除发包人同意的甩项工作和缺陷修补工作外，合同范围内的全部工程以及有关工作，包括合同要求的试验、试运行以及检验均已完成，并符合合同要求；

（2）已按合同约定编制了甩项工作和缺陷修补工作清单以及相应的施工计划；

（3）已按合同约定的内容和份数备齐竣工资料。

除专用合同条款另有约定外，承包人申请竣工验收的，应当按照以下程序进行：

（1）承包人向监理人报送竣工验收申请报告，监理人应在收到竣工验收申请报告后14天内完成审查并报送发包人。监理人审查后认为尚不具备验收条件的，应通知承包人在竣工验收前承包人还需完成的工作内容，承包人应在完成监理人通知的全部工作内容后，再次提交竣工验收申请报告。

（2）监理人审查后认为已具备竣工验收条件的，应将竣工验收申请报告提交发包人，发包人应在收到经监理人审核的竣工验收申请报告后28天内审批完毕并组织监理人、承包人、设计人等相关单位完成竣工验收。

（3）竣工验收合格的，发包人应在验收合格后14天内向承包人签发工程接收证书。发包人无正当理由逾期不颁发工程接收证书的，自验收合格后第15天起视为已颁发工程接收证书。

（4）竣工验收不合格的，监理人应按照验收意见发出指示，要求承包人对不合格工程返工、修复或采取其他补救措施，由此增加的费用和（或）延误的工期由承包人承担。承包人在完成不合格工程的返工、修复或采取其他补救措施后，应重新提交竣工验收申请报告，并按本项约定的程序重新进行验收。

（5）工程未经验收或验收不合格，发包人擅自使用的，应在转移占有工程后7天内向承包人颁发工程接收证书；发包人无正当理由逾期不颁发工程接收证书的，自转移占有后第15天起视为已颁发工程接收证书。

除专用合同条款另有约定外，发包人不按照本项约定组织竣工验收、颁发工程接收证书的，每逾期一天，应以签约合同价为基数，按照中国人民银行发布的同期同类贷款基准利率支付违约金。

（八）最终结清

1. 最终结清申请单

（1）除专用合同条款另有约定外，承包人应在缺陷责任期终止证书颁发后7天内，按专用合同条款约定的份数向发包人提交最终结清申请单，并提供相关证明材料。

除专用合同条款另有约定外，最终结清申请单应列明质量保证金、应扣除的质量保证金、缺陷责任期内发生的增减费用。

（2）发包人对最终结清申请单内容有异议的，有权要求承包人进行修正和提供补充资料，承包人应向发包人提交修正后的最终结清申请单。

2. 最终结清证书和支付

（1）除专用合同条款另有约定外，发包人应在收到承包人提交的最终结清申请单后14天内完成审批并向承包人颁发最终结清证书。发包人逾期未完成审批，又未提出修改意见的，视为发包人同意承包人提交的最终结清申请单，且自发包人收到承包人提交的最终结清申请单后15天起视为已颁发最终结清证书。

（2）除专用合同条款另有约定外，发包人应在颁发最终结清证书后7天内完成支付。发包人逾期支付的，按照中国人民银行发布的同期同类贷款基准利率支付违约金；逾期支付超过56天的，按照中国人民银行发布的同期同类贷款基准利率的两倍支付违约金。

（3）承包人对发包人颁发的最终结清证书有异议的，按第20条（争议解决）的约定办理。

（九）采购合同权益转让

因承包人违约解除合同的，发包人有权要求承包人将其为实施合同而签订的材料和设备的采购合同的权益转让给发包人，承包人应在收到解除合同通知后14天内，协助发包人与采购合同的供应商达成相关的转让协议。

（十）不可抗力后果的承担

1. 不可抗力引起的后果及造成的损失由合同当事人按照法律规定及合同约定各自承担。不可抗力发生前已完成的工程应当按照合同约定进行计量支付。

2. 不可抗力导致的人员伤亡、财产损失、费用增加和（或）工期延误等后果，由合同当事人按以下原则承担：

（1）永久工程、已运至施工现场的材料和工程设备的损坏，以及因工程损坏造成的第三方人员伤亡和财产损失由发包人承担；

（2）承包人施工设备的损坏由承包人承担；

（3）发包人和承包人承担各自人员伤亡和财产的损失；

（4）因不可抗力影响承包人履行合同约定的义务，已经引起或将引起工期延误的，应当顺延工期，由此导致承包人停工的费用损失由发包人和承包人合理分担，停工期间必须支付的工人工资由发包人承担；

（5）因不可抗力引起或将引起工期延误，发包人要求赶工的，由此增加的赶工费用由发包人承担；

（6）承包人在停工期间按照发包人要求照管、清理和修复工程的费用由发包人承担。

不可抗力发生后，合同当事人均应采取措施尽量避免和减少损失的扩大，任何一方当事人没有采取有效措施导致损失扩大的，应对扩大的损失承担责任。

因合同一方迟延履行合同义务，在迟延履行期间遭遇不可抗力的，不能免除其违约责任。

四、完善合同签章及签订时间

在合同签订过程中，常发生签字、盖章出现问题。有时公司法定代表人不能在合同签字，办公室主任习惯性地在合同上加盖法定代表人的私章和公司公章（或合同专用章）。公司公章、合同专用章均在公安机关备案，真假容易鉴定出来。但法定代表人的私章则没在公安机关备案，真假不易鉴定。所以，要尽可能让法定代表人在合同上亲笔签字。这是为了让公司法定代表人在签字之前再审一次合同，或许还会发现漏洞或差错。因为合同谈判时一般以双方法定代表人的谈判为主，他俩在谈判时或之后相互有什么承诺，别人不一定清楚，在签字之前由法定代表人再审一次，就能发现合同约定与承诺是否完全一致，若有，可及时修正。

有些公司在合同上盖项目部公章，这是万万不应该的。因为项目部公章不能代表承包人，只代表承包人的一个内部单位（项目部），项目部公章对外无法律效力。项目部公章一般没在公安机关备案，用之风险太大，最好不要刻项目部公章，需要确认某事项时，一律由项目经理签字便可了。

法定代表人签字时还常常忘记签上时间，特别是一方在合同上签章后寄给另一方签章时，担心所签时间不一致，就不在合同上签时间，导致后来不知合同何时生效。因此，合同管理员发现这种问题时，可主动补填合同签订时间或者要求法定代表人补签。

五、专用条款的签订

专用条款的签订与审核往往是个难度极大的工作，只有具备相当丰富专业知识和项目管理经验的人士才能完成。因为不同专业有不同的要求和技术规范，仅就某单项工程施工工期而言，若不是从事该项施工工程多年的人员，是不能确定出符合实际情况的工期的。下面给出一个范例，供参考。

本合同专用条款是对合同通用条款的具体补充和修改，如有矛盾，以专用条款为准。

1. 一般规定

◆ 工程：指××公司填海施工总承包工程。

◆ 不可抗力：指不能预见、不能避免并不能克服的客观情况。

◆ 不可预见的风险：指除不可抗力外的对本工程可能产生影响或作用的不可预见的事项（包括但不限于政策法规变化、气象条件、实际地质条件与地质资料的差异、地上和地下隐蔽设施、构筑物、意外事件等所有可能的不可预见的事项）。

1.1 通信与交流

• 关于通信与交流方式的补充：无。

• 双方联系人及联系方式

(1) 发包人联系人：刘××　　　电话：010－88888888

(2) 承包人联系人：金××　　　电话：021－99999999

传真：021－99999991

◆ 所有依照合同提供的信件、信息、印刷品、数据手册及其他文件在语言方面的特殊要求：无。

• 在合同执行中，经与承包人协商并经承包人同意后，发包人可转让全部或者部分合同权利和（或）义务。

2. 发包人

◆ 发包人代表姓名：谢××　部门：工程管理部

◆ 监理人的名称：天津天一工程监理有限公司

监理人的职权范围：由发包人另行通知

监理人在行使前需要经发包人事先批准的职权：对涉及的工期、费用等项的确认

• 发包人委托的其他人员名称：无

2.1 获得官方许可

• 应当由承包人获得的政府审批：按国家、行业管理规定

• 应当由发包人自行获得的政府审批：(1) 质量监督；(2) 压力容器、压力管道等特种设备使用许可；(3) 施工图设计第三方审查。

• 应当由承包人办理但以发包人名义获得的政府审批：按国家、行业管理规定应由发包人办理或由发包人名义获得的都委托承包人办理(2.2.2 款提到的除外)

2.2 发包人提供的文件

2.3 发包人提供的设备、材料

2.4 发包人提供的现场条件：场地、测量控制点，无其他条件

3. 承包人

◆ 水、电、气及通信：承包人自行解决。相关费用在报价中考虑，包括在合同价中

◆ 临时设施

承包人应在施工开工会召开之前在项目现场范围内按如下要求为发包人、监理人提供办公、生活用房及其他便利条件：承包人为发包人和

监理在其现场办公区域各提供2间办公室，每间办公室面积不小于20平方米，满足2—4人办公需求，要求配备空调、办公桌椅、饮水机、资料柜等办公设施，单独或共享承包人的互联网络、打印机、复印机等资源，承包人负责办公室的日常清洁、安保、饮水、办公用电的相关费用。该办公室所有设施在项目完成之后所有权归承包人，承包人负责拆除并运出厂区。其建设、维护、折旧及拆除等费用包括在报价中的临时设施费用中。

3.1 承包人代表及承包人人员

• 承包人指派的承包人代表

姓名：武×× 职务：项目经理 到职时间：2013年5月5日

3.2 分包商：本项目不适用，不允许工程分包。

3.3 承包人文件

• 承包人文件的提供要求

文件名称	份数	文件要求的标准、深度	提交时间
施工图	6	符合按国家规范要求，同时提交电子版文件	按照合同进度计划约定
竣工资料（含竣工图）	8	符合按国家规范要求与发包人的程序规定（电子版文件）	交工验收后两个月内
项目实施计划书	8		合同签后20个工作日内

4. 项目执行计划与工期

• 项目实施计划

项目实施计划是承包人指导项目管理的纲领性文件，包含项目设计、采购、施工、竣工四个阶段以及HSE、进度、质量、投资、合同、文控、协调等方面管理计划。承包人要在通知进场后7日内报发包人审批。

• 总体统筹进度计划

承包人要在通知进场后7日内，按照要求向发包人提交符合合同工期的详细的设计、采购、施工计划供发包人审批。设计计划要求明确各专业图纸交付施工日期，采购计划要求明确各项主要材料的到货日期。

●月度计划

承包人每月28日前，要向发包人提交经监理审核的下月设计、采购及施工详细进度计划供发包人审批，明确其中不多于5项的进度考核目标。

对承包人使用管理软件的要求：使用P3e/c/project项目管理软件进行进度计划管理，使用PIP项目管理软件（由发包人负责提供）进行费控管理、合同管理、物资采购管理、仓储管理、质量管理、HSE管理等，并满足发包人相关管理要求。

5. 采购

5.1 承包人采购的材料质量要求

●发包人有权参与材料的技术协议谈判。

●供应商提供的随机资料、备品备件、安装专用工具由承包人负责保管，并在工程办理中间交接前移交发包人。

●承包人采购的材料应严格按照图纸、技术要求和国家、部委（专业）有关标准生产和检验，确保产品质量；且完全符合合同规定的质量、规格和性能的要求，保证产品没有设计、材料或工艺的缺陷，是原厂生产的、全新的、成熟可靠的、未使用过的（包括零部件），并符合设计要求和具备下列条件：

（1）有产品名称、生产厂厂名、厂址和产地；

（2）有产品质量检验合格证明（如证明不全，需作补充试验，其费用由责任方承担）；

（3）产品包装和商标式样符合有关规定和标准要求；

（4）设备应当有详细的使用说明书（如果有）；

（5）实施生产许可、准用管理或者实行质量认证的产品，应当具有相应的许可证、准用证或者认证证书。

●材料进场时，承包人应通知发包人或监理工程师派人参加验收，发包人或监理工程师根据需要有权有选择地参加设备材料的检验。对与设计和技术标准要求不符的材料，发包人或总监理工程师有权拒绝验收，并由承包人运离施工现场。在材料使用过程中，发包人或监理工程师有权随时检查和检验，承包人及其施工分包商应提供必要协助。若检验发现该批设备或材料不合格时，该批材料不能用于本工程，承包人应负责协调拆除、修复及重新采购工作。

●主要材料现场开箱检验时，应提前48小时书面通知发包人和总监理工程师。

●承包人采购提供的所有材料运到施工现场后，均视作专门用于本工程施工，没有发包人代表及总监理工程师的同意，承包人不得将材料运出现场。

●承包人所供设备的监造工作由承包人负责。由承包人提供的设备在质量保证期内如质量达不到要求或出现质量问题时，承包人负责组织返修或更换，由此发生的责任和费用由责任方承担。

6. 质量管理与保修

质量管理及保修包括但不限于以下内容。

6.1 质量保证体系及管理制度要求

●承包人应建立、实施符合国家标准的质量管理体系并使之有效运行。承包人负责督促、审查施工承包人建立、实施符合本项目实际的质量管理体系。

●承包人应建立并实施设计管理程序，确保设计质量。

●承包人应建立和实施采购管理程序以完成采购活动。

●承包人应根据《建设项目工程总承包管理规范》（GB/T50358－2005）要求编制符合本项目实际的相关项目管理文件，并报监理、发包人审批。

●承包人应按发包人要求提交质量计划、检验试验计划、工程划分、工程质量控制点等，报监理、发包人审批。承包人应严格按质量计划实施。

●发包人对承包人项目质量管理体系的所有审核或批准活动不能替代或解除承包人应负的任何责任和义务。

●承包人的质量审核

（1）承包人应编制项目质量审核计划并于合同生效之日起30天以内或开工日期前30天向发包人提交一份受控副本。

（2）承包人应对审核结果进行审查并编制审核报告，在审核结束后的10个工作日内提交给发包人。审核报告应清楚地表明所有不符合项和解决它们所采取的措施。

● 发包人有权对承包人的质量体系运行情况进行审核，承包人应配合。

● 不符合控制及纠正措施

对于审核中发现的不符合项，承包人应制定并实施整改措施，验证整改结果，报监理（施工）和发包人。

● 质量管理要求

（1）工程质量目标，设计、施工、采购质量合格。

设计质量：符合国家和行业有关标准规范，无重大设计质量事故；

采购质量：满足设计、合同、制造标准及相应规范要求，关键材料质量合格率100%；

施工质量：单位工程质量合格率100%，重大质量事故为零。

（2）承包人应接受本项目质量监督机构的监督检查，并配合检查机构的监检工作。

（3）工程质量标准应满足设计文件及现行国家、行业规范标准要求。因承包人原因导致工程质量达不到质量标准，承包人承担违约责任。

（4）承包人应根据发包人标识和可追溯性管理规定，结合项目实际编制承包项目的标识和可追溯性控制规定报监理审批，对施工材料、配件、设备进行标识和标识移植，确保材料、配件、设备施工使用的正确性。

（5）承包人应对进场的建筑材料、预拌商品混凝土、建筑构配件、安装材料、设备在使用前向监理报验。未经检验或者检验不合格的，不得使用。

（6）承包人应接受发包人和发包人委托的监理单位的监管，执行发包人、监理发出的指令。

（7）工程质量达不到约定标准部分，承包人应按要求拆除重新施工，直到符合约定标准。否则发包人、监理有权指定其他承包人进场处理返工，由承包人承担违约责任及返工所引起的一切费用，发包人有权按《建设工程质量管理条例》和发包人《质量违约责任控制管理规定》进行处罚，工期不予顺延。

（8）承包人应按发包人质量管理规定编制检验和试验计划，设立工序质量控制点，按程序报监理和发包人批准后执行。隐蔽工程验收应经监理、发包人验收合格方可隐蔽，承包人应对隐蔽过程进行记录，48 小时完成隐蔽工程记录。

(9) 承包人应按发包人工程划分规定编制单位、分部、分项工程划分，并报监理、发包人批准执行。

(10) 承包人应按发包人工程质量报告管理规定的内容、形式及时间提交质量周报/月报等质量报告。

(11) 承包人应按要求参加发包人质量例会，执行会议纪要的决定。

(12) 承包人应在工地现场建立质量曝光牌，及时对存在质量问题和优良质量样板在曝光牌上公告，表扬先进，督促后进。

(13) 承包人应根据工程需要配备足够合格的工程质量检查需要的检测仪器、工具，满足工程质量检查需要。

(14) 承包人应严格执行发包人样板引路管理规定和工程创优管理规定，组织分包商开展样板引路和工程创优工作。

(15) 交工资料用表执行发包人工程表格管理规定。

(16) 承包人应接受并配合发包人按质量考核规定进行的定期质量检查评比工作。做到行为合规，否则按质量违约管理办法执行违约处理。

(17) 承包人负责协助发包人和监理组织“三查四定”，并完成存在问题整改。按规定组织单项工程中间交接和交工验收。

(18) 承包人在中间交接后 2 个月完成竣工图、采购归档资料整理，在工程中间交接后 3 个月完成交工资料整理并报监理审查。

(19) 承包人负责对一般质量事故处理，配合事故调查组对重大质量事故的处理。

(20) 配合发包人完成竣工验收报告编写工作。

(21) 双方对工程质量有争议时，由质量监督站进行裁定，裁定费用及因此造成的损失均由责任方承担。如双方均有责任的，由双方根据其责任分别承担。

- 承包人应按附件中的《质量保修协议书》承诺承担质量保修义务。

7. HSE 与文明施工

7.1 承包人未按期提供施工组织设计、HSE 管理方案和相关施工措施计划或修正的施工组织设计、HSE管理方案和相关施工措施计划的，发包人有权扣除违约金，违约金标准为每天人民币2000元。

承包人应在入场前14天提交施工《HSE管理方案》。承包人施工组织设计和相关施工措施中的HSE部分内容应符合发包人的HSE管理规定。

7.2 承包人还应承担以下施工安全、治安保卫和环境保护责任：承包人应严格执行“安全管理责任书”和“对承包人的HSE要求”。

7.3 承包人对工作范围内的HSE和保卫工作负全部责任，应严格遵守国家、地方政府、行业和发包人的各项HSE和保卫管理要求并落实各项措施，做好施工过程中的HSE和保卫管理工作，避免各类事故的发生。若在施工过程中发生事故，承包人承担全部责任，且承担由此给发包人或第三方造成影响和损失的赔偿责任。

7.4 HSE工程师（经理）：需具有地市（或以上）安全资格证书，工程师或以上技术职称；2009～2013年内至少有一项吹砂回填施工工程业绩。

注：(1) HSE经理（工程师）入场前须经过发包人组织的面试，面试不合格的人员由承包人负责及时更换，直到符合发包人的要求为止。HSE经理（工程师）须按发包人要求到位，且未征得发包人同意禁止擅自离开施工现场，否则发包人均有权扣除违约金，违约金标准每次或每天人民币2000元。

(2) HSE经理（工程师）发生了更换，无论这种更换是因没有通过面试，或是发包人依据合同约定提出更换，或是发包人同意了承包人的更换请求，发包人均有权按每人40万元人民币的违约金标准扣减合同总价。

8. 现场保安

9. 进度控制

9.1 进度滞后

如果工程实际进度落后于进度计划是由发包人原因造成的，如发包人要求赶工的，承包人应采取补救措施，赶工所发生的相应费用由发包人负责。

10. 变更

- 双方约定关键技术要求的范围：本工程的技术要求。

◆ 单价确定方式：

双方约定适用的定额为：《福建省建筑工程消耗量定额》2005版，《全国统一安装工程预算定额福建省综合单价表》2012版，《福建省建筑安装工程费用定额》（2003版）及相关配套文件，政策性文件不予执行。人工、材料、机械价格采用变更发生时当月的泉州市工程造价信息，信息价不包含的设备材料价格按发包人、承包人双方市场询价结果协商确定。

报价中已有适用或类似于变更工程的价格/单价/综合单价/费率的，按报价中已有/类似的价格/单价/综合单价/费率执行；报价中没有适用或类似于变更工程的价格/单价/综合单价/费率的，按报价中的计价标准或原则编制补充，并按照总报价对于总概算/总预算的同样的下浮比例计算。

双方约定定额下浮比例为：税前下浮5%。

• 合同价款的调整

在本合同确定的工作范围内，合同价款固定不变。只有出现以下变更情形，经双方协商确认后，合同价款数额可以调整：

1）发包人对双方采购物资范围进行调整；

2）发包人调整本合同项下承包人的工作范围；

3）重大地质条件变化。

11. 支付

• 履约保函的金额及格式要求：本合同签订后，承包人在14日内向发包人提交合同总价金额的10%。

• 预付款及预付款保函：不适用。

◆ 关于进度款的付款条件、付款程序、付款方式的约定：付款条件见付款进度表要求，程序按发包方的工程进度款付款程序，方式：每月按付款进度表，银行转账支付。

• 结算及最终付款

关于结算及最终付款的付款条件、付款程序、付款方式的约定。

• 发包人延迟付款

由于发包人原因，发包人延迟支付合同款的，对延迟支付部分，按照银行同期贷款利率向承包人支付违约金。

12. 保密

12.1 保密要求

双方关于保密的约定。

13. 保险

承包人提交各项保险生效的证据和保险单副本的期限：本工程合同签订之后10日之内提交。按照发包人要求，承包人必须在发包人指定的保险公司购买保险，其中对承包人单个人员的人身意外伤害保险不少于人民币50万元，并将相关单据报发包人备案。中标通知书发布日前已经投保的除外。

14. 违约金与损害赔偿金

• 关于承包人进度违约金约定：如果因承包人原因导致工程交工日期每延误1天，按照本合同总价的0.05%，从本合同的进度款或结算中扣减违约金，以此类推；发包人保留对给工程造成重大影响的合同节点工期延误进行处罚的权利；如果因承包人原因导致月度进度考核目标的延误，发包人有权给予2000～10000元的处罚。

视承包人工期延误的严重程度，发包人有清退或引入其他承包人肢解工程量的权利。

发包人对承包人的进度处罚不能免除承包人的合同责任。

• 未经发包人同意，承包人关键人员调离的，发包人有权扣除违约金，违约金标准为：

项目经理：人民币50万元/人次；

项目总工：人民币40万元/人次；

控制经理：人民币40万元/人次；

设计经理：人民币40万元/人次；

采购经理：人民币40万元/人次；

施工经理：人民币40万元/人次；

质量经理：人民币40万元/人次；

HSE经理：人民币40万元/人次。

• 即使发包人同意，承包人关键人员调离的，发包人仍有权扣除违约金，违约金标准为：

项目经理：人民币 30 万元/人次；

项目总工：人民币 20 万元/人次；

控制经理：人民币 20 万元/人次；

设计经理：人民币 20 万元/人次；

采购经理：人民币 20 万元/人次；

施工经理：人民币 20 万元/人次；

质量经理：人民币 20 万元/人次；

HSE 经理：人民币 20 万元/人次。

14.1 性能考核失败违约金（本工程不适用）

14.2 承包人违反其他合同义务的违约金

● 承包人质量违约金

（1）工程质量标准应满足合同约定、设计文件及现行国家、行业规范标准要求。因承包人原因：导致工程质量达不到约定的质量标准的承包人应承担违约责任，违约金参照《工程建设质量管理条例》罚责执行；导致发生工程质量事故的，按国家有关规定处理并执行较严者。

（2）承包人的质量管理工作未符合合同约定，发包人有权按有关规定扣除违约金。

● HSE 违约金

（1）若承包人发生重大事故（定义见《HSE 事故管理规定》），每次扣除 30 万元；若承包人发生严重事故（定义见《HSE 事故管理规定》），每次扣除 10 万元；若承包人发生一般事故（定义见事故管理规定），每次扣除 2 万元；若承包人出现的 HSE 违章或不执行发包人的指令，发包人有权按《HSE 违约处理规定》进行处理，包括扣款。

（2）以上 HSE 违约扣款，均从发包人支付给承包人的进度款中直接扣除，且支付违约金没有免除承包人的各种义务。

（3）承包人被发包人扣除的各项 HSE 违约金，发包人不再返还承包人。

25 补充条款

无。

六、违约责任条款的签订

建设工程施工合同的违约责任条款十分重要，直接关系到受损一方是否有权索赔或者索赔额大小问题，是承发包人利益的分水岭，是工程款的分割器。一个项目是赔是赚，首先看违约责任条款是如何设置的，因此，我们必须把握好违约责任条款设置的一些基本原则和技巧。

（一）明确违约责任的归责原则

建设工程施工合同一般采用无过错责任原则，在一些特定情况下采用过错责任原则。首先，一方当事人不履行合同义务的，即应当承担违约责任，原则上不考虑其是否有过错。这有利于促使双方当事人都认真履行合同义务，有利于保护守约方利益。但是，并不等于说当事人对一切不履行合同的行为都要承担责任，如果有法定或约定的免责事由，则可以免予承担全部或部分责任。比如：一般情况下，因不可抗力不能履行合同的，可以根据不可抗力的影响，部分或者全部免除责任，但法律另有规定、合同另有约定的除外。并且，虽然合同当事人可以在合同中约定免责事由，但造成合同当事人一方或双方或第三方的人身伤害，或者因合同当事人一方或双方故意或重大过失造成财产损害的，不能免责。可参照2013合同文本第17.3条不可抗力承担后果：

- 不可抗力引起的后果及造成的损失由合同当事人按照法律规定及合同约定各自承担。不可抗力发生前已完成的工程应当按照合同约定进行计量支付。

- 不可抗力导致的人员伤亡、财产损失、费用增加和（或）工期延误等后果，由合同当事人按以下原则承担：

（1）永久工程、已运至施工现场的材料和工程设备的损坏，以及因工程损坏造成的第三方人员伤亡和财产损失由发包人承担；

（2）承包人施工设备的损坏由承包人承担；

（3）发包人和承包人承担各自人员伤亡和财产的损失；

（4）因不可抗力影响承包人履行合同约定的义务，已经引起或将引起工期延误的，应当顺延工期，由此导致承包人停工的费用损失由发包人和承包人合理分担，停工期间必须支付的工人工资由发包人承担；

（5）因不可抗力引起或将引起工期延误，发包人要求赶工的，由此增加的赶工费用由发包人承担；

（6）承包人在停工期间按照发包人要求照管、清理和修复工程的费用由发包人承担。

不可抗力发生后，合同当事人均应采取措施尽量避免和减少损失的扩大，任何一方当事人没有采取有效措施导致损失扩大的，应对扩大的损失承担责任。

因合同一方迟延履行合同义务，在迟延履行期间遭遇不可抗力的，不免除其违约责任。

（二）违约金（或违约金计取比例）不宜过高或过低

根据民商法原理，违约金具有补偿性，一般无惩罚性，通常采取“填坑原则”，即一方当事人有多大损失，就要求对方支付多少违约金，能够填平损失就可以了。因此，违约金不能过高，也不能过低。

《中华人民共和国合同法解释二》规定：当事人通过反诉或者抗辩的方式，请求人民法院依照合同法第一百一十四条第二款的规定调整违约金的，人民法院应予支持。当事人请求人民法院增加违约金的，增加后的违约金数额以不超过实际损失额为限。增加违约金以后，当事人又请求对方赔偿损失的，人民法院不予支持。当事人主张约定的违约金过高请求予以适当减少的，人民法院应当以实际损失为基础，兼顾合同的履行情况、当事人的过错程度以及预期利益等综合因素，根据公平原则和诚实信用原则予以衡量，并做出裁决。当事人约定的违约金超过造成损失的百分之三十的，一般可以认定为合同法第一百一十四条第二款规定的“过分高于造成的损失”，应当予以调低。

怎么设置违约金或者违约金比例才不算过高或过低呢？

1. 由于发包人的主要义务就是付款，因此发包人的违约责任就是拖延付款的责任。一般这样规定比较合适：发包人迟延支付工程预付款、进度款、竣工结算工程款和其他款项的，除应支付应付款外，每迟延一日，还应向承包人支付应付款百分之三的违约金。

合适的违约金设定规则：如果按日计算违约金，每天的违约金为应付款的0.1‰～0.5‰；如果按月计算违约金，每月的违约金为应付款的1‰～5‰；如果是按年计算违约金，每年的违约金为应付款的1%～5%。

2. 发包人未按合同约定及时提供施工图纸、未及时提供主要建筑材料或设备等，一般顺延工期就可以了，如果还给承包人造成经济损失（如窝工损失），则应根据承包人实际损失大小来确定发包人应支付的违约金额，该违约金额事前是没法确定的。

3. 由于承包人的义务很多，可能产生的违约责任也就很多，不宜笼统规定，应分项规定才公平。2013合同文本在通用条款中未做规定，但当事人应在专用条款中规定清楚。

另外：工程款结算条款、索赔条款也十分重要，为凸显其重要性，随后以专章论述。

第五章
工程款结算的法律风险与防控策略

一、工程款结算概述

二、工程预付款结算

三、工程进度款结算

四、工程竣工结算

一、工程款结算概述

工程款结算是指承包人在工程实施过程中，依据承包合同约定的付款条件、已完成的工程量，按照规定的时间和程序向发包人收取工程款的一系列活动。其主要结算方式有四种：

（一）按月结算

即实行一月结算一次、竣工后清算的办法。每月完成的工程量要与月结算款相对应，由承发包双方签字确认。跨年度竣工的工程项目，还应在年终进行工程盘点，办理年度结算。

（二）分段结算

当年开工、当年不能竣工的单项工程或单位工程，按形象进度划分成不同阶段进行结算，如划分成基础、结构、装饰、竣工等阶段，每完成一个阶段就进行验收、结算一次。如果有预付款，也应分段扣回。

（三）竣工后一次结算

一般来说，工期在12个月以下的整体工程（或单项工程），或工程总包价较小的合同，实行竣工后一次结算。但在发包人资金普遍紧张的情况下，绝大部分工程都是竣工后一次结算。

（四）界面结算

在建设工程施工合同中，将承包工程的内容分解成不同的控制界面，将发包人验收合格的控制界面作为结算工程款的前提。在此种结算方式下，承包人要想获得工程价款，就必须完成符合合同约定质量标准的工程量，这可激发承包人在保证质量的情况下加快施工进度，尽快拿到工程款。

二、工程预付款结算

工程预付款是在建设工程施工合同签订后，正式开工前，发包人预先支付承包人的备料款（或启动费）。它是施工准备、材料和结构构件的流动资金的主要来源。工程预付款如何支付与扣回，由承发包双方结合工期、包工包料情况、工程款支付节点进行商定，并规定在合同中。按照我国行政法规规定，工程预付款支付的时间不得迟于开工前7天，发包人不按时支付预付款的，承包人在约定的7天后向发包人发出支付预付款的通知，发包人收到通知后仍不能按要求预付的，承包人可在发出通知满7天后停工。发包人应从合同约定的付款之日起支付利息，并承担违约责任。

工程预付款属于工程款的一部分，只是先付而已。随着工程项目的不断推进，拨付的工程进度款不断增加，所需的主要材料、构件数量不断减少，原已付的工程预付款应以抵扣的方式陆续扣回，扣回的方式有两种：

一是等比例或等额扣回。二是协商扣回。由承发包双方进行协商扣回方式，如果工期较短、造价较低，就无须分期扣还，于竣工结算时一次性扣回便可；如果是跨年度工程，工期较长，工程预付款占用的时间很长，可协商少扣或者不扣。

三、工程进度款结算

工程进度款结算相对较复杂，因为工程尚在进行中，对工程已完成到什么程度，进度如何，承发包双方常发生争议。承包人经常会虚报进度和进度款，发包人经常不讲理地大砍一刀，所以关于进度款的结算方法及支付，一定要在合同中事先明确。为了不多付进度款，一定要使付款周期与工程计量周期保持一致。在编制进度付款申请单时，至少要列明：（1）截至本次付款周期已完成工作对应的金额；（2）因工程量变更应增加和扣减的变更金额；（3）应支付的预付款、扣减的返还预付款；（4）应扣减的质量保证金；（5）应增加和扣减的索赔金额；（6）对已签发的进度款支付证书中出现错误的修正，应在本次进度付款中支付或扣除的金额；（7）根据合同约定应增加和扣减的其他金额。

承包人制作好进度付款申请单后，按合同约定的时间提交给监理人或发包人。

按月向监理人提交的单价合同进度付款申请单，需要附上已完成工程量报表和有关资料。单价合同中的总价项目按月进行支付分解，并汇总列入当期进度付款申请单。

按月向监理人提交总价合同进度付款申请单，需要附上已完成工程量报表和有关资料。

监理人应在收到承包人进度付款申请单以及相关资料后 7 天内完成审查并报送发包人，发包人应在收到后 7 天内完成审批并签发进度款支付证书。发包人逾期未完成审批且未提出异议的，视为已签发进度款支付证书。发包人和监理人对承包人的进度付款申请单有异议的，有权要求承包人修正和提供补充资料，承包人应提交修正后的进度付款申请单。监理人应在收到承包人修正后的进度付款申请单及相关资料后 7 天内完成审查并报送发包人，发包人应在收到监理人报送的进度付款申请单及相关资料后 7 天内，向承包人签发无异议部分的临时进度款支付证书。存在争议的部分，按照合同约定的争议解决方式进行处理。

发包人应在进度款支付证书或临时进度款支付证书签发后14天内完成支付，发包人逾期支付进度款的，应按照中国人民银行发布的同期同类贷款基准利率支付违约金。但是，发包人签发进度款支付证书或临时进度款支付证书，不表明发包人已同意、批准或接受了承包人完成的相应部分的工作。并且，如果在对已签发的进度款支付证书进行阶段汇总和复核中发现错误、遗漏或重复的，发包人和承包人均有权提出修正申请。经发包人和承包人同意的修正，应在下期进度付款中支付或扣除。

四、工程竣工结算

工程竣工结算是指建筑企业按照合同规定的内容全部完成所承包的工程，经竣工验收合格且符合合同要求后，向发包人进行的最终工程款结算。

对于中小建筑企业而言，经过多年辛苦施工后终于盼到了最终结算这一天，其热切而焦虑的心情可想而知，但拿不到工程款或拿不到全部工程款的案例比比皆是。究其原因，主要有：

首先是招投标过程不规范。按照法律法规的要求，招投标不受地区、部门、行业的限制，采取公开招标、邀请招标等方式合理选择优质的承包人。但相当多的发包人违反规定，擅自采取私下议标，提出带资或垫资、分包部分工程量等一些苛刻条件，在激烈竞争的条件下，承包人为承揽到项目不得不接受这些苛刻条件。更有甚者搞假招投标，给今后的竣工结算埋下了隐患。

其次是不注重合同谈判与签订。建设工程施工合同是发包人和承包人之间明确双方权利、义务的协议，是执行项目不可或缺的依据，也是纠纷发生时据以裁判的重要证据。对于建筑企业而言，工程竣工后能不能拿到工程款，建设工程施工合同要占到60%以上的权重，所以必须高度重视合同的签订。在起草合同时，应由工程技术人员、造价人员、法律人员共同斟酌确定合同的内容、条款、附件。但有些建筑企业重视不够，工程技术人员、造价人员、法律人员很少参与合同谈判与起草，而是由某些领导直接操办。对于建筑施工企业来说，合同价款及其决定合同价款的两大因素（工程量、单价）是建设工程施工合同中的重中之重，非专业人士搞不定，能力再强的领导仅凭他一人也搞不定，需要各方面的专业人员在充裕的时间内缜密考虑才能搞定，所以中小建筑企业的老总们一定要有自知之明，此事不能完全亲历亲为，放权给专业人员来做，效果会更好。

建设工程施工合同中的每个术语、每个条款都很重要，几乎每个术语和条款最终都要反映和表现为工程造价，从这种意义上讲，对建设工程施工合同的管理，也就是对工程造价的管理。合同签订，字字千金，建筑企业老总们万不可粗心大意，或碍于情面让他人随意签，给自己下了套。

第三是开工前的准备工作不完善。建设工程开工前，发包人应完成“五通一平”（路通、水通、电通、气通、通信通），但有相当一部分工程在承包人正式进入施工现场时，“五通一平”条件仍不具备，发包人只好委托承包人完成，而双方又未正式签订书面协议或合同，只有发包人的口头承诺，给今后的工程结算埋下隐患。

第四是施工过程中存在不规范行为。工程项目在建设期间，发包人、承包人、设计人、监理人势必要发生一系列的工作关系，无论哪一方发生了不规范行为都必将影响到工程款的结算。如果发包人办事程序烦琐、效率低下，承包人呈报的《工作联系函》《乙供材料认价单》《工程变更签证申请》等得不到及时反馈，施工就可能出现暂停，耽搁工期，造成工程量的变化。诚然，在建设施工过程中不可避免地要发生一些设计变更、工程签证，若其程序不合法，手续不齐全，签字不及时或者不签字，引起变化的工程量就缺乏结算依据，待工程结算时再进行补充，容易引起分歧。特别是负责现场签证的人已离职，造价人员又不知情的情况下，更无法弄清原委，弥合分歧，纠纷发生是必然之事。

第五是发包人的故意拖延。近几年来，建筑市场普遍不景气，无资金或资金不足的工程项目很多，玩空手套的发包人很多。某些开发商，出资拿下地块，靠银行的少量贷款、承包人的垫资就可以启动项目开发，这必然造成开发商在施工中拖欠进度款，在工程竣工验收后拖欠工程总价款，其拖延的最常见方法是：对承包人报送的竣工结算资料置之不理，既不签收，也不算账，更不书面回复，让你拿他没办法。

针对上述问题，我们提出如下策略：

（一）在建设工程施工合同中明确约定承包人提交竣工结算申请的时间和程序、监理人和发包人审核的时间和程序。建议采用2013合同范本中的通用条款第14条，它是中外专家多年研究的成果，公平且具可操作性。

1. 竣工结算申请

除专用合同条款另有约定外，承包人应在工程竣工验收合格后28天内向发包人和监理人提交竣工结算申请单，并提交完整的结算资料，有关竣工结算申请单的资料清单和份数等，应由合同当事人在专用合同条款中约定。

除专用合同条款另有约定外，竣工结算申请单应包括以下内容：

（1）竣工结算合同价格；

（2）发包人已支付承包人的款项；

（3）应扣留的质量保证金；

（4）发包人应支付承包人的合同价款。

2. 竣工结算审核

（1）除专用合同条款另有约定外，监理人应在收到竣工结算申请单后14天内完成核查并报送发包人。发包人应在收到监理人提交的经审核的竣工结算申请单后14天内完成审批，并由监理人向承包人签发经发包人签认的竣工付款证书。监理人或发包人对竣工结算申请单有异议的，有权要求承包人进行修正和提供补充资料，承包人应提交修正后的竣工结算申请单。

（2）发包人在收到承包人提交竣工结算申请书后28天内未完成审批且未提出异议的，视为发包人认可承包人提交的竣工结算申请单，并自发包人收到承包人提交的竣工结算申请单后第29天起视为已签发竣工付款证书。

（3）除专用合同条款另有约定外，发包人应在签发竣工付款证书后的14天内，完成对承包人的竣工付款。发包人逾期支付的，按照中国人民银行发布的同期同类贷款基准利率支付违约金；逾期支付超过56天的，按照中国人民银行发布的同期同类贷款基准利率的两倍支付违约金。

（4）承包人对发包人签认的竣工付款证书有异议的，对于有异议部分应在收到发包人签认的竣工付款证书后 7 天内提出异议，并由合同当事人按照专用合同条款约定的方式和程序进行复核，或按照第 20 条（争议解决）约定处理。对于无异议部分，发包人应签发临时竣工付款证书，并按本款第（2）项的约定完成付款。承包人逾期未提出异议的，视为认可发包人的审批结果。

（二）从进场施工的首日起就特别重视证据收集，该签字盖章的，一个不能少；该定量定价的，当时就以书面形式固定下来；该留原件的，必须留原件，因为《最高人民法院关于民事诉讼证据若干规定》要求：复印件必须与原件核对一致才能采用。没有原件只有复印件，等于没有任何证据，纠纷发生时复印件不能支持你的主张。

（三）严格按合同约定的时间和程序提供竣工结算申请书及相关资料。如果没有合同或者合同中没有约定竣工结算的时间和程序，请按下述方法操作：

1. 委托造价咨询公司（或造价师）对该工程项目做一个正式的、规范的竣工结算报告，向造价咨询公司提供的资料一定要全面、准确，尽可能是原件，若无原件，要想办法让发包人补办。此时还没有发生纠纷，找发包人签字盖章比较容易，补办资料比较方便，一旦发生纠纷再找发包人签字盖章，几乎是不可能的事。

2. 接到《竣工结算报告》原件一式三份后，自己留存两份以备后用，将第三份送达发包人。

为防止发包人不签收、不理会，在邮寄时最好让公证员见证邮寄全过程，并为此出具公证书。当然，若不想支付公证费，也可以将《竣工结算报告》的封面、汇总页、签字盖章页和其他主要页面进行扫描，将扫描件通过电子邮件发送给发包人，然后将《竣工结算报告》邮寄给发包人。这样可以起到双保险的作用，用两种方式表明承包人已将《竣工结算报告》送达发包人。如果当地邮局允许，最好以挂号回执的方式邮寄《竣工结算报告》。如果是快递，一定要保留好快递单、快递转送过程记录（凭快递单号可上网查询）。目的只有一个：证明承包人已将《竣工结算报告》送达给发包人。

相当多的承包人喜欢亲自将《竣工结算报告》送给发包人，而发包人不愿意接收，即使接收了也不写收条，将来打起官司，承包人没有任何证据证明发包人收到了《竣工结算报告》，十分被动，一定要吸取这种教训。

为什么要如此强调《竣工结算报告》的有效送达？因为行政规章规定：发包人在收到承包人提交竣工结算申请书后28天内未完成审批且未提出异议的，视为发包人认可承包人提交的竣工结算申请单，并自发包人收到承包人提交的竣工结算申请单后第29天起视为已签发竣工付款证书。

以上规定可参见下列行政规章：

（1）原建设部发布的《建筑工程施工发包与承包计价管理办法》（2001年）第107号令第16条第1款第2项明确规定："发包方应当在收到竣工结算文件后的约定期限内予以答复。逾期未答复的，竣工结算文件视为已被认可。"第16条2款规定："发承包双方在合同中对上述事项的期限没有明确约定的，可认定其约定期限均为28日。"

（2）财政部和原建设部联合发布的《建设工程价款结算暂行办法》（2004年）第369号令第16条规定："发包人在收到竣工结算报告及完整的结算资料后，在本办法规定或合同约定期限内，对结算报告及资料没有提出意见，则视同认可。"

（3）2005年1月1日起施行的最高人民法院《建设工程施工合同司法解释》第20条明确规定："当事人约定，发包人收到竣工结算文件后，在约定期限内不予答复，视为认可竣工结算文件的，按照约定处理。承包人请求按照竣工结算文件结算工程价款的，应予支持。"

上述规定十分有利于承包人，如果发包人收到竣工结算申请单（或竣工结算报告）置之不理，承包人报多少工程款，发包人就得认多少工程款，发包人将丧失了讨价还价的机会。这么有利于承包人的机会，为什么不想办法抓住呢？

3. 如果发包人通过信函或电子邮件，对竣工结算申请单或《竣工结算报告》提出了不同意见或修改要求，承包人就应再次发函要求发包人确定时间、地点进行面对面对账、算账，当面澄清问题，实事求是结算。如果发包人故意找借口拖延，承包人应尽快依合同约定或依法律规定及时提起诉讼或仲裁，别指望发包人发善心，别信发包人的鬼话"春节前全部结清”，也许N个春节前都没有结清，因为发包人想长久拖下去，结果不了了之。这是因为作为开发商的发包人日子也不好过，空手套白狼的发包人已身负重债，特别是建筑市场下行、所开发的楼盘难以售出的情况下，发包人早已资不抵债，接近破产了，有一大堆要钱人缠着他。如果你尽早提起诉讼或仲裁，保全其财产，或许判决生效后能执行到一部分工程款，否则，你将一无所获，多年的血汗钱将打水漂！

【风险案例5】

江苏建工公司诉卓达公司养老会所装修工程合同案

1. 案情简介

2010年12月21日，原告（江苏建工公司，下同）与被告（卓达公司，下同）签订《施工协议书》（以下简称“《协议》”），约定由原告承包被告位于天津市武清区河西镇的“华夏颐园小区会所”室内装修工程（以下简称“该工程”）。合同工期为2010年12月10日至2011年3月19日。合同价款暂定人民币700万元，最终价款以原被告双方结算金额为准，工程结算按照《2008年天津市装饰装修工程预算基价》和《2008年天津市安装工程预算基价》执行，其中，人工费一类工85元/工日，二类工66.8元/工日，三类工54元/工日，主材价格由原被告双方认质认价，并作为结算依据，其余材料费和机械费全部执行定额价，不再调整。付款方式为：每月25日前原告申报当月进度产值，下月5日前支付当月完成产值的70%；工程全部完工初验合格并结算后，付至结算总价款的95%；余款作为质保金在质保期满后（本工程的质保期装修部分为2年）无质量问题按照比例分别支付。

原告于2010年12月开始进场施工，该工程于2011年8月竣工。该工程竣工后，原告于2011年8月15日向被告递交《工程验收报告单》及相关竣工资料，要求被告对该工程进行验收，被告代表殷飞等多人在《工程验收报告单》上签字确认。2011年11月25日，原告将该工程交付被告使用。

2011年11月，原告将结算书递交给被告。但被告以“年底太忙、2012年上半年才能进行正式结算”为由未予结算。到2012年下半年，原告再次向被告提出结算请求，但被告又以“原预算部工作人员已解散，需另组成预算组”为由始终不予结算。之后，被告对于结算事宜仍一拖再拖，截至目前已两年多，被告仍不予结算。原告因此委托华春建设工程项目管理有限责任公司对该工程进行竣工结算，2014年7月18日，华春建设工程项目管理有限责任公司做出《竣工结算书》，结算造价为人民币10217910元。

自2011年3月17日至2012年11月20日，被告共向原告支付工程进度款人民币5594000元，按照上述结算金额，被告尚欠原告工程款人民币4623910元。

原告认为，原告与被告签订的《施工协议书》是双方真实的意思表示，该协议合法有效，对双方具有法律约束力。原告已履行合同约定的义务，并将该工程交付给被告使用长达两年半。而被告却拒不按该协议进行结算并支付工程款，严重损害了原告的合法权益。为维护原告的合法权益，特提起诉讼，请依法支持原告的下述诉讼请求：

（1）判令被告支付工程款4623910元及该款至实际清偿之日止的全部利息（暂计利息906241元，暂计利息期间：2011年11月25日~2014年10月31日。2014年11月1日至实际清偿之日止的利息按照中国人民银行同期同类贷款利率计算）。

（2）判令被告承担本案诉讼费。

2. 法律谋略

我们作为原告的代理人，提出了以下法律谋略：

（1）不再反复要求被告结算工程款，暗中搜集证据，做好起诉前的一切准备。重点收集《施工协议书》《乙方自供材料认价单》《工程签证单》《施工图》《竣工图纸》《会所工程量》《工作联络单》的原件。

（2）委托中介机构计算工程总价款，并要求其出具《工程竣工结算报告》，彻底搞清工程价款总额，再决定是否起诉。

（3）如果原告向法庭提交的《工程竣工结算报告》，被法庭认定为“不足以支持原告的诉讼请求”，原告可向法院提交司法鉴定申请书，请求进行司法审价，法庭必然会同意。

（4）待司法审价结果出来后，原告可及时向法庭提交《诉讼请求变更申请书》，力求实现原告诉讼标的额最大化、合理化。

3. 原告方代理词

一审代理词

尊敬的审判长、审判员：

我们作为原告江苏建兴建工集团有限公司的委托代理人，现根据事实和法律发表如下代理意见：

一、关于工程量

工程量计算的主要依据是《竣工图》，工程量变更的主要依据是《竣工图》与《设计施工图》之间的差异，其他资料如《工程签证审批表》《工作联系函》《技术洽商》只涉及很少一部分工程量的变更，即使前述其他资料被告不认可，也占不到总工程量的1%（大写：百分之壹），况且工程量已经过双方工程师、预算员、现场负责人等专业人员共同核对过，被告的预算员还将核对结果发给原告的现场负责人周光旭（本案证人），只是被告方领导要赖不签字确认罢了，详见附件1。

二、关于工程价款

（一）《招标文件》《投标文件》《施工协议书》在“合同价款与结算方式”方面确定的原则都是：（1）人工费单价；（2）主材价格由甲乙双方认质认价，并作为结算依据；（3）其余材料费和机械费全部执行定额价，不再调整。因此，《施工协议书》第五条载明的“工程暂定总价为700万元”毫无意义，只是被告出于内部上报程序的需要，暂估的一个数字，没有任何依据，不能作为结算依据，本合同注明：据实核算。

（二）原告投标时以较低的人工费单价投标，被告接受原告的报价后才通知原告中标，中标之后双方签订了《施工协议》，再次明确了人工费：一类工85元/工日，二类工66.8元/工日，三类工54元/工日。《施工协议》第五条约定“工程量据实际结算”，即双方依据《竣工图》《设计施工图》和其他资料结算，双方也确实进行了工程量据实际结算，被告的预算员邢伟朋在2014年3月底还将工程量结算结果发邮件给原告的现场负责人周光旭（本案证人），但未签字。

在双方都确认工程量的情况下，工程量与人工单价的乘积、材料款就构成工程款的绝大部分。道理非常浅显，大家都懂的。被告方代理人罔顾事实，在法庭上纠缠《工程签证审批表》《工作联系函》的瑕疵，故意混淆视听，实不可取。

三、关于《竣工结算书》

原告委托专业的工程造价审计机构——华春建设工程项目管理有限责任公司对本工程项目进行结算审计，该公司派出专业的注册造价工程师、工程造价员，严格依据《施工协议书》《竣工图》《设计施工图》和其他资料进行结算审计，并参照被告的预算员邢伟朋所发邮件载明的工程量，长达30多天才完成《竣工结算书》，具有真实性、权威性，经得起任何复查复核，可以作为定案依据。

该《竣工结算书》虽是原告单方委托中介机构制作的，但仍可以作为证据使用。没有任何法律规定当事人单方委托中介机构做出的鉴定意见不能作为证据使用。在被告不能提供足够证据推翻原告的证据情况下，该《竣工结算书》就应作为定案依据。

该《竣工结算书》确定的本工程总造价为10217910元，低于2011年12月份被告预算部核算出的工程总价1190多万元，这也证实了该《竣工结算报告》的严谨性、客观性。

四、关于不结算的原因

原告于2011年12月就向被告的预算部提交了《工程结算报告》，被告预算部工作人员进行了核算，并算出本工程总造价为1190多万元，工作人员上报给被告方领导，领导不签字。

后来由于被告预算部频繁换人，没有人坐下来认真做结算工作，算算停停，停停算算。原告又于2012年5月、2012年10月、2013年10月要求被告结算，被告工作人员每次都敷衍塞责，久算不决。在原告方工作人员强烈要求下，被告于2014年2月18日向原告发出《甲方通知》，通知原告派人去协助结算。原告及时派人前去结算，双方人员共同工作长达一个多月，最终核对、计算出《会所工程量》。被告工作人员将《会所工程量》

带回被告方的石家庄卓达集团总部，说是很快给出最终结算总造价。但被告却一直拖到现在，我方无数次催促，被告均不给予答复。因此，被告无意做结算，更无意支付工程款。

五、关于利息

最高人民法院《关于审理建设工程施工合同纠纷案件适用法律问题的解释》第十八条规定："利息从应付工程价款之日计付。"当事人对付款时间没有约定或者约定不明的，下列时间视为应付款时间：（一）建设工程已实际交付的，为交付之日；（二）建设工程没有交付的，为提交竣工结算文件之日；（三）建设工程未交付，工程价款也未结算的，为当事人起诉之日。本工程于2011年11月25日由物业接管，按照上述司法解释的规定，利息应自2011年11月25日起计算，至本金付清日为止，现暂计至2014年10月31日。

综上所述，本案《施工协议书》合法有效，原告已经履行了全部合同义务，没有任何违约行为。原告的诉讼请求有事实根据且符合法律规定，应当得到人民法院的支持。被告不履行付款义务，长期拖欠工程款，给原告造成持续性经济损失，使原告无法向农民工发放工资，造成社会不稳定。因此，恳请贵院尽快走完法律程序，尽快做出判决。

代理人：×××、××

签字：

2014年11月21日

附件1：邢伟朋的邮件及《会所工程量》（略）

4. 变更诉讼请求

法庭委托司法鉴定机构做出司法审价结果后，原告方变更诉讼请求，是基于两方面的考虑：一是表明原告尊重司法审价结果，将其作为结算依据，展现了原告实事求是的工作作风，可取得审判人员好感；二是因为诉讼期间很长，利息计算期限应做调整，才能为原告争取最大的利息收益。

诉讼请求变更申请书

申请人（本案原告）：江苏建工公司，住所地为×××××，法定代表为×××。

被申请人（本案被告）：卓达公司，住所地为×××××，法定代表为×××。

变更后的诉讼请求：

1. 判令被告向原告支付工程款460万元；

2. 判令被告向原告支付本金460万元的全部利息，其中，2011年11月26日至2015年5月26日之间的利息为1045158元；2015年5月27日至应付款付清时止的利息按银行同期同类基准贷款利率计算。

3. 本案的司法鉴定费、案件受理费、财产保全费由被告承担。

事实与理由：

一、关于工程款

被告恶意拖欠原告的工程款，长期不与原告结算，在诉讼中，经原告申请，法庭委托中介机构进行司法审价，审价结果是：工程总价款为10194000元。扣除被告已付的5594000元，被告拖欠的工程款为460万元整。

二、关于利息

最高人民法院《关于审理建设工程施工合同纠纷案件适用法律问题的解释》第十八条规定："利息从应付工程价款之日计付。"当事人对付款时间没有约定或者约定不明的，下列时间视为应付款时间：（一）建设工程已实际交付的，为交付之日；（二）建设工程没有交付的，为提交竣工结算文件之日；（三）建设工程未交付，工程价款也未结算的，为当事人起诉之日。

本案中，当事人对付款时间没有约定。该工程于2011年11月25日由被告方指定的物业公司接管，按照上述司法解释的规定，利息应自2011年11月25日起计算，至本金付清日为止，现暂计至2015年5月25日。

（一）2011 年 11 月 25 日至 2015 年 5 月 25 日之间的利息为：

460 万元 ×6.65%/年 ÷12 月 ×41 月 =1045158 元

（二）2015 年 5 月 27 日至应付款付清时止的利息应按银行同期同类基准贷款利率计算。

综上所述：本案事实清楚，证据充分，被告应向原告支付拖欠的工程款及其全部利息。请人民法院依法判决，维护原告的合法权益。

此　致

天津市第一中级人民法院

申请人：江苏建工公司

代理人：×××

时间：2015 年 5 月 25 日

第六章
工程索赔的法律风险与防控策略

一、选聘高素质的索赔人员

二、瞅准索赔机会，抓住不放手

三、按合同约定的程序索赔

四、六个月内抓住建设工程价款优先受偿权

五、做好工程签证，为索赔准备充足证据

索赔是指一方当事人未履行本方的合同义务或者增加了对方合同外的义务，给对方造成了经济损失，后者向前者求偿的过程。索赔包括发包人对承包人索赔、承包人对发包人索赔。因为承包人也是施工人，所以“承包人索赔”常称“施工索赔”。相比发包人而言，承包人处于弱势地位，并且整个施工合同绝大部分条款是规定施工人的义务，履行了义务而往往得不到回报或者不能完全得到回报，因此本文重点论述施工索赔。

施工索赔是指承包人对施工合同以外的工作内容，向发包人索取费用的过程。这些额外的工作内容没有载入施工合同、施工图纸和其他书面文件中，承包人完成了这些工作内容而没有得到相应工程款，就有权向发包人提出索赔。施工索赔是一项涉及面广、学问颇深的艺术，是承包人保护自己并取得合法利益的手段。承包人在一个项目上是否取得成功，很大程度上取决于承包人的谋略。

一、选聘高素质的索赔人员

索赔人员必须具有丰富的施工管理经验，熟悉施工中的各个环节，通晓各种建筑法规和各种与建筑项目有关的合同、协议，并具有相当好的概预算知识，才能胜任索赔工作。承包人应在本公司悉心培养这样的人才，否则就应从社会上高薪聘请富有索赔经验的工程师。必要时可套建索赔小组，由工程师、概预算员、法律顾问套成，专门从事索赔工作。

二、瞅准索赔机会，抓住不放手

承包人的索赔机会是很多的，就看索赔人员是否善于瞅准机会，抓住机会。可从以下几个方面入手：

（一）合同文件的缺陷

1. 合同条款规定用语含糊、不够准确；

2. 合同条款存在着漏洞，对实际可能发生的情况未做预料和规定，缺少某些必不可少的条款；

3. 合同条款之间存在矛盾，前后不一致，大小写不一致，合同约定与图纸不一致等；

4. 双方的权利义务不平等，对方的要求过于苛刻，某些条文实质上是一种圈套，根本无法做到。

（二）施工条件和施工方法变化

1. 加速施工引起承包人劳动力成本、周转材料成本、机械设备成本增加，各工种交叉干扰增大工作量等；

2. 因场地狭窄、运输距离增加，导致运费增加；

3. 因在特殊环境或恶劣条件下施工发生的降效损失、增加的安全防护费和劳动保护费等；

4. 在执行经发包人批准的施工组织设计和进度计划时，因实际情况发生变化而引起施工方法的变化所增加的费用。

（三）发包人的过错行为

1. 因发包人招标文件中存在错误、漏项或与实际不符，造成承包人施工后突破原中标价；

2. 发包人未按合同规定交付施工场地；

3. 发包人未在合同规定的期限内办理土地征用、青苗树木补偿、房屋拆迁、清除地面、架空和地下障碍等工作，导致施工场地不具备或不完全具备施工条件；

4. 发包人未按合同规定将施工所需水、电、通讯线路从施工场地外接至约定地点，或虽接至约定地点但没有保证施工期间的需要；

5. 发包人没有按合同规定开通施工场地与城乡公共道路的通道，施工场地内的主要交通干道不能满足施工运输的需要，不能保证施工期间的畅通；

6. 发包人没有按合同约定及时向承包人提供施工场地的工程地质和地下管网线路资料，或者提供的数据不符合真实准确的要求；

7. 发包人未及时办理施工所需各种证件、批文和临时用地、占道及铁路专用线的申报批准手续而影响施工；

8. 发包人未及时将水准点与坐标控制点以书面形式交给承包人；

9. 发包人未及时组织有关单位和承包人进行图纸会审，没有及时向承包人进行设计交底；

10. 发包人没有妥善协调处理好施工现场周围地下管线和邻接建筑物、构筑物的保护，影响施工顺利进行；

11. 发包人没有按照合同规定提供应由发包人提供的建筑材料、机械设备；

12. 发包人拖延承担合同规定的责任，如拖延图纸的批准、拖延隐蔽工程的验收、拖延对承包人所提问题进行答复等，造成施工延误；

13. 发包人未按合同规定的时间和数量支付工程款；

14. 发包人要求赶工；

15. 发包人提前占用部分永久工程；

16. 因发包人中途变更建设计划，如工程停建、缓建造成施工设备大运迁、构件物质积压倒运、人员机械窝工、合同工期延长、工程维护保管和现场值勤警卫工作增加、临建设施和用料摊销量加大等造成的经济损失；

17. 因发包人供料无质量证明，委托承包人代为检验，或按发包人要求对已有合格证明的材料构件、已检查合格的隐蔽工程进行复验所发生的费用；

18. 因发包人所供材料亏方、亏吨、亏量或设计模数不符合定点厂家定型产品的几何尺寸，导致施工超耗而增加的量差损失；

19. 因发包人供应的材料、设备未按合同规定地点堆放而发生的倒运费，或者发包人供货到现场、由承包人代为卸车堆放所发生的人工和机械台班费。

（四）发包人代表的过错行为

1. 发包人代表委派的具体工作人员没有按合同规定提前通知承包人，对施工造成影响；

2. 发包人代表发出的指令、通知有误；

3. 发包人代表未按合同规定及时向承包人提供指令、批准、图纸或未履行其他义务；

4. 发包人代表对承包人的施工组织进行不合理干预；

5. 发包人代表对工程苛刻检查、对同一部位的反复检查、使用与合同规定不符的检查标准进行检查、过分频繁的检查、故意不及时检查。

（五）设计变更

1. 因设计漏项或变更造成人力、物资和资金的损失和停工待图、工期延误、返修加固、构件物资积压、改换代用以及连带发生的其他损失；

2. 设计提供的工程地质勘探与实际不符造成经济损失；

3. 按图施工后发现设计错误或缺陷，经发包人同意采取补救措施进行技术处理所增加的额外费用；

4. 设计人派来的驻工地代表在现场的临时决定某些材料需代用、局部修改或其他有关工程的随机处理，增加了额外费用；

5. 新型、特种材料和新型特种结构的试制、试验所增加的费用。

三、按合同约定的程序索赔

2013 合同文本规定的索赔程序比较科学，建议采用。

（一）承包人提出索赔

承包人认为有权得到追加付款和（或）延长工期的，应按以下程序向发包人提出索赔：

1. 承包人应在知道或应当知道索赔事件发生后 28 天内，向监理人递交索赔意向通知书，并说明发生索赔事件的事由；承包人未在前述 28 天内发出索赔意向通知书的，丧失要求追加付款和（或）延长工期的权利。

2. 承包人应在发出索赔意向通知书后 28 天内，向监理人正式递交索赔报告；索赔报告应详细说明索赔理由以及要求追加的付款金额和（或）延长的工期，并附必要的记录和证明材料。

3. 索赔事件具有持续影响的，承包人应按合理时间间隔继续递交延续索赔通知，说明持续影响的实际情况和记录，列出累计的追加付款金额和（或）工期延长天数。

4. 在索赔事件影响结束后 28 天内，承包人应向监理人递交最终索赔报告，说明最终要求索赔的追加付款金额和（或）延长的工期，并附必要的记录和证明材料。

（二）对承包人索赔的处理

1. 监理人应在收到索赔报告后 14 天内完成审查并报送发包人。监理人对索赔报告存在异议的，有权要求承包人提交全部原始记录副本。

2. 发包人应在监理人收到索赔报告或有关索赔的进一步证明材料后的 28 天内，由监理人向承包人出具经发包人签认的索赔处理结果。发包人逾期答复的，则视为认可承包人的索赔要求。

3. 承包人接受索赔处理结果的，索赔款项在当期进度款中进行支付；承包人不接受索赔处理结果的，按照第 20 条（争议解决）约定处理。

（三）提出索赔的期限

1. 承包人按第 14. 2 款（竣工结算审核）约定接收竣工付款证书后，应被视为已无权再提出在工程接收证书颁发前所发生的任何索赔。

2. 承包人按第 14. 4 款（最终结清）提交的最终结清申请单中，只限于提出工程接收证书颁发后发生的索赔。提出索赔的期限自接受最终结清证书时终止。

四、六个月内抓住建设工程价款优先受偿权

《中华人民共和国合同法》第二百八十六条：发包人未按照约定支付价款的，承包人可以催告发包人在合理期限内支付价款。发包人逾期不支付的，除按照建设工程的性质不宜折价、拍卖的以外，承包人可以与发包人协议将该工程折价，也可以申请人民法院将该工程依法拍卖。建设工程的价款按该工程折价或者拍卖的价款优先受偿。

（一）优先权利的行使主体

建设工程价款优先受偿权的权利主体仅指建设工程施工合同的承包人，不包括建设工程勘察、设计合同的承包人。根据合同相对性原理，只有总承包人享有建设工程价款优先受偿权，分包人不能主张该优先权。

装饰装修合同的承包人是否具有工程价款优先受偿权？只能在建筑物因装饰装修而增加价值的范围内优先受偿，同时发包人必须是该建筑物的所有人。

（二）优先受偿范围

享有优先受偿权的工程款应当包括承包人为建设工程支付的劳务报酬、材料款、机械费等实际支出的费用，但对于承包人依合同向发包人主张的损害赔偿（赔偿金、违约金等）则不应包括在内。《中华人民共和国

合同法》第286条规定享有优先受偿权的是“建设工程价款”，而按照一般人的通常理解，损害赔偿金并不属于“价款”之列。

（三）优先权的起算时间

在建设工程正常竣工情况下，建设工程竣工之日为工程价款优先权的起算之日；在建设工程无法正常竣工情况下，建设工程合同约定的竣工之日为工程价值优先权的起算之日。此时承包人可以与发包人协商以“烂尾”工程折价，或者达成延期付款和竣工的合意，以便继续履行变更后的施工合同。如果承发包双方不愿协商或协商不成，承包人可以在工程约定的竣工之日起六个月内行使优先受偿权，过期则不能行使（详见《最高人民法院关于建设工程价款优先受偿权问题的批复》）。

承包人优先受偿权的实现，有待于建设项目的接盘、转让或重新启动。当出现“烂尾楼”整体拍卖时，承包人应从拍卖所得财产中优先受偿，当有新的发包人接盘“烂尾”工程时，接盘人在向承包人支付原发包人拖欠的工程价款后方可受让项目。同时，需注意：

1. 如果承发包双方在合同中约定，除按进度支付部分工程款外，余款于工程竣工六个月后支付，这种约定就有可能造成承包人难以及时行使优先受偿权。因此，在合同签约时，就应注意这个付款时间问题。

2. 在结算过程中延误优先权的行使，导致因优先权的丧失而无法获得清偿或全部清偿。因此，竣工验收后一旦六个月的期间即将届满，而工程价款尚未确定的话，就应考虑发包人有没有承担责任的能力，如果没有的话，就要及时提起诉讼，要求行使工程优先受偿权。

（四）优先权行使方式

《中华人民共和国合同法》第286条规定，建设工程价款优先受偿权的行使方式有两种：一是与发包人协议将该工程折价，二是申请人民法院将该工程依法拍卖。具体的行使程序：催告——协议折价或申请拍卖（诉讼）。其中：

1. 催告：有约定的应从其约定，没有约定的，一般将催告的“合理期限”确定为两个月以上。

2. 协议折价：并非必经程序。

3. 申请拍卖：大多数都是发生在审理程序中。承包人向人民法院提起诉讼，获得生效判决书或者调解书后，向人民法院申请执行。当然承包人也可以仲裁书为依据申请人民法院强制执行。

（五）优先受偿权的限制

工程价值优先受偿权是优先于所涉工程上的抵押权和其他一般债权，却不能优先于物权和具有物权期待权的购房人的权利行使。对于已经支付了全部或大部分购房款的买房人所购买的房屋，虽然该房屋尚未办理过户手续，但是为满足人民基本生活的需要，为维护交易安全和社会的稳定性，法律规定施工人的工程优先受偿权并不涉及已出售的房屋。当然只有以生活消费为目的购买住宅的购房人才是消费者，对于以投资为目的的购房人，并不是消费者，他所购买的商铺、写字楼是不能对抗施工人的工程优先受偿权的。不支持工程价款优先受偿的情形可归纳如下：

1. 建设工程的所有权已经转移或已被法院生效法律文书确定转移的；

2. 建设工程已经出售给交纳了全部或者大部分购房款的消费者的；

3. 标的物为不宜折价、拍卖的学校、医院、政府机关办公楼、道路、桥梁等公益建筑工程的；

4. 承包人放弃优先权，承诺有效。

五、做好工程签证，为索赔准备充足证据

工程签证是指对合同以外发生的工程量、建筑材料价格调整、工艺变化等，承包人要求发包人予以审查、签字确认的过程。因此，工程签证是索赔的前提，没有完善的工程签证就不可能索赔成功。

（一）签证成立的条件

1. 承包人通过比对合同、定额，发现施工中确实产生了额外费用或工期损失。

2. 造成上述原因不属于承包人的合同责任和行业责任。

3. 造成的上述损失，不应由承包人承担风险。

4. 要及时与发包人或者监理人协商，在施工前就应确定其单价、工程量计算规则。

（二）签证原则

1. 及时签证原则

在施工过程中要及时办理签证。由于工程工艺复杂，或发包人对装修标准、布局等方面经常变更，导致施工承包范围、工程包干造价随之发生变化。而许多发包人在变更时，仅是在口头或会议上要求变更，很少发出书面通知。遇此种情况，项目部应主动将工程变更情况，从自身角度出发，写出核定单，逐项列表汇总，每隔 15 日送发包人签认一次，并纳入当月工程款计收。由于发包人原因造成工程延误及损失的，项目部应作书面统计送交发包人确认，作为工程竣工工期核验依据，把双方可能引起争议的空间压减到最低。在实际操作中不能只顾埋头苦干，而缺乏书面签字确认意识，克服“服从发包人，不办签证”、“分包违约、没有追偿”等弊端。

2. 全面签证原则

签证必须完整，千万不能漏项，不仅包括施工的正常费用，还包括垃圾清理、安全文明施工等一系列相关费用，而且要根据定额合理套价，做到有理有据。

3. 选择性签证原则

（1）签证前要了解原报价文件，利润高的那部分多去申请签证，利润低的那部分少去申请签证。

（2）由于某些技术原因，签证后会减少工程量的部分，承包人在签证前最好进行技术论证，如果对使用功能不存在较大影响，就别因技术原因去签证。

4. 准确无误原则

工程量签证要尽可能做到详细，不笼统，不含糊其辞，以预算部门方便预算为原则。凡是可明确计算工程量的内容，只能签工程量而不能签人工日和机械台班数量。

5. 现场跟踪原则

为了加强管理，严格投资性控制，凡是费用超过万元以上的签证，在费用发生之前，承包人应与现场监理人员以及造价审核人员到现场察看。

6. 实事求是原则

凡是无法计算工程量的内容，可以只签人工日或者机械台班数量；但应严格把握，实际发生多少签多少，不得将其他因素考虑进去以增加数量进行补偿。

（三）施工前的签证思维

认真细致地推敲建设工程施工合同条款，力争使合同条款齐全、内容具体明确、具有可操作性。

由于合同多数条款都涉及工程造价，因此合同条款的起草、审核是工程总造价的重要环节，直接决定承发包双方当事人利益分割问题。因此，在合同签订过程中既要遵守招投标文件中的承诺，又要对招标文件、设计图纸中不明确、不具体的内容，本着平等互惠原则，通过协商谈判予以明确、细化，并将协商结果写入建设工程施工合同中。在这一过程中，承发包双方均应预测在施工过程中可能会发生的索赔和反索赔因素，何种情况下可以免责，需进行认真研究，然后通过合同条款明确下来。否则，合同中会出现发包人开脱责任的条款。对发包人指定的分包项目应明确各方职责，合同中还要有不可预见因素条款。总之，合同应尽可能完善，把各种现存的问题和可能的问题都考虑到，为今后合同外工作量的签证提供合同依据，否则往后的索赔难上加难，甚至永远不可能了。

（四）施工中的签证思维

1. 工程量方面的签证

（1）在工程挖土前，要及时办理自然地面的签证，在基础施工时，要有雨期停工、停电的签证等等，因设计原因和发包人原因的返工应及时签证，最好拍下返工前的照片。对于大的设计变更，如果预算书不能及时出来，若发包人因工期紧要求赶紧施工时，项目部至少应要求发包人将单价签下后才能组织施工，否则，干了也是白干，发包人事后很可能赖账。

（2）对改动的施工，必须按照规范要求将所有改动部位包括接茬、施工缝、修补等全面计算。

2. 合同价格方面的签证

（1）签证前应认真阅读建设工程施工合同。合同中的价格条款通常为总价包干或者单价包干。属于前者的，承包人要想索赔只能在设计上下工夫，一般规定造价变更超过合同总价 3% 的部分，才能允许索赔，所以，承包人必须想办法在设计上多更改多变动。但是，变更范围在合同总价 3% 以内的部分，承包人不能索赔，即“小变视为未变”，不能索赔。但对于单价包干的合同，工程量可以按实结算，如果把原设计的工艺做法、材料品质改动，承包人便可以做单价变更签证。

（2）现在大多数地区都实行工程量清单报价，所以在签证问题上也要适应新的工程量清单计价要求。

3. 建筑材料方面的签证

（1）对于建筑材料涨价，要区分对待。在施工合同中，发包人要求一次包死建筑材料价格的，建筑材料涨价风险应该由承包人自己承担，不能给予签证，承包人在投标报价时要充分考虑到这种风险。对于价格可调的施工合同，建筑材料涨价风险应该由发包人承担，承包人所购材料价格、当时的市场价格，应及时要求发包人签证，否则时间长就难办了。

（2）签证的同时要了解投标阶段发包人所提供的所有文件，如果当时对材料、与设备没有指定品牌，而在施工的时候发包人指定品牌，那这部分就可以采用签证的方式计费。

（3）投标报价的时候可以采用相应的对策，对报价文件中材料价格可以注明价格来源，如实际价格与报价文件中注明的价格不同就可以有理由签证。

4. 工期延误方面的签证

工期延误应及时记录下来，可以发一些联系单，作为将来索赔的依据。不过，工期索赔一般不牵涉费用，只需顺延工期。工期签证前，承包人应注意自己本身是否按合同进度计划进行施工。如果在自己违约的情况下提出索赔，就容易造成建设单位的反索赔。

5. 施工风险方面的签证

（1）不可抗力包含的范围很广，不能什么都认定为不可抗力，需要在合同内做出具体界定。

（2）对于停水停电、一般的刮风下雨应该是一个有经验的施工承包人能够在事前预见到的，并应考虑在投标报价中。因此，对于这样的风险，应该由施工承包人自己承担，一般不予签证。通常情况下，停水、停电在一周内累计超过八个小时的，才可以签证。

（五）竣工结算中的签证

1. 在竣工结算阶段，项目部有关施工、材料部门必须积极配合预算部门，将有关资料汇总后递交给预算部门，预算部门将中标预算、材料实耗清单、人工费发生额进行分析比较，查找结算漏项，以确保结算的正确性、完整性。同时，将合同规定的“开口”项目，作为增加结算收入的重要方面。一般来说，普通项目必须受定额制约，少有灵活伸缩的余地，而“开口”项目的取费则有较大潜力，对一些定额缺项的项目，可参照相近定额，进行换算。在换算过程中，可根据已签证的施工工艺（方法），充分发挥自己的业务技能，提出合理的换算依据，以弥补原有定额偏低的缺陷。

2. 结算时都会涉及施工方案问题。同样的工程，施工方案不同，所需的费用和工程造价也不相同，应在施工组织设计里进行具体、详细描述。在具体施工时如果发生变动，应办理相应签证。在这方面，首先得熟读合同，了解定额规范，然后再找到应当签证的理由。比如说：按照 FIDIC 条款签订的合同，合同载明定额属于合同的一部分，那么在场地使用定额里有这样一条，当施工场地面积不足首层建筑面积时，可以申请租借场地，该场地租赁费用就属于据实商谈的范围。

（六）签证费用预算编制

1. 因为签证费是整个工程投资的一部分，所以该费用预算的编制及结算应与正规的预算编制的原则与程序保持一致。执行的定额、基价及取费标准也应与主体工程所签合同相吻合。

2. 工程中所发生的材料、设备及其供应办法，应与合同一致，对材料价差的处理，也应符合国家及地方的规定。

3. 按照国家规定及国际惯例，签证费的审核应由现场监理工程师负责，但根据我国国情，监理工程师在造价方面的知识不很强，由工程造价管理人员把关为宜。

4. 对拆除性工程的旧材料、旧设备以及措施性工程中所发生的一次性使用材料、设备，原则上由发包人的材料设备部门回收，且回收所发生的费用由回收部门承担。承包人凭回收证明，与预算单位结算相关费用。如果发包人不回收，则承包人应会同发包人进行现场鉴定、摊销、折价后交给承包人，并在预算中扣除其价款。

5. 在处理地下障碍物拆除工程时，应注意：如果拆除物已按现场签证处理的，就应扣除在招标或施工图预算中已给的土方开挖量，避免重复计算。

6. 无论是承包人依据现场签证所编制的预算，还是发包人或监理人进行审核，必须注意签证单上的内容与设计图纸、定额中所包含的内容是否有重复之处。重复的，必须剔除，这是因为有些工作内容虽然没有在图纸上反映出来，但已包含在定额中。

（七）工程签证单的填写技巧

1. 涉及费用签证的填写要有利于计价，方便结算。不同计价模式下填列的内容要注意：如果有签证结算协议，填列内容要与协议约定的计价口径相一致；如无签证协议，按原合同计价条款或参考原协议计价方式计价。其次，签证的方式要尽量围绕计价依据（如定额）、计算规则办理。

2. 各种合同类型签证内容。可调价格合同至少要签到“量”；固定单价合同至少要签到“量和单价”；固定总价合同至少要签到“量、价、费”；成本加酬金合同至少要签到“工、料（注明材料规格、型号）、机（机械台班配合人工问题）、费”。能够附图的，应尽量附图。另外签证中还要注明列入税前造价或税后造价。

3. 按以下顺序填写签证单：

（1）能够直接签总价的，最好不要签单价；

（2）能够直接签单价的，最好不要签工程量；

（3）能够直接签结果（包括直接签工程量）的，最好不要签事实；

（4）能够签文字的，最好不要签附图。

4. 其他需要填列的内容为：何时、何地、何因；工作内容；组织设计（人工、机械）；工程量（必须有数量和计算式，必要时附图）；有无发包人供应的材料（业内称“甲供材料”）。签证的描述要客观、准确。隐蔽签证要以图纸为依据，并标明被隐蔽部位、项目和工艺、质量完成情况，如果被隐蔽部位工程量在图纸上不确定，还要标明几何尺寸，并附上简图。施工以外的现场签证，必须写明时间、地点、事由、几何尺寸或原始数据，不能笼统地签注工程量和工程造价。

5. 签证单要分日期（或编号）分别列入结算。非一事一签的签证或图纸会审纪要，一份资料中涉及多个事项的，在编制签证单结算时，应注明“第×条”，以便清楚。

6. 低价中标后必须注意勤签证。当发生诸如合同变更、合同中没有具体约定、合同约定前后矛盾、对方违约等情况时，需要及时办理“费用签证”、“工期签证”或者“费用＋工期签证”。

（八）应对发包人拒签的技巧

乙方所填写的签证内容要简明、清晰，使不在现场的人员通过看签证单就能清楚具体事件发生的内容，不会给人模糊印象。在编制签证前，首先要熟悉合同条款，对重点问题应详述签证理由。同时，应当站在对方的角度来陈述理由和签证内容，使对方签证人感觉不到会承担风险。只有这样，对方才会容易接受并签证，否则，对方签证人员就不愿意接受而拒签。如果遇到对方签证人员有意不讲道理而拒签，实践中可以采用两种方式送达：

1. 只要求对方签证人员在《收发文件簿》上签字，而不要求其在《签证申请单》上签字。

2. 通过挂号信邮寄送达发包人，收件人一般会在《挂号信回执单》上签字，这能证明发包人收到了签证单。必要时可请公证员公证邮寄过程并出具邮寄公证书。

以上方式均可证明发包人收到了签证申请单或其他资料，过了法定时间如果签证人没有答复，就视为签证自动生效。

第七章
工程概预算的法律风险与防控策略

一、工程概预算的法律风险

二、概预算法律风险防控策略

一、工程概预算的法律风险

（一）工程概预算的含义

工程概预算是指在工程建设过程中，根据不同设计阶段的设计文件的具体内容和有关定额、指标及取费标准，预先计算和确定建设项目的全部工程费用的技术经济文件。主要包括工程概算和工程预算。

工程概算是指设计单位在初步设计阶段，根据设计图纸及说明书、概算定额（或概算指标）、各项费用定额等资料，或参照类似工程预决算文件，用科学的方法计算和确定建筑工程全部建设费用的文件。主要有三种方法：用概算定额、概算指标或类似工程预决算来编制概算。当拟建工程项目的初步设计文件有一定深度，基本上能够计算出地面、楼面等分部工程项目的工程量时，采用概算定额编制概算。当一般民用建筑工程或小型通用厂房等工程，在初步设计文件还没有形成初步方案而急于上报设计概算申请投资时，应采用与拟建工程相类似的已建或在建工程的预决算编制概算的方法。

工程预算是指根据拟建建筑工程的设计图纸、建筑工程预算定额、费用定额（即间接费定额）、建筑材料预算价格以及与其配套使用的有关规定等，预先计算和确定每个新建、扩建、改建和复建项目所需全部费用的技术经济文件。根据设计阶段划分的不同、建筑工程预算可分为初步设计概算和施工图预算，统称基本建设预算或简称建设预算。

（二）工程概预算的分类和作用

按不同的分类标准，可对工程概预算进行不同分类。

1. 按工程建设阶段分类

（1）设计总概算；（2）修正总概算；（3）施工图预算；（4）竣工结算；（5）竣工决算（或竣工成本决算，或竣工财务决算）。

2. 按工程对象分类

（1）分部分项工程概预算；（2）单位工程概预算；（3）工程建设其他费用概预算；（4）单项工程综合概预算；（5）建设项目总概预算。

3. 按工程承包合同的结算方式分类

（1）固定总价合同概预算；（2）计量定价合同概预算；（3）单价合同概预算；（4）成本加酬金合同概预算；（5）统包合同概预算。

4. 重点概念解释

（1）设计概算

设计概算是在初步设计或扩大初步设计阶段，由设计单位根据初步设计或扩大初步设计图纸，概算定额、指标，工程量计算规则，材料、设备的预算单价，建设主管部门颁发的有关费用定额或取费标准等资料预先计算工程从筹建至竣工验收交付使用全过程建设费用的经济文件。简言之，即计算建设项目总费用。主要作用有：（a）国家确定和控制基本建设总投资的依据；（b）确定工程投资的最高限额；（c）工程承包、招标的依据；（d）核定贷款额度的依据；（e）考核分析设计方案经济合理性的依据。

（2）修正概算

在技术设计阶段，由于设计内容与初步设计的差异，设计单位应对投资进行具体核算，对初步设计概算进行修正而形成的经济文件。其作用与设计概算相同。

（3）施工图预算

施工图预算是指拟建工程在开工之前，根据已批准并经会审后的施工图纸、施工组织设计、现行工程预算定额、工程量计算规则、材料和设备的预算单价、各项取费标准，预先计算工程建设费用的经济文件。主要作用：（a）是考核工程成本、确定工程造价的主要依据；（b）是编制标底、投标文件、签订承发包合同的依据；（c）是工程价款结算的依据；（d）是建筑企业编制施工计划的依据。

（4）施工预算

施工预算是施工单位内部为控制施工成本而编制的一种预算。它是在施工图预算的控制下，由建筑企业根据施工图纸、施工定额并结合施工组织设计，通过工料分析，计算和确定拟建工程所需的工、料、机械台班消耗及其相应费用的技术经济文件。施工预算实质上是建筑企业的成本计划文件。主要作用：（a）是企业内部下达施工任务单、限额领料、实行经济核算的依据；（b）是企业加强施工计划管理、编制作业计划的依据；（c）是实行计件工资、按劳分配的依据。

（三）工程概预算的法律风险

根据《中华人民共和国标准化法》和《标准化法实施条例》规定，建设工程的设计和施工方法应当采取国家统一标准下的标准规范化和细致化，而结合《中华人民共和国建筑法》《中华人民共和国合同法》《中华人民共和国招投标法》等法律以及最高人民法院《关于审理建设工程施工合同纠纷案件适用法律问题的解释》在进行工程招标和施工过程中，则应通过工程概预算并落实为各类工程文件的形式完成这一法律义务，符合《建设工程工程量清单计价规范》的要求。最新版的《建设工程工程量清单计价规范》（GB50500—2013）在其强制性条文中规定，采用工程量清单方式招标，工程量清单必须作为招标文件的套成部分，其准确性和完整性由招标人负责。工程量清单需要通过工程概预算而制定出来，而类似的规定和建筑行业规则还有很多。可以说准确而完整的工程概预算是明确各类法律主体权利义务、防止法律风险、确定和划分法律责任的重要依据。

实践中，有的招标人、发包人、承包人、分包人等提供工程任务的法律主体会在工程文件中因其提供的工程量清单的准确性和完整性负责而产生纠纷。而从法律专业角度来看，首先要厘清国家强制性标准、工程建设标准的强制性条文、《合同法》效力性规范、《标准化法》和《标准化法实施条例》的关系，并在此基础上确定法律适用次序，从而为解决施工合同造价纠纷提供法律依据。

【风险案例6】

某工程主楼框架柱及裙楼部分框架柱设计为劲性柱，与劲性柱连接的框架梁主筋用连接板焊接连接。而招标文件及工程量清单、招标控制价是按照普通混凝土柱梁测算的。尤其是工程量清单中的项目特征未标为劲性柱梁，因此中标人投标报价时也按普通钢筋混凝土柱梁报价，并与发包人签订了建设工程施工合同。在施工过程中，承包人提出劲性柱及框架梁钢筋绑扎及支模的人工及材料消耗比普通框架柱及框架梁多，在招标文件和工程量清单中均未在项目特征中明确标为劲性混凝土。当施工图纸与工程量清单项目特征描述不符时，发包人与承包人应按新的项目特征确定相应工程量清单项目的综合单价，所以相关项目的综合单价应作调整；此外，框架梁主筋与劲性柱焊接属于清单漏项，应按实际进行调整。而发包人认为该部分不属于设计变更，而且虽然工程量清单没有在项目特征中标出劲性混凝土，但设计图纸中清楚地标出为劲性混凝土，建筑企业应结合图纸作出合理报价，否则，后果应自行承担。

要正确处理以上纠纷，首先要弄清楚《建设工程工程量清单计价规范》（GB50500—2013）的法律性质。2013年7月1日，住房和城乡建设部发布了《建设工程工程量清单计价规范》（GB50500—2013）（以下简称《13规范》），不再适用《建设工程工程量清单计价规范》（GB50500—2008）（以下简称《08规范》）。但《08规范》的实施，对巩固工程量清单计价改革的成果，进一步规范工程量清单计价行为具有十分重要的意义，并且许多工程是在2013年竣工但还没有结算的，因此对《08规范》的法律性质进一步进行阐释：

1.《08规范》是国家强制性标准

1992年12月30日，原中华人民共和国建设部颁布的《工程建设国家标准管理办法》（建设部令第24号）第三条规定：将国家标准分为强制性标准和推荐标准。第二十九条规定：国家标准的编号由国家标准代号、发布标准的顺序号和发布标准的年号套成，并应当符合下列统一格式：

（一）强制性国家标准的编号为：GB50×××—××；GB：强制性国家标准的代号；50×××：发布标准的顺序号；—××：发布标准的年号。（二）推荐性国家标准的编号：GB/T50×××—××；GB/T：推荐性国家标准的代号；50×××：发布标准的顺序号；—××：发布标准的年号。从国家标准的编号上识别，《08 规范》应当属国家强制性标准。

2. 强制性条文必须执行

原建设部于 2000 年 8 月 25 日颁布的《实施工程建设强制性标准监督规定》（建设部令第 81 号）第三条规定：本规定所称工程建设强制性标准是指直接涉及工程质量、安全、卫生及环境保护等方面的工程建设标准强制性条文。国家工程建设标准强制性条文由国务院建设行政主管部门会同国务院有关行政主管部门确定。

首次提出了工程建设标准强制性条文，从已经颁布的强制性标准的内容看，目前工程建设强制性标准有三类，第一种是全部条文均为强制性条文，如《住宅建筑规范》（GB50368—2005）；第二种是部分条文为强制性条文，其他条文则为非强制性条文，如《建设工程施工质量验收统一标准》（GB50300—2001）；第三种是全部条文均为非强制性条文，如《建设工程监理规范》（GB50319—2000）。因此，《实施工程建设强制性标准监督规定》规定的工程建设强制性标准，应当是指编号为 GB50×××—××强制性国家标准中的工程建设标准强制性条文。《中华人民共和国标准化法》和《中华人民共和国标准化法实施条例》规定的国家强制性标准，在工程建设领域也应是指工程建设标准强制性条文。

为了加强工程建设强制性条文的实施监督，国务院建设行政主管部门自 2000 年以来相继批准了《工程建设标准强制性条文》共十五部分，包括城乡规划、城市建设、房屋建筑、工业建筑、水利工程、电力工程、信息工程、水运工程、公路工程、铁道工程、石油和化工建设工程、矿山工程、人防工程、广播电影电视工程和民航机场工程，覆盖了工程建设的各主要领域。

3. 违反《08 规范》强制性条文的约定，无效

《中华人民共和国合同法》第五十二条规定：有下列情形之一的，合同无效：（五）违反法律、行政法规的强制性规定。《最高人民法院关于适

用〈合同法〉若干问题的解释（二）》第十四条规定："合同法第五十二条第（五）项规定的'强制性规定'，是指效力性强制性规定。"对于如何识别效力性强制性规定，应当采取正反两个标准。在肯定性识别上，如果该标准规定了违反的后果是导致合同无效，则该规定属于效力性强制性规定，否则，不属于效力性强制性规定。其次，法律、行政法规虽然没有规定违反规定将导致合同无效，但如果违反规定将损害国家利益和社会公共利益的，也应当认定该规定是效力性强制性规定。

（1）违反《08规范》强制性条文，则违反了《中华人民共和国标准化法》与《中华人民共和国标准化法实施条例》的强制性规定。《中华人民共和国标准化法》第十四条规定："强制性标准，必须执行。"《中华人民共和国标准化法实施条例》第二十三条规定："从事科研、生产、经营的单位和个人，必须严格执行强制性条文。"《实施工程建设强制性标准监督规定》是根据《中华人民共和国标准化法实施条例》第四十二条规定："工程建设标准化管理规定，由国务院工程建设主管部门依据《中华人民共和国标准化法》和本条例的有关规定另行制定，报国务院批准后实施。"

（2）违反《08规范》强制性条文是违反《中华人民共和国合同法》第五十二条第（五）项规定的效力性强制性规定，应当是无效的。《08规范》共有15个强制性条文，是《08规范》的核心。是实现"政府宏观控制、企业自主报价、市场形成价格、加强市场监管"的有效方法。建设工程计价秩序直接影响着建设工程市场秩序。有效的执行计价规范有利于我国公平有序的工程建设市场的确立。违反《08规范》将损害国家利益和社会公共利益。应当是无效的。

4. 探讨和界定《08规范》的法律意义

《08规范》3.1.2"采用工程量清单方式招标，工程量清单必须作为招标文件的套成部分，其准确性和完整性由招标人负责"（强制性条文）。在实务中有的招标人在制作招标文件时，会在招标文件中声明，招标人提供的工程量清单仅供参考，需投标人根据施工图纸认真核对等，以免除招标人对工程量清单准确性、完整性的责任。招标人的这种声明因违反该条强制性条文而无效，其法定义务不得免除。如果投标人在施工过程中发现工程量清单缺项漏项，建筑企业不承担任何法律责任，工程量应当按实结算。

《08规范》3.2.7“分部分项工程量清单项目特征应按附录中规定的项目特征，结合拟建工程项目的实际予以描述”（强制性条文）。分部分项工程量清单的项目特征是确定一个清单项目和单价的重要依据，在编制工程量清单中必须对其项目特征进行准确描述和全面描述。如果投标人在施工中发现分部分项工程量清单项目特征描述不准确或者错误，应当根据准确的项目特征进行计量计价。

该案中某工程主楼框架柱及裙楼部分框架柱设计为劲性柱，与劲性柱连接的框架梁主筋用连接板焊接连接。而招标文件及工程量清单、招标控制价是按照普通混凝土柱梁测算的。工程量清单的项目没有描述为劲性柱梁，承包人投标报价时也只能按普通钢筋混凝土柱梁报价，在施工合同履行过程中，承包人提出劲性柱及框架梁钢筋绑扎及支模的人工及材料消耗比普通框架柱及框架梁多，在招标文件和工程量清单中均未在项目特征中明确标为劲性混凝土。当施工图纸与工程量清单项目特征描述不符时，发包人、承包人应按新的项目特征确定相应工程量清单项目的综合单价，相关项目的综合单价应做出调整；此外框架梁主筋与劲性柱焊接属于清单漏项，应按实进行调整。我们认为承包人的意见是正确的，因为在招标文件和工程量清单中均未在项目特征中明确标为劲性混凝土。分部分项工程量清单项目特征应按附录中规定的项目特征，结合拟建工程项目的实际予以描述。清单项目特征的描述，应根据计价规范附录中有关项目特征的要求，结合技术规范、标准图集、书图纸，按照工程结构、使用材质及规格或安装部位等，予以准确而详细的表述和说明。建设单位清单项目特征描述不准确，应当按照劲性柱调整综合单价并承担漏项责任，工程量按实计算。发包人认为该部分不属于设计变更，虽然工程量清单没有在项目特征中标出劲性混凝土，但设计图纸中清楚地标出为劲性混凝土，承包人应结合图纸作出合理报价，否则，后果应自行承担。发包人的这种认识，是对《08规范》的错误理解。承包人按照图纸施工，是建筑企业的法定义务，也是建筑企业的权利。发包人未经法定程序对图纸进行修改或者指使不按图纸施工，建筑企业有权拒绝。建筑企业按照图纸进行施工不错，但是施工图纸与工程量清单描述不一致的，应当按施工图纸调整分部分项工程项目的综合单价。工程量清单数量错误，缺项漏项的按实结算。

二、概预算法律风险防控策略

（一）定额

从广义理解，定额就是规定的额度或限额，即工程施工中的标准或尺度。具体来讲，定额指的是在正常的施工条件下，完成某一合格单位产品或完成一定量的工作所需消耗的人力、材料、机械台班和财力的数量标准（或额度）。

工程定额是计算工程造价的主要依据，不同设计阶段应选用不同的定额标准。工程规划与可行性研究报告阶段编制投资估算，应用估算指标；初步设计与技术设计阶段编制设计概算，应用概算定额；施工图设计阶段编制设计预算，应用预算定额。估算指标、概算定额系在预算定额的基础上，根据工程项目划分情况予以适当综合与扩大，以适应不同设计深度的要求。概（预）算定额是以整个建筑物或按建筑物的结构部位、分部分项工程的扩大量度单位来进行计算的。如浇筑每立方米坝体混凝土所用的人工、材料和机械设备等方面的消耗指标。为合理确定工程造价，为衡量工程建设项目的经济合理性，为便于国家对整个基本建设投资的控制，对工程定额采用分级管理的体制，划分为国家定额、地方定额和企业定额。由国家或地方颁发的工程定额是具有法令性的一种指标，不得任意修改并应有相对的稳定性。但定额是一定时期内技术水平与管理水平的反映，随着施工技术的发展与管理水平的提高，定额也需作相应的调整，应定期进行补充与修订。建筑企业定额，亦称施工定额，是进行企业经营和内部经济核算的依据，是反映本企业生产水平的尺度，也是制定国家或地方统一的预算定额的基础。合理的定额水平，是在正常的生产条件下，多数职工经过努力可以达到或超过的定额。为了制定先进合理的定额，要选择恰当的制定定额的方法。

定额形式主要有：

1. 以时间表示的工时定额。即规定生产单位合格产品或完成某项工作所必需消耗的时间。

2. 以产量表示的产量定额。即在单位时间内应完成合格产品的数量。

3. 以看管机器设备的数量表示的看管定额。即在单位时间内一个工人或一套工人同时看管机器设备的台数。

4. 以服务量表示的服务定额。即规定在单位时间内应完成服务项目的数量。

（二）概预算定额制度下的投标价

投标价的竞争力取决于预算人员的工作水平。在工程施工价格不必按政府定额计算，而以正当最低价中标的原则进行评标时，投标价的竞争力就会由承包人的实际成本和预期利润决定，从而使招标投标成为充分的、公平的市场竞争方式。然而，在概预算定额制度下，工程价格按政府定额计算，并以最接近标底中标原则评标，能否中标取决于招投标各方预算人员之间运用政府定额水平的差异，这种招标投标与其说是市场竞争，还不如说是一场概预算水平的比赛。此时，投标价的竞争力与承包人的实际成本和预期利润无关，而仅取决招投标各方预算人员运用政府定额水平的差异。我国已加入WTO，概预算定额制度下招标投标的种种弊端，越来越妨碍着社会主义市场经济的进一步发展，故建设工程招标投标改革势在必行。改革的主要目标是废除概预算定额制度，与国际惯例接轨。废除概预算定额制度，并非取消政府定额本身，而是取消工程计价必须以政府定额为依据的法令性和统一性。政府定额在市场经济条件下仍有三点作用：首先，政府定额可用于工程价格的宏观管理和指导；其次，政府定额可用于政府工程的计价，因为此时政府是业主，其价格仍为业主的预期价，并非“法律准绳”，因此与正当最低价中标原则并不矛盾；第三，允许私人业主和承包人使用，“允许”不同于“必须”，不具有法令性和统一性。私人业主和承包人自己要用，就是其自主定价，这与市场经济并不矛盾。其实，就国际惯例来看，发达的市场经济国家并非没有政府定额或指标，如：日本有《建设省建筑工程积算基准》，美国的工程计价制度是公认的最典型的市场化价格制度，政府有关部门也有自己的计价标准。但它们的共同特点是：不要求私人业主和承包人必须执行，其用途仅是宏观管理、政府工程计价和允许私人选择性使用。

（三）建立工程预算复核制

建立工程预算书复核制度，是预算工作规范化的一项具体要求，是强化预算编制监督，提高工作质量，完善工作程序，合理准确工程造价的重要措施之一。近些年来由于种种原因此项工作仅仅停留在编制人员在预算上是否缺项漏项而进行少量的交流，虽然起到一定的复核作用，但还没有真正地被纳入可行的措施范围之内。从预算书的审批过程来看，有建设单位审批预算、审计机关审查和建行复查三个环节，而这些环节主要起到核减的作用，没有对少算漏计的费用进行增补。也就是说建筑企业由编制者（尤其是新手）独立承担编制工程预算任务，从根本上看还有一定局限性，所以说建立健全复核制度，是非常必要的。究竟如何建立工程预算书编制复核制度，是广大预算工作人员十分关心的问题。要使编制预算复核工作取得明显的进展，复核工作人员的“助编”意识要不断加强，复核工作程序就要在实践中不断的修改、补充、完善，使之逐步趋于健全与规范。在日常编制预算过程中，还有许多问题需要解决，其根本还是“低、老、坏”在作怪，算来算去还是个糊涂账，经不起经济指标的考核，其结果给预算审批工作造成被动；“低标准、老毛病、坏习惯”直接影响企业的管理，影响着企业的经营效益。

实践证明，建立预算书复核制度有利于强化预算书的监督，有利于提高预算编制水平，有利于健全内部制约和考核机制，有利于推动预算其他各项工作向纵深发展。

1. 建立工程预算书复核制度应遵循的程序主要有4个方面：

（1）对预算书进行复核要设立专门机构（公司或分公司）或指定专人（指分公司及项目部）具体负责承办。

（2）对预算书进行复核应在与被复核单位（或项目）取得联系之后，在项目甲方审定预算书之前进行。

（3）对预算书进行复核应填制“预算报告复核记录单”，并按有关规定存入该项工程预算结算工作档案。

（4）复核机构或专人在对预算书复核后，应负责地对复核部门（或项目班子会议）做出明确的解释或说明，以帮助部门（班子）领导在报审预算书时，能够更多地掌握预算编制及复核过程中的有关情况。

2. 预算书复核制度的具体内容也包括4个方面：

（1）看复核小组是否按照规定征求被复核单位的意见，是否修改了预算书。

（2）检查预算书编制依据是否齐全、充分有力；所用资料中签章、签字是否齐全、合规。

（3）检查预算工程量计算规则、取费标准、运用文件资料是否恰当准确，所引用的条款是否明确、具体。

（4）对预算评价、预算结论及处理意见。

3. 建立预算复核制度应注意以下几个问题：

（1）对预算书进行复核，必须有同级预算科室的明确授权，这是建立复核制度的首要条件。

（2）选择配备复核工作人员，必须注意被选人员的自身素质。在选配时，要把一些政治素质高、业务素质强、审查经验比较丰富、责任心强且能坚持原则、实事求是、秉公办事的同志，选调到复核岗位上来，以保证预算书复核工作的效率和质量。

（3）对预算书进行复核的方式可灵活一些，即可采取报送方式，也可采用就地复核的方式。

（4）对预算书进行复核，应有一个时间要求，不然的话，很可能影响到预算工作的进度，所以说，预算小组什么时候向复审机构报送预算书，复核机构多长时间进行复核，都要有一个比较客观明确的规定。

（5）对预算书进行复核，预算小组除向复核机构提交预算书之外，还应当提供该预算书的编制依据，编制预算记录，编制预算底稿，以及其他有关资料。

（6）在预算书复核过程中，复核人员始终以数据说话，用理服人，复核意见应简单明了，有理有据，有可操作性，不能空话连篇，模棱两可，没有针对性。

（7）复核意见提出后，预算小组应对此进行认真分析研究，对能够修正、补充、完善的，要及时进行修改、补充、完善，对有些需要说明的情况或者有不同的看法，应及时向复核机构反映，求得最后共识，以实现建立工程预算书复核制度之目的——逐步提高预算机构的整体素质。

（四）严把施工组织设计和施工方案审批关

施工组织设计、施工方案是指导施工的根本，多数施工人将其作为提高工程造价的主要手段，但实际施工时却不执行施工组织设计、施工方案。

（五）严把主要材料进货关

据统计，材料费是造价的25%左右。如果不能对其控制，则建设资金会大量流失。尤其是现在建材市场比较混乱的情况下，众多供应商以次充好、低质高价。作为一名优秀的预算人员和工程技术人员，应扩大自己的工作范围，认真学习和掌握中国预算制度和发展规律，改变原有工作方法，适当超过本职工作范围，审查进货渠道、进货价格等，可为公司节省大笔材料费。

（六）特别留心保险费、税负

概预算时，必须要将工程保险费纳入预算中，否则发生意外事件或者不可抗力发生时，该部分费用无着落，长期扯皮。

工程有关的税负是相当重的，概算时一定要考虑周全，依法应纳的税种、税率、税额必须准确无误，不要存在逃税的侥幸心理。

第八章
举证不能的法律风险与防控策略

一、举证不能概说

二、防止举证不能的策略

一、举证不能概说

（一）举证不能的概念

“举证不能”是指一方当事人应当举证证明本方诉讼请求，却无法提出确凿证据来证明，就应承担可能败诉的不利后果。

举证不能包括两个方面：一是行为意义上的举证不能，二是结果意义上的举证不能。行为意义上的举证不能是指当事人不能就其主张的事实提供出证据，或者所提供的证据不能证明所主张的案件事实。结果意义上举证不能是指由于当事人不能提供证据，法官就不采纳该当事人的意见（该当事人主张的事实），该当事人可能败诉。例如：甲借乙五十万元，甲向乙索要不成，向法院提起诉讼，甲应举证证明乙的借款事实，但是甲既拿不出借条，也拿不出银行付款凭证，无法证明乙借过钱，这就是行为意义上的举证不能。由于甲不能证明乙借钱这一事实，法院判甲败诉，这就是结果意义上的举证不能。

关于举证不能，原来属于法理解释，后来被最高人民法院采纳并作为司法解释，可参见《最高人民法院关于行政诉讼证据若干问题的规定》第三十一条：对需要鉴定的事项负有举证责任的当事人，在举证期限内无正当理由不提出鉴定申请、不预交鉴定费用或者拒不提供相关材料，致使对案件争议的事实无法通过鉴定结论予以认定的，应当对该事实承担举证不能的法律后果。另外在《最高人民法院关于民事诉讼证据的若干规定》及

《最高人民法院关于民事经济审判方式改革问题的若干规定》、《中国海事仲裁委员会仲裁规则》等均有类似规定。

【风险案例7】

原告许某在被告处购买某品牌的建筑设备一台，并由被告负责安装。安装完毕后，被告就建筑设备的使用向原告进行了演示，经测试无其他问题后，交与原告使用。后原告支付了设备款1600万元。2010年10月2日6时许，该建筑设备在上水过程中发生高压进水管接口处脱落，导致自来水流入室内，造成正在装修的楼层（复合地板、门及门套）被浸泡受损。随后，原告报警，警察到场后进行了情况登记，出警情况记载：原告因建筑设备进水管接口处脱落，导致正在装修的楼层多处渗水，浸泡复合地板，冲垮一扇墙，双方因此产生纠纷。被告现场代表吴某在登记表上签名并对接口处的部件进行了更换。2010年11月10日，原告起诉被告要求赔偿。经评估，原告受损财产金额合计90万元。

【争议焦点】

本案的争议焦点为：原告购买的建筑设备高压进水管接头脱落，是否是被告安装不当导致的？

一种观点认为，该建筑设备在安装时，虽然经过被告测试后交付使用，但是在使用过程中出现了故障，被告应当对产品质量承担保证义务，同时原告的损失是由于产品缺陷引起的，所以原告的损失应当由被告承担。

一种观点认为，由于无法查明该高压水管脱落是被告安装不当导致的，还是原告使用不当人为造成的，还是其他破坏造成的，原告没有直接、充分的证据证明是被告安装不当造成的，应当承担举证不利的后果，因此，原告的主张应当驳回。

【律师分析】

根据证据原理，当案件结束时，如某一项案件事实仍无法得到证明，应当按照“请求权人承担权利形成要件的客观证明责任，请求权人的对方当事人承担权利妨碍要件、权利消灭要件和权利阻碍要件的客观证明责任。”用这样一个基本规则来进行证明责任的分配。《最高人民法院关于民事诉讼证据的若干规定》第二条第一款规定，当事人对自己提出的诉讼请求所依据的事实或者反驳对方诉讼请求所依据的事实有责任提供证据加以证明。没有证据或者证据不足以证明当事人的事实主张的，由负有举证责任的当事人承担不利后果。一审法院认为，原告主张被告安装建筑工程存在瑕疵，导致原告受损，应当由原告承担相应的举证责任。原告提供的出警记录证明2010年10月2日原告因建筑设备高压进水管接口处脱落，导致正在装修的楼层被大量水浸泡，以致室内地板、家具、墙壁等损坏，但是，不能直接证明水管脱落就是被告安装不当所致，也不能合理排除其他可能性，该证据不能形成最优证据，因此，原告要求被告赔偿损失的诉讼请求，证据不足，不应予以支持。最后法院依照《中华人民共和国合同法》《中华人民共和国民事诉讼法》的规定，判决驳回原告许某的诉讼请求。

（二）举证不能的原因

1. 没有证据意识，压根就没有留存证据。
2. 证据意识淡薄，经营活动中不注重证据收集与保存。
3. 对工作有抵触情绪，明知是重要证据而不予留存。
4. 吃里爬外，把证据给予对手或毁灭重要证据。
5. 员工素质低，用语模糊，表述不清，起不到证明作用。
6. 不能在规定的举证期限内举证。

（三）举证不能的法律风险

1. 有理说不清。
2. 不敢起诉，吃哑巴亏。
3. 败诉，承担经济损失和声誉损失。

二、防止举证不能的策略

建筑企业防止举证不能的根本策略在于培训重点岗位的重点员工，提高员工证据意识，使其养成良好的证据收集和保管习惯。为了达到此目的，必须让员工熟悉民事证据的基本知识。

（一）民事证据

由于我国存在民事、行政、刑事三大诉讼法，因此证据也相应分为民事证据、行政证据和刑事证据。作为建筑企业的员工，接触最多也最应该掌握的是民事证据。所谓民事证据是指人民法院依据法定程序经过审查判断，采纳作为认定案件真实情况的证据材料。该证据材料是指当事人收集并向人民法院提供的或者人民法院依法收集的能够证明案件真实情况的事实资料。需要注意的是：证据材料先于民事证据，证据材料只有经过法定程序被法院采纳作为认定案件事实依据时才能作为证据。

有效证据必须具备三性：客观性、关联性、合法性。

1. 客观性是指对客观存在的客观反映，是真实存在的，不是虚假的、伪造的。比如，测试器测出的东西，就不一定是客观存在的，不能作为证据使用。

2. 关联性是指与待证事实存在一定的内在联系。比如，甲公司将建筑用的脚手架出租给乙公司，乙公司在甲公司《送货单》上签字或盖章，就表明该送货单与待证事实（乙公司收到了甲公司的脚手架）之间存在关联性。

3. 合法性。首先，证据的形式必须合法。比如：公司出具的文件必须盖有公章才有效，会议记录必须有对方签字才有效。

其次，搜集证据的手段与程序要合法。比如：用办公室的电话或者其他公共场所的电话打给对方并进行了录音，该录音手段是合法的，是能作为证据使用的，即便是偷听偷录，也是合法的；但如果是在对方的居室或其私人空间安放窃听器材进行窃听窃录，就会因搜集证据的手段不合法而不能作为证据使用。可参见《最高人民法院关于民事诉讼证据若干规定》第六十八条：以侵害他人合法权益或者违反法律禁止性规定的方法取得的证据，不能作为认定案件事实的依据。

在我国，人民法院调查搜集证据应当由两人以上共同进行，当你发现只有一个法官来现场调查搜集你方不利的证据时，你就尽快抓拍照片，在庭审时出示该照片并当庭阐明其搜集证据的程序不合法，否定该证据的有效性。当然，如果某法官来现场的目的是为了收集对你有利的证据，你应当提醒让两位法官同时来现场调查取证，这样才能使调查的证据合法有效。

注意：证据材料转化为民事证据的程序必须合法，即经过法定的质证程序的证据材料才能转化为民事证据，而没有经过质证程序的证据材料不能作为证据使用。例外：对于人民法院依职权调查的证据不需要质证，但应当在庭审时由法官出示，听取当事人意见，并可就调查收集该证据的情况予以说明。

（二）民事证据的法定种类

上述民事证据还可分为法定证据和理论证据。法定证据是指《中华人民共和国民事诉讼法》及司法解释、《中华人民共和国民事诉讼证据若干规定》中规定的证据分类。理论证据是指专家学者从学术研究角度对证据进行的分类，后面将讲到。

新民事诉讼法及其司法解释规定的证据种类有八种：

1. 当事人的陈述

当事人的陈述是指原告或被告在庭审中亲口所说的话。这种证据需要与其他证据相互印证才能作为证据使用，除非对方当事人认可，法院不得支持其主张。《最高人民法院关于民事诉讼证据的若干规定》第六十七条规定：在诉讼中，当事人为达成调解协议或者和解的目的做出妥协所涉及的对案件事实的认可，不得在其后的诉讼中作为对其不利的证据。

2. 书证

书证是指以文字、符号、图形等形式所记载的内容或者表达的思想来证明案件事实的证据。注意：书证的本质特征是以具体物质载体中的文字、符号、图案等所记载的内容证明案件事实，而不应把书、画、图等载体本身当作书证，一定要看其内容或者思想。例如：要证明某工程项目验收合格，不是看《竣工验收单》这张纸，而是看这张纸上填写的内容，发包人、承包人、监理人、设计人是否都签字确认“合格”或者“不合格”。

3. 物证

物证是指以其自身的外形、特征、质量、性能、痕迹等来证明案件事实的证据。同一个东西，有时可以作为书证，有时可以作为物证，这要结合待证事实来考察它是书证，还是物证。比如：从第20层楼掉下来一个施工用的吊篮砸伤了路人，待证事实是何物砸伤了路人，此时该吊篮就是物证；如果待证事实是谁家的吊篮砸伤了路人，该吊篮上的文字、图标等表明的内容才能证明（厂家或施工人），此时该吊篮就是书证。

4. 视听资料

视听资料包括录音资料和影像资料。视听资料与书证的区别在于：虽然它们都是以其记载的内容作为证据来证明待证事实的，但书证具有直观性，而视听资料则具有非直观性。视听资料与物证的区别在于：视听资料是通过特殊设备存贮的资料来证明待证事实，而物证则是以物品自身的外部特征或者内在属性来证明待证事实。

5. 电子数据

电子数据是指通过电子邮件、电子数据交换、网上聊天记录、博客、微博客、手机短信、电子签名、域名等形成或者存储在电子介质中的信息。存储在电子介质中的录音资料和影像资料，适用电子数据的规定。

6. 证人证言

证人证言是指知道案情的人就其所了解的案件事实向法院所做的陈述。并非每个知道案情的人都可以作为证人，证人必须符合法定的条件：

（1）证人必须是当事人、诉讼代理人以外的人，当事人自己不能给自己作证。如果是当事人向法院陈述，就不是证人证言，而是当事人陈述。同一案件的诉讼代理人、审判人员、书记人员、鉴定人员、翻译人员、勘验人员不能作为该案的证人，即证人的身份不得具有重合性。

（2）证人必须是了解案件事实的人，亲闻、亲见的人。例如：张三不在现场，出国去了，他就不可能证明他妻子昨晚在重庆老家与公婆吵架。

（3）证人必须能够正确表达意思。即使是间歇性精神病人，在其意识清楚的时候也能作为证人；即使五岁小孩，也能证明老爸打老妈。总之，待证事实与其年龄、智力状况或精神健康状况相适应的无民事行为能力人和限制行为能力人，可以作为证人。但是，未成年人所作的与其年龄和智力状况不相当的证言不能单独作为认定案件事实的依据，例如：一个五岁的小孩不能证明他爸与开发商签订了购房合同并付了100万元的现金。

（4）民事诉讼的证人包括单位和个人，但刑事诉讼中单位不能作为证人。

一般情况下，证人必须出庭作证，法院才能采纳其证人证言。但有下列情形之一，经人民法院许可，证人可以不出庭作证，而通过书面证言、视听传输技术或视听资料等方式作证：

（1）因健康原因不能出庭的；

（2）因路途遥远，交通不便不能出庭的；

（3）因自然灾害等不可抗力不能出庭的；

（4）其他有正当理由不能出庭的，比如在监狱服刑、在看守所被拘禁等。

证人出庭的差旅费、误工工资等合理费用应由败诉一方当事人负担。当事人申请证人作证的，由该当事人先行垫付；由人民法院通知证人作证的，则由人民法院先行垫付。

7. 鉴定意见

鉴定意见是人民法院聘请或者当事人自己委托的鉴定机构对专门性问题经过鉴定后做出的结论性意见。《中华人民共和国民事诉讼证据若干规定》第二十五条：当事人申请鉴定，应当在举证期限内提出，当事人申请重新鉴定的除外。举证期限一般由人民法院指定，或者由双方当事人选定后报人民法院批准。如果既没有指定也没有选定，举证期限一般在第一次开庭前截止。值得注意的是，当事人变更诉讼请求或者提出反诉也应当在举证期限内提出。

鉴定机构如何确定呢？《中华人民共和国民事诉讼法》第七十六条：当事人可以就查明事实的专门性问题向人民法院申请鉴定。当事人申请鉴定的，由双方当事人协商确定具备资格的鉴定人；协商不成的，由人民法院指定。为防止在选择鉴定机构过程中出现腐败，法官会通知双方当事人一同到法院技术鉴定辅助室，该辅助室的工作人员打开电脑，让数据库里的众多鉴定机构在电脑上滚屏，原告或被告喊“停”，出现在电脑屏上的机构就是原被告双方选定的鉴定机构。从形式上看，这种选择办法比较公平。

该法第七十八条规定：当事人对鉴定意见有异议或人民法院认为鉴定人有必要出庭的，鉴定人应当庭作证。经人民法院通知，鉴定人拒不出庭作证的，鉴定意见不得作为认定事实的根据；支付鉴定费用的当事人可以要求返还鉴定费用。

如果当事人对人民法院委托的鉴定部门做出的鉴定意见有异议申请重新鉴定，提出证据证明存在下列情形之一的，人民法院应予准许：

（1）鉴定机构或者鉴定人员不具备相关的鉴定资格的；

（2）鉴定程序严重违法的；

（3）鉴定意见明显依据不足的；

（4）经过质证认定不能作为证据使用的其他情形。

对有缺陷的鉴定意见，可以通过补充鉴定、重新质证或者补充质证等方式解决，不予重新鉴定。因为重新鉴定耗时长，申请人还要交纳大笔鉴定费，所以重新鉴定要严格把握，法院一般不会轻易同意重新鉴定。

若一方当事人自行委托有关部门做出的鉴定意见，另一方当事人有证据足以反驳并申请重新鉴定的，人民法院也应予准许。如果另一方当事人没有证据或者证据不足以反驳鉴定意见，人民法院不应准许重新鉴定。例如：江苏建工建兴公司诉华达卓夏公司会所装修合同一案，原告已委托鉴定机构做出了鉴定意见，被告不同意该鉴定意见但没有提出任何证据来反驳该鉴定意见，法院居然当庭释明：原告所提供的证据不足以支持其主张，限十日内决定是否提出鉴定申请，逼迫原告不得不再次申请鉴定，这是有违自行鉴定效力规定的。

由于多方面的原因，鉴定部门出具的鉴定意见并不一定正确或者不完全正确，当事人或者其委托代理人能在法庭予以反驳的，可以进行反驳，如果因欠缺专业知识不能反驳，则可以申请人民法院通知有专门知识的人出庭，就鉴定人做出的鉴定意见或者专业问题提出意见。这被称为专家辅助人出庭。

8. 勘验笔录

勘验是一种人民法院搜集证据的活动，是对证据的固定和保全。勘验必须由法院的审判人员和其他人员依照法定程序进行，因此交通警察做出的《交通事故责任认定书》不属于这里讲的勘验笔录，而仅属于书证。

（三）民事证据的理论分类

1. 本证与反证。

按证明责任（即谁主张积极事实，谁承担证明责任），可将证据划分为本证和反证。

本证是负有证明责任的当事人所提出的能证明其主张成立的证明材料。反证是指不负举证责任的当事人为推翻或者反驳对方的主张，用以证明相反事实存在的证据材料。如：一个买卖合同纠纷，原告对该合同成立、有效负有证明责任，应提供证据证明原告与被告之间存在合同关系。如果被告要推翻或反驳原告的主张，则应提供该合同已变更或者消灭的证据，否则原告所说的合同关系成立并有效。需要注意的是：

（1）本证与反证的划分，与当事人的诉讼地位无关，本证与反证的根本作用在于是肯定自己主张所依据的事实，还是否定对方主张所依据的事实，如果是前者就是本证，如果是后者就反证。因此，原告、被告都可以提出本证，也可以提出反证。

（2）本证通常先于反证提出，反证提出的目的在于削弱、动摇本证对待证事实的证明力。

（3）有时同一证据可能既是本证，又是反证。

2. 直接证据与间接证据。

根据证据与待证事实之间的关系，可以将证据分为直接证据和间接证据。凡是能够直接证明案件事实，不需要其他证据辅助的证据，称为直接证据；凡是不能直接或单独证明待证事实，而是需要和其他证据结合起来才能证明待证事实的证据，称为间接证据。比如：甲方持有的《借条》就是甲乙之间存在民间借贷关系的直接证据；“夫妻分居两年”，就不是“夫妻感情确已破裂”的直接证据而是间接证据，因为“夫妻分居两年”与其他证据（多个邻居证明该夫妻常打架、报警记录等）结合起来才能证明“夫妻关系确已破裂”。

《最高人民法院关于民事诉讼证据若干规定》第六十九条：下列证据不能单独作为认定案件事实的依据：

（1）未成年人所作的与其年龄和智力状况不相当的证言；

（2）与一方当事人或者其代理人有利害关系的证人出具的证言；

（3）存有疑点的视听资料；

（4）无法与原件、原物核对的复印件、复制品；

（5）无正当理由未出庭作证的证人证言。

特别提示：上述证据并不是不能作为认定案件事实的依据，而只是不能“单独”作为，若与其他证据结合起来，是可以作为认定案件事实依据的。

3. 原始证据与传来证据。

根据证据是否直接来源于案件事实，可将证据分为原始证据与传来证据。原始证据是指直接来源于案件事实的证据，即通常所说的“第一手资料”，如合同原件、发票原件等；传来证据，又称为派生证据，指不直接来源于案件事实，而是通过传抄、转述、复制后所获得证据。工作中常见的传真件、复印件，不管是黑白的，还是彩色打印的，都是传来证据，不要误认为彩色打印的、有红章的就是直接证据。特别提示：原始证据的证明力一般高于派生证据，因此工作人员应尽可能收集、保存原始证据。如果没有原始证据，也应保存传来证据，传来证据与其他证据结合在一起，仍然可以证明待证案件事实，并不是说传来证据一点没有用，只是证明力较弱，有证据总比没证据好。如果当事人确实无法找到原始证据，也应留存传来证据，不要认为没用而弃之。

（四）证明对象

证明对象是当事人之间存在争议，而由诉讼参与人和法院运用证据加以证明的，对案件的解决有法律意义的事实。具体包括：实体法事实（建筑器材租赁关系成立，大楼已竣工验收）、程序法事实（原告已递交《民事起诉状》、已接到《案件受理通知书》、被告已收到传票)、证据事实(原告已提交《乙供材料认价单》)、外国法律、地方性法规与习惯等。

但下列事实，不需要证明就能被人民法院采纳：

1. 众所周知的事实，如：2008年中国有非典。

2. 自然规律和定理，如：地球围绕太阳转，太阳从东方升起，从西方落下；牛顿的万有引力定律。

3. 根据法律规定或者已知事实和日常生活经验法则，能推定出的另一事实。如：根据水往低处流的经验法则，可以推定一楼的水管破裂，不会把水喷射到第九十九层的住户。

4. 已为人民法院的生效裁判、仲裁机构的生效裁决和有效公证文书所证明的事实。如：西青区人民法院的一审判决认定天津宏达建筑工程有限公司对2013年3月发生安全事故负有管理责任，那么在该安全事故发生时路过此处的第三人受到伤害，受害人提起人身侵权赔偿时，就可以将西青区人民法院的一审判决书作为证据使用。

5. 自认的事实。如：被告承认工期延误是由于“三通一平”未完成，原告就不需提出证据证明工期延误归责于被告了。

然而，涉及身份关系的案件不能适用自认制度，如涉及收养关系、婚姻关系等案件；损害国家利益、社会公共利益或者他人合法权益的事实也不适用自认。

特别要注意：在诉讼中当事人为了达成调解协议或者和解的目的而做出的妥协所涉及的对事实，不适用自认。例：某施工班组多次向甲方索要劳务费不成，向法院提起诉讼，法官主持调解。在调解中，该班组组长说：室外楼梯虽然是我们班干的，我们可以不要这部分劳务费。如果调解不成，法院判决时就不能将该班组组长的话当做自认，如果经查实，该室外楼梯是该班组完成的，就应计算到该班组劳务费中。

自认会导致当事人放弃权利或承认对已不利的后果，因此当事人委托代理人参加诉讼的，代理人的承认视为当事人的承认，但未经特别授权的代理人对事实的承认直接导致承认对方诉讼请求的除外。因此，在对代理人授权时一定要特别慎重，只对做事老练、不会轻易承诺、信得过的人给予特别授权。

如果当事人在场但对其代理人的承认不作否认表示的，视为当事人的承认。在某次房屋租赁合同纠纷案庭审中，出租人张红坐在其代理人李灿旁边，李灿说收到了2年的房租费，张红一直低着头没说话。但实际上有一个半月的房租费未收到，承租人王五以张红曾答应不收装修期的房租费为由拒绝支付。由于张红没有在庭上否认其代理人的陈述，法官就认定出租人张红收到了2年的房租费，事后再辩解也不被法院采纳。

（五）举证责任

人们常说：谁主张，谁举证。但这句话并不准确，应表述为：谁主张积极事实，由谁负举证责任；而主张消极事实一方，不负举证责任。如：甲公司说乙公司借款500万元，赖着不还，现要求还款。那么，借款合同是否成立、甲公司是否真将500万元借给乙公司了，就是积极事实，应由甲公司承担举证责任。如果乙公司主张没有向甲公司借钱，就属于消极事实，乙公司不负举证责任。

通常情况下，主张合同成立、生效一方对合同订立、生效事实承担举证责任。主张合同关系变更、解除、终止、撤销的一方对引起合同关系变动的事实承担举证责任。对合同是否履行发生争议，由负履行义务的当事人承担举证责任。如：A建筑器材租赁公司与B建设工程公司签订了《建筑器材租赁合同》，后因租金、建筑器材归还问题发生争议。A公司说没有收到租金，也没有收回部分建筑器材；B公司说租金已足额支付，建筑器材也全部归还。要正确分配本案当事人的举证责任，首先必须搞清楚谁负有履行义务。A公司的履行义务是向B公司交付建筑器材；B公司的履行义务是向A公司支付租金并归还该建筑器材。因此，A公司就应提供能证明B公司签收货物的凭证，如《送货单》《接货单》等；B公司应提供付款凭证、已归还建筑器材的证明。在本案的审理中，B公司提出租金是打到A公司出纳个人账号上的，该出纳虽然跑了，但她是A公司的代理人，其法律后果由A公司承担。对代理权发生争议的，由主张有代理权的一方承担举证责任。如果B公司不能举证证明该出纳能代表A公司收取租金，就要承担不利的法律后果。

（六）诉前证据保全

《中华人民共和国民事诉讼法》第八十一条第2款规定，因情况紧急，在证据可能灭失或者以后难以取得的情况下，利害关系人可以在提起诉讼或者申请仲裁前向证据所在地、被申请人住所地或对案件有管辖权的人民法院申请保全证据。

适用条件：证据可能灭失，以后难以取得。

启动方式：当事人申请或者人民法院依职权。

申请期限：不得迟于举证期限届满前7日提交申请。

担保：人民法院可以要求申请人提供相应的担保。

（七）不能在举证期限内举证的策略

当事人应当在举证期限内提供证据，否则将承担不利的法律后果。通常情况下，举证期限较短，一般在30日内，虽然可以延长举证期限，但不会太长。因此，当事人不可轻易放弃举证利益，穷尽法律赋予的权利，尽可能在比较宽泛的期限内提供证据。

当事人在举证期限内提交证据材料确有困难的，可以在举证期限内向人民法院申请延长期限，人民法院根据当事人的申请适当延长。当事人在延长的举证期限内提交证据材料仍有困难的，可以再次提出延期申请，是否准许由人民法院决定。

当事人逾期提供证据的，人民法院应当责令其说明理由；拒不说明理由的或者理由不成立的，人民法院根据不同情形可以不予采纳该证据，或采纳该证据但予以训诫、罚款。

当事人增加、变更诉讼请求或者提起反诉的，应当在举证期限届满前提出；诉讼过程中，当事人主张的法律关系的性质或者民事行为的效力与人民法院根据案件事实的认定不一致的，不受上述违反举证时限的法律后果的限制，人民法院应当告知当事人变更诉讼请求。

举证期限还决定了当事人申请人民法院调查收集（举证时限届满前7日）以及申请证人出庭作证的期限（举证时限届满前10日）。

（八）寻找新证据的策略

因种种原因，当事人可能在举证期限内无法举证，但事后又找到了证据或者发现了新证据。为了防止当事人故意隐瞒证据，法律不支持举证期限后发现的证据，但并不排斥新证据。

一审中的“新证据”（开庭前或者开庭时提出）是：（1）当事人在一审举证期限届满后新发现的证据（原来并不存在）；（2）当事人确因客观原因无法在举证期限内提供的证据。

二审中的“新证据”（开庭前或者开庭时提出）是：（1）一审庭审结束后新发现的证据；（2）当事人在一审举证期限届满前申请人民法院调查取证未获准许，二审法院经审查认为应当准许并依当事人申请调取的证据。

审判监督程序中“新证据”（申请再审时提出）是：（1）原审庭审结束前已客观存在、庭审结束后新发现的证据；（2）原审庭审结束前已经发现，但因客观原因无法取得或在规定期限内不能提供的证据；（3）原审庭审结束后原作出鉴定结论、勘验笔录者重新鉴定、勘验，推翻原结论的证据；（4）当事人在原审中提供的主要证据，原审未予质证、认证，但足以推翻原判决、裁定的，应当视为新的证据。

（九）证据交换与质证策略

证据交换的时间应当在答辩期间届满后，开庭审理前进行，并由审判人员主持。证据交换需经当事人申请，在证据较多或复杂疑难案件时也可由人民法院依职权要求双方当事人进行证据交换。

证据交换的时间可以由当事人协商一致并经人民法院认可，也可以由人民法院指定。

证据交换一般不超过两次，重大、疑难和案情特别复杂的案件可以超过两次。

人民法院组织当事人交换证据的，交换证据之日举证期限届满；当事人申请延期举证经人民法院准许的，证据交换日相应顺延。

质证是指当事人围绕证据的真实性、关联性、合法性，针对证据证明力有无以及证明力大小，进行质疑、说明和辩驳。质证的主体范围包括当事人、诉讼代理人和第三人。质证的对象不仅包括当事人向法庭提供的证据，还包括依当事人的申请由法院调查收集的证据。

质证的原则：公开质证，证据应当在法庭上出示，由当事人质证。未经质证的证据，不能作为认定案件事实依据，但人民法院依职权调取的证据除外。例如：（1）涉及国家秘密、商业秘密和个人隐私或者法律规定的其他应当保密的证据，不得在开庭时公开质证。（2）当事人在证据交换过程中认可并记录在卷的证据，无须进行质证，可以作为认定案件事实的依据，但审判人员应当在庭审中对此说明。

（十）法院对证据的认定

当事人在庭审中对证据进行质证后，法官一般会当庭或庭后合议后对证据进行认证，对证据做出“认可”或“不认可”判断。法官做出判断时应遵循一定的规则：

1. 下列证据不能单独定案的证据，只有与其他证据相结合才能证明案件事实：

（1）未成年人所作的与其年龄和智力状况不相当的证言；（2）与一方当事人或者其代理人有利害关系的证人出具的证言；（3）存有疑点的视听资料；（4）无法与原件、原物核对的复印件、复制品；（5）无正当理由未出庭作证的证人证言。

2. 不利推定。

有证据证明一方当事人持有证据无正当理由拒不提供，如果对方当事人主张该证据的内容不利于证据持有人，可以推定该主张成立。

3. 非法证据排除。

以侵害他人合法权益或违反法律禁止性规定方法取得的证据，不能作为认定案件事实的依据。如：通过窃听手段收集的录音录像为非法证据，但在办公室或其他公共场所的录音录像可以作为证据。

4. 在诉讼中，当事人为达成调解协议或者和解的目的做出妥协所涉及的对案件事实的认可，不得在其后的诉讼中作为对其不利的证据。

5. 证明力大小次序。

（1）国家机关、社会团体依职权制作的公文书证的证明力一般大于其他书证；（2）物证、档案、鉴定结论、勘验笔录或者经过公证、登记的书证，其证明力一般大于其他书证、视听资料和证人证言；（3）原始证据的证明力一般大于传来证据；（4）直接证据的证明力一般大于间接证据；（5）证人提供的对与其有亲属或者其他密切关系的当事人有利的证言，其证明力一般小于其他证人证言。

第九章
建筑企业国际合作的法律风险与防控策略

一、中德建筑机具购销合同纠纷案

二、德国子公司总经理拒不交出公司资产和资料

三、德国合作伙伴抢注中国母公司的注册商标

一、中德建筑机具购销合同纠纷案

合作以求共赢，几乎是各个建筑公司的初衷，但往往事与愿违。在激烈的竞争中，在建筑市场争夺战中，“合作”变成“分裂”，“伙伴”变成“对手”或“仇敌”。当然，最为可恨的是以合作为名，行诈骗之实的假合作。

2007年美国次贷危机涉及全球，中国也不例外，许多建筑公司倍感国内生意不好做，把目光投向西方发达国家。中国奋进建筑工程有限公司（以下简称“中国奋进公司”）就把目光投向西方最稳健的发达国家德国，谋求在德国承包建筑工程，同时带动建筑机具的销售。经过海选，中国奋进公司很快找到一家德国公司（FTL公司），并主动邀请其来北京谈合作事宜。中国奋进公司竭尽地主之殷勤，很快两公司在北京签订了一个《合作框架协议》，仅有两页纸，约120字。随后，两公司大忙特忙，中国奋进公司不断把大批的建筑机具、施工人员运往德国，以求在德国承包五个国家级的建筑工程。为做大海外市场，中国奋进公司听信FTL公司的建议，共同出资成立奋进香港公司来实施海外项目。三个月后，中国奋进公司又在德国成立独资子公司（德国奋进公司），注册奋进商标，洽谈项目，好不忙哉！结果：两年不到，纠纷不断，损失惨重，中国奋进公司不得不提起诉讼，向德国法院提起了N个案件的民事诉讼和行政诉讼，以期挽回部分损失。

现将这一系列案件的部分判决书、庭审笔录翻译出来以飨读者，读者自会明白风险在哪里，采取何种防控策略，才能避免重蹈覆辙。

需要说明的是：虽然中德同属于大陆法系，但由于司法惯例和语言文化的不同，其法律渊源与表达方式的差别还是很大的。为了便于读者理解，现说明如下：

(1) 德国与中国相反，在数字中习惯使用“逗号（,）”表示“小数点（.）”，用“小数点（.）”表示“逗号（,）”。

(2) 中国法院判决书的表达顺序为：①原告、被告、第三人，②引言，③原告诉称（概述原告提出的具体诉讼请求和所根据的事实与理由），④被告辩称（概述被告答辩的主要内容），⑤第三人述称（概述第三人的主要意思），⑥经审理查明（写明法院认定的事实和证据），⑦本院认为（写明判决的理由），⑧判决结果。

而德国却相反，将判决结果放在前面，其顺序为：①终审判决书，②基本事实，③判决理由，等等。

(3)“终审判决”是指一审的判决结果，并非对应中国两审终审制中的终审判决。

(4) 中国奋进公司虽然独资设立了德国奋进建筑工程有限公司，却失去了对后者的控制。母公司的总裁姜海峰完全指挥不了子公司总经理安德鲁（他同时也是德国 FTL 公司的法定代表人）。安德鲁先生自行其是，大肆坑害前者的利益，这是中国奋进公司起诉德国奋进公司的主要原因。

【风险案例 8】

德国合作伙伴拒不支付转售的建筑机具货款

奥格斯堡州法院民事法庭

电话：+49（821）3105－2310

传真：+49（821）3105－2287

案件编号：0444611115

法庭案件编号：10101732/12（在需询问时给出此编号）

日期：2012 年 9 月 24 日

收到日期：2012年9月29日

案由：中国奋进建筑工程有限公司起诉德国奋进建筑工程有限公司合同纠纷

尊敬的律师先生，

现将2012年9月7日的判决书以及复印件一份送达给您。

此致

法院书记员：比切尔·简

此信件由电脑生成，无须签字自动生效。

德国奥格斯堡州法院

一、终审判决书

奥格斯堡州法院主审法官 I. Gross 女士2012年9月6日在民事审判庭第8号庭经过调解后作出如下终审判决：

I. 被告向原告支付52万欧元以及利息。2011年2月1日至2011年3月10日利息按5，85%计算，2011年3月11日至2011年5月7日按6，10%计算，2011年5月8日至2011年8月8日为止付款按6，40%计算，2011年8月9日以后按6，65%计算。

II. 被告承担诉讼费用。

III. 此判决具有强制执行效力，为了保证执行，被告需提供给付金额的110%的保证金。

奥格斯堡州法院主审法官爱·格劳斯女士盖章：

判决日期：2012年9月10日

书记员：比切尔·简

完成判决稿并签字：比切尔·简

二、基本事实

原告：中国奋进建筑工程有限公司

法定代表人：姜海峰，总裁

地址：前进路1654，奋进区，石家庄05009，中国河北

诉讼代理人：津海律师

地址：迈克斯米联5号，80321

被告：德国奋进建筑工程有限公司

法定代表人：安德鲁，同时也是德国FTL公司的继任者

地址：彼特—海伦街09，86387博宾根

诉讼代理人：乌尔·罗伯特律师

地址：康纳—阿登牢—阿里23，86142

案由：购销合同货款纠纷

原告部分起诉被告，向被告进行部分索赔。

2010年11月，原告向被告提供了总价为3.924.184.60欧元的建筑机具，2010年11月15日向被告送达了发票。具体详情参见附件K4。被告向原告支付了部分金额共计780.660.60欧元。

被告把这些建筑机具卖给了法国一家名为Fagou的公司。Fagou公司已经向被告支付了520.000.00欧元。

原告2012年2月26日通过他的诉讼代理律师向被告寄出了律师警告信，要求被告2012年3月4日前付款，但无结果。因此原告起诉被告，要求被告支付拖欠的货款。

原告陈述：

双方当事人成立口头合同，被告向原告买下建筑机具，按照原计划本应该卖给德国福新公司的，但是没有成功。2010年11月15日我们将发票通过电子邮件传送给了被告，被告于当日收到。

原告认为：

被告和原告之间的合同是有效合同，依据《联合国国际货物销售合同公约》第53条（Art. 53 CISG）被告应该支付原告3.624.184.60欧元的货款，依据联合国国际货物销售合同公约第7条第二款（Art. 7 Absatz 2 CISG），欧盟条例2008/593第四条第一款a）（Art4. Abs. 1Lit. a）der Verordnung EG593/2008）适用于中国法律，被告应该支付原告利息。

被告辩称：

我们对于原告是否是合同主体有争议。原告的公司名字与合同上的公司名字不一致。被告同原告没有签订建筑机具的买卖合同。达成一致的内

容仅仅是，Fagou 公司通过被告介绍和原告签订了订购合同。而且原告计算的价格也不对，我们同原告协议的是：所有建筑机具每套统一的价格 1250 欧元。

原告同被告商定：Fagou 公司的货款不支付给原告，而是直接作为被告为了实施 NCH 项目而在香港成立新公司的资金（作者注：2008 年 10 月中国奋进公司姜海峰曾与德国奋进公司安德鲁商议，为便于实施海外项目两公司共同出资设立香港公司。后来香港公司注册机关准予设立了该香港公司，注册簿上登记的是两个股东，但两个股东都没有实际出资）。

此外，在 2011 年 8 月 24 日汉堡举行的展览会上，被告向原告提供了被告的费用清单。原告方总裁姜海峰、公司总经理李道明表示，无论是清单上的要求，还是原告方有争议的要求，都已经解决了。

被告认为：

双方之间的协议并非是购买合同。此外，被告有权保留 Fagou 公司支付的货款。原告总裁以及公司负责人的意思表示已经清晰地表达了，他放弃争议内容的权利要求。根据中国法律，原告也无权要求利息，就是要算利息，也不能依欧盟条例 2008/593 第四条第一款 a）（EG593/2008art. 4 abs. 1 Lit. a）CISG）来计算。

原告中国奋进建筑工程有限公司最初于 2012 年 4 月 6 日提起诉讼，诉状于 2012 年 4 月 17 日送达给被告。

原告出示了经过公证的中国工商行政管理局的节本。此节本证明，原告最初的公司名字同这次起诉的公司名字一致，在面对其他使用英语语言的顾客的时候，原告用的也是这个名字。该公司原来的名称为中文拼音，现在已经被原告改为英语名字了。

法庭听取了证人费勒·海特的证词。

三、判决理由

Ⅰ. 诉讼程序合法。

奥格斯堡州法院依据德国民事诉讼法第 12 条和第 17 条（§§12，17ZPO）以及州法院法庭程序法第 71 条、第 21 条第一款第一项（§§71，21 Abs. 1Nr. 1 GVG）的规定，对此案有管辖权。这些法律规定也不受其他国际法规（即欧盟其他法律法规或者原告和被告之间的国家公约）的限制。

被告引用的欧盟关于法院在民事争议中管辖权的建议办法（EuGV-VO），这部法律有关于被告所在地法院管辖权的规定，在这里也不适用。根据德国民事诉讼法（ZPO），奥格斯堡州法院对被告所在地区法院的案件也有管辖权。同时，被告也没有提出其他可以排除奥格斯堡州法院管辖权的国际公约。因此，无论依据奥格斯堡州法院法庭程序法（GVG）或是德国民事诉讼法（ZPO）的规定，或者是欧盟民事争议法院归属权建议办法的规定（EuGVVO），奥格斯堡州法院都对此案有地域管辖权和审理权。

原告出具了中国工商行政管理局经过公证的节本，具备法人资格，因此具备民事诉讼能力。

II. 原告起诉理由成立。

双方在2010年秋天达成的口头协议，依据《联合国国际货物销售合同公约》第53条（Art. 53 CISG）原告有权利要求被告支付至少52万欧元的货款。中华人民共和国和德意志联邦共和国都签署了这个公约，因此该公约的规定适用于双方之间的合同。

依据《联合国国际货物销售合同公约》第一条及以下条款（Art. 1ff CGIS），双方当事人之间的合同为有效合同。2012年9月6日开庭审理本案，在协商程序阶段，被告以前的公司负责人费勒·海特在作证时也证实了此事。当时他陈述，被告把原告提供的建筑机具于2012年年初卖给了顾客。在和顾客交易的过程中被告是以卖家身份出现的。

作为卖方身份出现的前提，是被告在这些交易里拥有商品的所有权，而不是以经纪人或者类似的身份出现的。而所有权的获得，只能是原告和被告达成了一致，即原告把建筑机具交付给被告，同时完成所有权的转让。而原告之所以同意转让所有权，只能理解为：原告是在一个有效的买卖合同的基础上，才会同意把建筑机具交付给被告，并且同意把所有权转让给被告。

证人也证实，被告支付给原告货款，是基本正确的。证人反对的仅仅是，货款支付应该推迟，因为应当除去购买价中包含的佣金，被告应该按合同约定支付给原告货款。

原告是合法的合同方，正如被告方承认的那样，他们的合同对方为中国奋进建筑工程有限公司，同时公司所在地地址以及收信地址也是一致的。依据被告方交给法庭的来自中国工商行政管理局的资料，法庭得出的结论是：在英语语言里使用的原告公司名称与被告提及的他们合同相对方的公司名称是一致的。

依据这个合同，被告有责任依据《联合国国际货物销售合同公约》第53条（Art. 53 CSIG）向原告支付至少52万欧元的货款。至于被告辩称的，他们没有收到发票，原告已经向法庭提交了已发送的电子邮件这个证据，从而证明发票交给了被告。就算被告认为电子邮件已发送不能足以证明他们收到了发票，也不能成为货款到期不支付的理由。双方当事人并没有约定“货款到期支付以收到了发票为前提条件”。正如双方之间无争议的，被告已经事实上支付了660，660，80欧元的货款，还有大部分货款未支付。

因此，本次应支付的货款金额为52万欧元。货款诉求也没有因为其他的协议而消失。

而被告辩称的，考虑到被告对原告也有诉求，同原告方的总裁姜海峰以及总经理李道明在2011年8月24日的展览会上达成了协议，用货款清偿被告的诉求，这件事被告无法证明。虽然证人费勒·海特（当时被告的公司负责人），在他作证时陈述，双方当时考虑过互相抵消这件事。但是一个最终的互相抵消协议没达成（根据证人的证词内容）。能证明的仅仅是：在展览会上，证人同原告的总裁、总经理解释和补充了清单上的事项，并且应该把清单寄往中国，接着双方将对此事做进一步商榷。正如证人所陈述的，他把清单发往了中国，但是没有得到回复。而证人单方面期望的，将应支付原告的货款抵消被告在清单上列举的部分费用，不能认作是有法律效力的协议。

被告辩称：根据被告与原告之间的协议，Fagou公司所支付的货款520，000，00欧元应作为在原被告双方在香港成立的新公司来实施项目NCH的建设资金，对此被告的证据不足。特别被告方提供的证人费勒·海特的证词不能证明被告和原告之间对此事达成了一致。虽然证人肯定：被委托实施多个项目，并且必须为此购买土地以及取得建筑许可证，并且最终必须实施这些项目。不清楚的地方是，这些项目是否是由原告委托还是由姜海峰先生个人委托。因为正如证人所陈述的那样，在香港特别为此目的成立了一家项目公司，以便能为实施这些项目提供渠道。但是证人最终也不能确定：姜海峰先生在他描述过程中使用其英文名字 Jack. Jiang，而在授权费勒·海特等人实施项目的时候使用了另外的人名或公司名。证人证词：这些委托“直接来自于 Jack. Jiang”，而这些项目最终受哪家公司委托，他并不知情。所以，证人并不能证明他是否是直接受到原告委托来实施这些项目，因此证人也无权要求原告支付资金。

被告陈述被法院驳回。

原告要求被告支付利息。根据《联合国国际货物销售合同公约》第 78 条和 58 条（Art. 78，58 CSIG）最迟从 2011 年 2 月 1 日起计算。由于当事人之间没有其他约定，货款诉求最迟在交付机具当日即 2010 年 11 月 15 日到期。依据欧盟 593/2008 号建议办法第四条第一款 a（Art. 4 Abs. 1 Lit. a593/2008EG）和《联合国国际货物销售合同公约》第七条第二款（Art. 7 Absatz 2 CISG）的规定，原告公司所在地在中华人民共和国，因此利息计算方法依照中国法律执行。利息额见判决书，利息额的多少被告不得争议。

III. 诉讼费用判决依照德国民事诉讼法第 91 条规定执行（§91ZPO）。

IV. 依据德国民事诉讼法第 709 条（§709ZPO）暂时强制执行。

四、庭审记录（仅部分摘录）

记录时间：2012 年 7 月 18 日

地点：奥格斯堡州法院，民事法庭第 12 号法庭

在场人员：

奥格斯堡州法院主审法官爱·格劳斯女士

根据德国民事诉讼法第 159 条第 1 款的规定，在场人员包括书记员 1 名（§Abs. 1 159ZPO）、翻译人员 1 名（白雪女士），翻译语言：中文

原告：中国奋进建筑工程有限公司

法定代表人：姜海峰，总裁

地址：前进路 1654，奋进区，石家庄 05009，中国河北

诉讼代理人：津海律师

地址：迈克斯米联 5 号，80321

被告：德国奋进建筑工程有限公司

法定代表人：安德鲁，同时也是德国 FTL 公司的继任者

地址：彼特—海伦街 09，86387 博宾根

诉讼代理人：乌尔·罗伯特律师

地址：康纳—阿登牢—阿里 23，86142

案由：购销合同货款纠纷

法庭传唤当事人

1. 原告：

根据民事诉讼法第 141 条第三款（§141. Abs. 3ZPO），具有代理资格的委托代理人津海律师事务所的大卫·沈博士以及德国恒生律师事务所的摩尔博士出庭。

2. 被告：

德国奋进建筑工程有限公司负责人安德鲁先生

委托代理人：乌尔·罗伯特律师出庭

3. 证人：

证人海格尔·比特、费勒·海特先生

开始时间：10：00

翻译个人简介

姓名：白雪

地址：巴河街 19 号，87250 奥格斯堡

同双方当事人既无亲属关系，也无婚姻关系。

翻译根据法庭程序法第 189 条第二款（§189Abs. 2GVG）进行了法庭宣誓。

被告委托代理人陈述，他带了海格尔·比特、费勒·海特两位先生作为被告请来的证人。被告提供的证据如下：

（1）双方协议价格为单价每套 1，33 欧元。

（2）根据双方协议，被告收到买方的建筑机具，货值 52 万欧元，将用于“新天地项目”建设。

（3）根据双方 2011 年 9 月 26 日的协议，双方同意赔偿金额为 2500 万欧元，此后双方之间再无其他纠纷。

法官要求证人海格尔·比特先生、费勒·海特先生按照法律规定宣

誓。按照真相宣誓的意义，证人如果故意或者过失做假证，将承担法律责任（包括刑事责任），证词的真实性也包含有关人员本身的资料。

证人宣誓完毕后离开法庭。

法官指出：法庭今日收到由原告2012年7月15日寄出的起诉状。原告向法院提交了复印件以及一份原件。

被告委托代理人表示：他们通过传真收到了起诉状，但是尚没有同当事人商谈过。

双方进入举证和辩论程序

原告当事人申请考虑语言差异。

原告方呈上了一份2012年9月22日翻译的商业登记簿，并加盖了中国石家庄市工商管理局的公章，时间为2012年9月20日。根据中国法律，中国奋进建筑工程有限公司为有限责任公司。

被告代理人陈述：依据我们得到的信息，我们的合同方为China Fenjin－Solar Co. limited。

原告律师陈述：根据中国的公司形式，“Co.”的意思仅仅是公司的代名词，即英语company的缩写。这个公司附加了起决定作用的“有限”一词（limited）。

被告公司负责人陈述：我依据英语的观点，翻译成德语的中国公司名字与出现在我方合同上的公司名称，并不一致。

原告律师陈述：英语“Fenjin－Solar”的意思是“奋进建筑工程”。在附件中，引用经过公证处公证的商业登记簿的节选，这是被中国石家庄市工商行政管理局证实的，公司的英语名称在国际通用法律里为China Fenjin－Solar Co. limited。

法庭结论

考虑到语言差异因素后，根据中国法律，原告公司名称为China Fenjin－Solar Co. limited，为有限责任公司，法定代表人HaiFen. Jiang；语言差异被考虑后，被告公司名称为：Fenjin－Solar Deutschland GmbH（德国奋进建筑工程有限公司），法定代表人为安德鲁。

被告公司负责人陈述：

当初有人向我汇报，在这个合作项目中，仅仅由海格尔·比特、费勒·海特、姜海峰三位先生作为公司的股东来共同实施这个计划，我个人存有疑虑：原告是否能够真正委托被告执行这个项目。我可以说，这个项目的委托是由中国奋进公司的副总经理李道明，向德国奋进公司安德鲁先生明确清楚地通知过的，也向证人费勒·海特先生（另一家公司的负责人）直接表述过的。

原告陈述：

对这件事我方暂不表态，因为涉及我们2012年7月12日陈述状的细节问题。同时，原告的公司负责人姜海峰先生当时也不在场。所以目前暂时不能下结论，李道明当时是否担任总经理需待查证。

被告公司负责人陈述：

海格尔·比特今天就是为此事作证的，当时的费勒·海特和总经理李道明谈话的时候他在场。

被告律师陈述：

和被告方商讨具体事务的一直是总经理李道明。

被告公司负责人陈述：

当我被问到，依据双方协议成立一个香港公司需要多少费用时，我说香港公司在这之前已经完成注册了，费用就如费勒·海特先生和海格尔·比特先生所预计的那样，大约是10000欧元。此外，香港公司也委托德国奋进有限公司为其建立欧洲市场制订计划。

原告律师陈述：

我同原告姜海峰总经理进行了商谈。他表示，虽然总经理李道明一直与被告协商具体事务，但是李道明并没有被授予签署合同的权利。

被告公司负责人陈述：

合同一直都是由姜海峰先生本人签署的。

原告律师陈述：

在香港成立的公司本应该以姜海峰先生个人的名义成立，而不是以原告的名义成立。这个公司的成立也是无效的，因为并没有注入原始资本。

被告律师向法庭提供了一份《费用清单》（编号“奋进2011年7月29日”），然后陈述：

我被问到关于损失这个问题，我的回答是，谁是道明·李和大卫·钱？这两个人是属于原告圈子的人。我方的需求仅仅是让这两个人在德国出售建筑产品，而他们以远低于我们的正常价格出售了同样的建筑产品，瓦解了我们的市场体系。我们的损失大约是152万欧元。该《费用清单》的第一段列出了应支付而未支付的佣金。因为我们为原告出售了建筑产品，按协议约定我们应当得到这么多佣金，该佣金的领取人应为费勒·海特先生。

庭审暂时休庭

11：10 原告的中方法律顾问沈博士到场。

在Alton公司为原告做测试检验费为18802欧元。

被告为原告进行了广告推广，但在这份清单中，没有包含该广告费。

对于案件的调解没有达成协议，双方发生争议。

原告依据2012年4月2日的陈述提出申请，被告依据2012年5月3日的陈述提出申请。

原告律师陈述：

关于展览会上的谈话今天有一位证人（杨天发先生），这位证人是为双方在2011年9月26日在展览会上达成的协议内容作证的。

进入举证阶段：

被告公司负责人陈述：

我本人没有参加2011年8月24日的展览会。但是我被告知了相关内容。这次谈话在场人员为费勒·海特先生，甘田女士，杨天发先生以及姜海峰先生。谈话的内容涉及两家公司的合作以及清单上列举的损失明细表。在这之前，该明细表已通过电子邮件向原告传送过了，被告在这次会谈中再次提交给了原告。

我之前说的Haifeng. Jiang，其中文名为姜海峰。清单是通过电子邮件直接发给他的，我至少提交了清单的第一页。上面说到所有这份清单上列举的费用应由中国奋进公司承担。同时，姜海峰先生也对这件事做出了承诺。

到目前为止，我本人被告知的消息只是关于这份清单上列举的费用由谁承担的问题。至于双方之间是否还有其他纠纷或者诉求，到达成这份清单协议时为止，我没有被告知。关于姜海峰先生对我方的承诺是否具有法律效力，或者是否有证据能证明该承诺有效，我今天暂时无法回答。

我的理解是：不仅仅是520，000，00欧元，而且关于建筑机具的其他费用，即今天争议的内容，也是已经解决了的。

在有翻译资格证书的白雪女士帮助下，我同原告的总经理及总裁姜海峰先生一直都是保持着通话联系并且听取了所有信息。

法定代表人姜海峰先生陈述：

我当时在展会现场，这是正确的。我们当时同被告的雇员进行了谈话，一位是女士，名为甘田；另一位为男士，名叫安德鲁，在场的还有原告方职员张怀德。当时我得到一份清单，清单上列举了佣金数目以及其他超过两千万欧元金额的数目。这份清单我事先通过电子邮件收到过。但关于涉及大概超过200多万欧元数目的清单，我没有收到过。关于被告要求原告方承担252万欧元的问题，清单中并没有提及，我也从没有做出过应由原告向被告支付252万欧元的承诺。

证人

关于证人的情况：姓名：费勒·海特，43岁，已婚，公司负责人，地址：彼特·海伦大街13号，86399，博宾根。

证词内容：

我已经不再是被告公司的负责人了。2011年8月24日我代表被告参加了展览会。当时同原告的公司负责人姜海峰先生商谈了两个问题：一个是尚未支付的佣金，另一个是我们为原告筹划项目所产生的费用，前两项费用总计大约为252万欧元。这肯定是清单上说清楚了的，并且是清单上的主要内容。

根据我的回忆，这份清单应该是一份总报价，包含了被告向原告的所有请求。而原告表示，我们必须支付建筑机具的货款。在年初的时候，我们收到了原告的建筑机具，并且把这些建筑机具出售给了我们的顾客。这件事是正确的，在这些交易中，我们是以卖方的身份出现的。我们收到了顾客的货款，这也是正确的，但是买方拖延了很久才付款。

如果今天我们被告知，在起诉前我们必须将出售的那批建筑机具货款支付给中国奋进公司，这个说法虽然原则上是正确的，但是付款诉求应该无限期推后。并且，我们和买方商议的价格是每套1330欧元。如果扣除我方应得的佣金，我方实际应支付给原告的价格为每套1310欧元。最后总价是多少，我不知道。

我再回答原告律师提出的问题：

我上面说“原告方的货款诉求应无限期推后”，意思是“原告要求我们支付每套1440欧元，而不是协商好的每套1330欧元”，价格没有达成一致，所以要无限期推后。

我们（即“德国奋进公司”）接受中国奋进公司委托，为他们公司实施一个总量为5亿欧元的大项目。我们必须为此购买一块地皮，必须有建筑许可证等等。此外，我们还负责最终实施这个项目。为了这个目的，我们在香港成立了一个项目公司，专为实施这个项目所用。这个项目是姜海峰先生本人直接委托我们的。至于他是否又和其他公司有协议，我并不知情。具体事务由中国奋进公司的总经理李道明和我方的海格尔·比特先生操办。海格尔·比特先生的任务是：促成银行的可贴现性。

最后，我对上述那份清单进行了一些改动并进一步完善，然后发往中国奋进公司。接下来应该是双方对此进行磋商。我发送了这份清单之后，然后就再也没有得到任何答复，一直到某一天收到原告法律顾问沈博士的律师函。

我回答被告律师提出的问题：

520，000，00欧元已经用于项目建设，而超出这个额度的费用在展会上根本没有被提到过。总之，原告要求的总费用太高，双方应进行进一步商讨，以便最后能够达到一个被接受的数目。

这份清单无法在细节上讨论。对我来说是很清楚的，因为是我在操作这个项目，所以我认为原告方最终会接受一定的项目费用。

证人12：30离开法庭。证人放弃证人费。

法庭建议双方当事人达成和解：

（1）双方当事人达成一致，原告已经于2010年1月9日依据购买合同的价格向被告方提供了建筑机具。

（2）原告义务是，依据在本建议里第（1）条提及的购销合同中的单价及佣金价格，在两个星期之内向被告提供账单。

（3）双方达成一致，在2，523，829，70欧元的债务中，已经有

660，600，60 欧元是付款了的，其中要扣除 39，475，80 欧元的佣金。

（4）被告的义务，依据本建议里的第（3）条提到的支付义务，被告向原告在 2012 年 10 月 7 日之前支付 520，000，00 欧元。被告无抵消权和留置权。自此期限之后，利息按照百分之八计算。利息累加计算。

（5）被告的义务，依据本建议第（3）条，在 2013 年 2 月 28 日之前向原告支付剩下的余款。到这个期限为止，被告主张的诉求由双方协商解决。

诉讼费用双方各自承担。

庭审 12：20 因为双方及律师进行商议而中断。

12：45 庭审继续。

被告方表示，他们不接受法庭的和解建议。

12：45 翻译离开法庭。

法官宣布判决：

终审判决

（1）被告向原告支付 520，000，00 欧元及利息。2011 年 1 月 1 日至 2011 年 2 月 8 日利息以 5.85% 计算，2011 年 2 月 9 日至 2011 年 4 月 5 日以 6.10% 计算，2011 年 4 月 6 日至 2011 年 7 月 6 日以 6.40% 计算，2011 年 7 月 7 日起以 6.65% 计算。

（2）被告承担诉讼费用。

此判决具有强制执行效力，为了保证执行，被告需提供货款金额 110% 的保证金。

证人没有听终审判决，13：10 离开法庭。

法庭决定：

争议标的为 520，000，00 欧元

庭审结束：13：05

法官：奥格斯堡州法院爱·格劳斯女士

这份庭审由具有语言识别能力的电脑程序记录并且被保存在数据库中。在当事人收到庭审记录后的一个月内会被删除。

二、德国子公司总经理拒不交出公司资产和资料

正如我在本章第一个风险案例中陈述的那样，中国奋进公司急于找国外合作伙伴，结果选错了人，让该人（安德鲁先生）任德国子公司的总经理，全权委托他运营该子公司。结果该子公司两年下来，不但没有为股东上交任何利润，反而背负了巨额债务。当母公司要求子公司经理安德鲁先生交出子公司的资产和资料时，却遭到了拒绝。理由是母公司未给他支付任何工资，子公司的资产只够抵他的工资了。中国奋进公司多次试图协商解决，都未成功，不得不走上诉讼之路。

为了能够提起诉讼，根据津海律师的建议，起诉前必须先变更德国奋进公司法定代表人，然后才能起诉原法定代表人安德鲁。鉴于此考虑，中国奋进公司作为股东向德国奋进公司发出信函：鉴于德国奋进公司总经理安德鲁先生拒不接受股东中国奋进公司的合理建议，也不执行其指令，长期不报告德国奋进公司的经营状况、资产状况、财务状况和人员状况，未能尽到该公司总经理之职责，为此，从 2012 年 11 月 25 日起解除安德鲁先生总经理职务，并要求其根据德国有限公司法的规定履行其告知义务。

紧接着，中国奋进公司作为股东任命了一名中国留学生（姓名：钱新生）作为德国奋进公司的总经理，并在德国法院办理了相应公司变更登记手续。

下面是该案一审判决书的译文。

寄件人：奥格斯堡州法院民事法庭部

收件人：津海律师

地址：迈克米联 5，80333 慕尼黑

案件编号：4936/12

法院案件编号：1HK. 1937/12（在咨询时候需给出此编号）

日期：2013 年 5 月 25 日

案由：德国奋进公司起诉安德鲁的答复义务

尊敬的律师先生：

现将2013年5月24日的《一审判决书》原件和一份复印件寄给您。

此致

奥格斯堡州法院文书管理处

书记员：亨伦特·杰文英

这封信由电脑自动生成，无须签字便生效。

奥格斯堡州法院判决书

编号：1HK O 1937/12

原告：德国奋进建筑工程有限公司

法定代表人：钱新生，总经理

地址：比特－海伦街09，87599波宾根

诉讼代理人：津海律师

地址：迈克米联5，80333慕尼黑

被告：安德鲁

地址：比特－海伦街19，87599，波宾根

诉讼代理人：乌尔·罗伯特律师

地址：空雷－阿登鲁－阿丽街25，86150，奥格斯堡

案由：德国奋进公司起诉安德鲁的答复义务

一、基本事实

原告起诉被告，要求被告交出所有的商业资料并进行答复。

原告于2011年1月6日在奥格斯堡地方法院商业登记簿上进行了商业注册。公司经营业务为建筑发电系统。

被告从2011年1月7日至2012年11月25日为原告（德国奋进建筑工程有限公司）的唯一负责人。2012年11月27日他收到书面的解雇信，同时被解除一切职务。

原告陈述，所有关于公司的资料仍然在被告手里，公司的日常运作无法继续进行。由于被告拒绝交出所有资料，我们不得不先以问询形式，要求被告以财产清算的方式给出该公司的财产状况。之后在必要的情况下，

要求被告交出所有资料。

原告提出申请，请求法院判令：

（1）被告回答原告提出的问题。

（2）被告从2011年1月7日至2012年11月25日担任原告公司负责人期间所有掌握的该公司商业资料，特别是会计账本、来往信函、合同和银行流水账。

（3）以2012年11月25日为清算日，被告以债权债务清算册的形式向原告列明所有债权债务和财产总额。

被告陈述的主要内容：原告的诉讼请求非常含糊，因此无法执行。而且他在2012年1月28日已经把原告要求的问询资料书面答复了。原告的行为已经给被告带来巨大经济损失，对此保留诉讼的权利。被告辩称被驳回。

具体详情请参阅本次庭审笔录。

二、判决理由

I. 起诉程序合法。

奥格斯堡州法院商事法庭对此案有地域管辖权、物权审判权。

II. 原告上诉理由成立。

被告曾经担任原告公司的唯一负责人无争议。因此原告有权利要求被告交出经营资料并做出答复，被告有义务把所有保存的资料交给原告，以及有义务告知原告：到指定日为止的原告公司财产状况以及他离开公司时的状况。

这样才能让原告清楚知道“被告以及可能的第三者还掌握了哪些材料以及财产状况”，同时原告的要求也很清晰。关于原告对“回答义务”的描述范围已经足够，尤其起诉状里强调了“特别是”这个词，否则回答义务所包含的范围将会太窄。法庭认为这个时间范围也是适当的，包含了被告在原告公司担任公司负责人的工作时间。其他不告知义务的合法原因没有明显的存在。就算是假设被告已经把资料移交给了原告，他也必须将剩余的，即使是他已经没有任何资料的信息，告诉给原告。

对于文件的保留他也许有留置权，但是不应在答复阶段行使此留置权。

法庭费用在最终判决时候一起结算。根据德国民事诉讼法第 709 条（§709ZPO）执行临时强制决定。

三、部分判决

依据德国民事诉讼法第 128 条第二款（§128 Abs. 2 ZPO），经过双方当事人同意，本案无协商程序，本案由奥格斯堡州法院主审法官梅尔博士于 2013 年 5 月 24 日在奥格斯堡州法院商事庭第 7 号庭开庭审理并作出以下判决：

I. 被告向原告答复自 2011 年 1 月 7 日起至 2012 年 11 月 25 日止被告担任公司负责人期间所掌握的商业资料，特别是所有的会计账本资料、来往书信、合同以及银行流水账。

II. 被告对原告的答复，以 2012 年 11 月 25 日为截止日，通过列明债权债务清算明细的方式，告知原告财产总额和财产状况。

III. 法庭费用和最终判决一起结算。

IV. 被告应支付保证金 20.000，00 欧元，暂时强制执行。

梅尔博士，州法院主审法官
判决日期：2013 年 5 月 24 日
书记员：亨伦切·杰文英

三、德国合作伙伴抢注中国母公司的注册商标

中国奋进公司真是选错了合作伙伴安德鲁。安德鲁先生认为既然任命他为德国奋进公司的总经理，那么奋进建筑机具在德国或其他欧洲国家的销售业务都应由他做。中国奋进公司的其他任何人（如李道明、钱新生等销售人员）不得在德国销售。况且，李道明、钱新生等人故意在德国低价抛售奋进建筑机具，搞乱了市场，使他代销的奋进建筑机具销路不畅或者无法销售。为此，安德鲁先生在德国抢注了奋进建筑机具的商标，以期阻止其他人在德国销售中国奋进公司的建筑产品。

为真实展现该案诉讼的艰难、曲折复杂、费用成本，作者翻译了相关往来邮件、信函和法律文书，并按时间先后陈述以便阅读。

一、海外销售人员告急

发件人：道明·李

日期：2011－07－28 07：10：05

收件人：姜海峰

主题：商标被抢注，急！！！

姜总：

TFL公司总经理安德鲁先生今日来信声称：TFL公司已向德国专利商标局递交“奋进建筑工程”商标注册申请，该局已受理，现处于初审公示阶段。根据德国商标法的规定，任何个人和公司（包括中国奋进公司）未经TFL公司书面许可，不得在德国销售或使用“奋进建筑工程”产品。

据查，TFL公司确实向德国专利商标局递交“奋进建筑工程”商标注册申请，并被受理。如果我公司在法定期限内不提出异议，经过法定时间后TFL公司的申请将被获得批准，这必将导致我公司产品无法在德国销售。即使要销售，也必须经TFL公司书面同意并交大笔商标使用权费。因此，恳请姜总指示国内相关部门紧急行动起来，妥善处理好此事。

速盼回音！

德国区销售经理
道明·李
2011年8月29日

二、就近寻求律师帮助

发件人：道明·李

日期：2011－08－30 02：10：05

收件人：姜海峰

主题：转发“咨询报价”

姜总：你好！

关于FTL公司恶意注册我们商标的事情我已经和德国律师谈过。德国律师也是建议尽快采取行动，具体的建议我已经转发销售总监马俊杰，由他交由法务协助处理。

请知悉！

祝好！

李道明

2011 - 08 - 30

附件：德国律师的咨询报价

发件人：让福·伊格

发送时间：2011 - 08 - 29 12：51：30

收件人：道明·李

主题：咨询报价

尊敬的李道明先生：

非常感谢您今天上午的电话交谈。我们很乐意协助处理这件事。

关于FTL公司抢注贵公司商标“奋进建筑工程”一事，我们对此做了初步评估，为此我们需要下述资料：

（1）是否以贵公司名义，在中国或世界其他地方注册了“奋进建筑工程”商标（文字商标或图形商标）？

（2）贵公司何时在德国/欧盟开始使用“奋进建筑工程”标志？你能概述“奋进建筑工程”标志的使用情况吗（包括奋进建筑产品在德国/欧盟的年营业额、项目个数）？

（3）据我所知，贵公司与FTL公司之间签订有一个正式合同。请将其复印件发给我。

（4）贵公司与FTL公司有商业关系吗？或者贵公司打算在将来与FTL发展商业关系吗？

（5）对于你们先前的商业关系，FTL公司是贵公司产品在德国/欧盟的独家经销商，还是一般代理商？

（6）是否有信函或文件表明：安德鲁先生正在使用他的德国注册商标“奋进建筑工程”，从而对贵公司施加压力，或者安德鲁有这样做的意向？

特别是：他是否曾提到过（明示或默示，书面或口头）：如果贵公司

(完全或部分）放弃对他的索赔（特别是对他欠交货款的索赔)，他将意愿放弃“奋进建筑工程”的商标注册？如果是这样，请将相应的文件（电子邮件、信函、记录等）发给我们。

从我们之间的讨论情况来看，我们不能排除安德鲁先生对贵公司使用“奋进建筑工程”商标采取行动的可能性。鉴于此考虑，建议贵公司迅速采取行动（特别是在贵公司将参加的、即将到来的展销会上)。

因此，请尽可能快地提供前述资料和文件。

根据现有资料，我们预计将用 10～12 小时来评估此事的法律状况。如果可行，我们将起草一封针对安德鲁先生的警告信。请注意：当我们有机会对前述资料和文件做初次概述后，有可能做出一个更精准的评估报告。

如前所述，若可能，我们将申请注销 FTL 公司的“奋进建筑工程”商标，此项法律服务费用将在前述资料和文件基础上做出。

若有任何问题，请毫不犹豫地联系我们。

顺祝商祺！

让福·伊格博士

三、公司法务总监出具的法律意见

关于应对 FTL 恶意抢注商标的法律意见

姜海峰总裁：

根据您的指示，我对 FTL 在德国恶意抢注“奋进建筑工程”商标一事进行初步调查，阅读了我公司与 FTL 来往的部分邮件、信函、框架协议、授权委托书等材料，并查阅了《德国商标法》、《欧盟商标法》、WTO 及其他国际相关协定，现提出以下初步处理意见，仅供参考：

（一）证据问题

我公司与 FTL 公司合作在先，FTL 明知我公司将在欧盟（含德国）销售奋进建筑产品的情况下，抢先注册，侵权事实成立。

关键证据：

1. 证据一（邮件 1）能证明：我公司与 FTL 公司早在 2011 年 1 月 10 日以前就开始合作，并在 2011 年 1 月 10 日就合作问题达成了一致意见。

2. 证据二（框架协议 FRAME WORK）能证明：我公司与 FTL 公司于

1 月 12 日签订了框架协议，明确约定我方提供建筑机具，由 FTL 公司和其他公司在德国销售该产品。

3. 证据三（我公司的中国注册商标）能证明：我公司于 2010 年 1 月 21 日已获得中国注册商标，是该商标的所有权人。

4. 还需要补充的证据：（1）我公司生产建筑工程产品的历史资料；（2）我公司在欧盟或者其他国家的销售合同或凭证。用以证明我公司是该产品的合法生产者和销售者。

（二）法律问题

中国、欧盟、德国都是 WTO 的成员国，相互承认并保护彼此国民在他国的商标申请权、所有权和使用权。即我公司在德国享有国民待遇，有权对侵害我公司商标权的行为提出异议或者抗辩，请求德国法律保护。所以，我公司有资格针对 FTL 的“奋进建筑工程”商标注册申请向德国当局提出异议。

（三）处理建议

根据德国法律规定，有关商标申请和争议事宜必须委托争议所在国律师事务所代理，所以建议如下：

委托一家德国当地律师所，向 FTL 公司发一封律师函，声明如下：

1. FTL 违背诚实信用原则，在明知我公司产品将在欧盟（含德国）销售，而恶意抢注我公司商标，误导消费者，欺骗消费者。

2. 要求 FTL 公司于 2011 年 8 月 18 日前主动向德国当局撤回商标注册申请。

3. 如果 FTL 公司未能完成上述第 2 条的义务，我公司将采取下列行动：

（1）针对 FTL 的“奋进建筑工程”商标注册申请，向德国商标与专利局提出异议，FTL 的商标注册不可能成功。

（2）在德国、欧盟的官方公告、网站和其他新闻媒体上披露 FTL 的侵权事实，揭露 FTL 不道德的商业行为。

（3）我公司律师团队将立即启动法律程序，追究 FTL 及其直接责任人的法律责任。

（四）法律风险提示

假如我公司不能阻止 FTL 此次的商标抢注，我公司于 2011 年 7 月份向欧盟提出的商标注册申请就不可能获得德国当局的批准。因为欧盟只负责统一受理，不负责审查和批准，欧盟受理之后将其申请资料转给德国当局，由德国当局审查后再决定是批准还是不批准。所以，我公司务必吸取本次教训，在选择目标市场的同时，就要着手考虑在目标市场所属国先申请注册商标事宜，包括在香港申请商标注册（内地法律不适用于香港）。

附：相关法条摘录

《德国商标法》

第五条 〔申请的公告、异议〕

（四）无论是谁，如果他以前已经对相同的或类似的商品，申请过商标注册，其商标与现在申请注册的商标相同（第三十一条），可以在公告发布以后的三个月内，根据先前的申请对新申请的商标注册提出异议。任何人在外国根据原先的申请或使用，已经取得在相同的或类似的商品上使用与现在申请注册的商标相同的商标的权利，如能证明申请人根据与他的雇佣合同或其他合同关系，应该保护异议人在营业中的利益，而申请人未经异议人同意在合同关系存续期间申请商标注册时，即得提出异议。如在提出异议期间未提出时，不能申请回复原状。

第三十五条 〔外国人、本国代理人〕

（一）既非德国国民，又在德国没有营业所的人，只有经《联邦公报》公告，在他有营业所的国家里，德国商标受到与该本国商标同样范围的法律保护时，才能请求本法保护。

（二）在德国没有营业所的商标注册申请人或商标所有人，只有在他指定一名本国的专利律师或律师为其代理人，才能请求其商标方面的保护，并主张其由注册而生的权利。该代理人有权在商标局和商标法院的案件程序中，在有关商标的民事诉讼中任代理人。对于所有以商标所有人为被告的案件，该代理人营业所所在地的法院有管辖权；无营业所时，该代理人住所所在地的法院有管辖权；无住所地时，由专利局所在地的法院管辖。

（三）任何人申请外国商标的注册时，必须提出证据，证明他在其营业所所在地的国家业已申请并已取得对于该商标的商标保护。如经《联邦公报》公告，德国商标在该国可以无须同类证明而注册时，此种证明可以不要。如国际条约无其他规定，外国商标必须在符合本法所定要件时，才准予注册。

说明：以上摘录自 1979 年德国商标法中文版，最新的德国商标法（1999）有对应的条款，内容相同。

四、委托德国律师事务所提出异议

针对德国 FTL 公司抢注“奋进建筑工程”商标，中国奋进公司委托德国律师事务所向德国商标与专利管理局提出异议。但此事一波三折，异议迟迟未提起，而律师费已发生了很多。因为德国律师事务所均按小时收费，按律师的资历或等级不同，各律师收费标准也不同，一般每小时收 1200 ~ 2000 欧元，他们接一个电话，或者问点小事或者传个口信，哪怕是占用一分钟时间都是要收费的。下面几封电子邮件可反映出本案处理的大致过程。

邮件一：

尊敬的沈博士

我们收阅了您 2011 年 11 月 17 日的电子邮件（要求我所于 2012 年 1 月 21 日前提出异议，反驳 FTL 公司抢注“奋进建筑工程”商标）。我们理解：您希望我们继续合作，做好该项尚未完结的商标注册申请异议案。

关于此案，我们已得到通知：对方已提交一个说明来支持其主张，要求我方于 2012 年 1 月 21 日前对此提出反驳理由。

我们准备着手做这件事。但是，我所财务部通知我们：对于编号为 804684 和 805081 的两张律师服务费发票，贵公司至今未付款。请理解：在前述两张发票付清之前，我们不能提供任何进一步的服务。因此，我方要求在 2012 年 1 月 13 日前支付完毕，否则，我们会，我们很遗憾，不得不辞去该案的代理。然而，我们相信此种情况最终会避免发生的。

回复为盼！

祝好！

让福·伊格

2011 年 11 月 19 日

邮件二：

尊敬的伊格博士

我已催促我公司财务部支付贵所的两张律师服务费发票。他们承诺在一月份付款。我坚持要求贵所在2012年1月21日前向德国当局提交异议书。

告诉您一个好消息：我公司在欧盟商标注册局的注册申请已于2011年10月27日被受理，并且已获得No. 0101568007号证书。对本案而言，这是一份有力的证据。

祝好！

沈博士
2011年11月20日

邮件三：

尊敬的沈博士

我们查阅了你2011年11月20日的电子邮件，感谢您提供的资料。

我们已认真仔细地审阅了您发来的、编号为010156801的CTM注册登记证，并且注意到该申请是2011年6月26日提交的。不幸的是，FTL公司已于2011年3月18日向德国专利商标局提出了“奋进建筑工程”商标注册申请，这意味着对方已享有较早的商标权。

正如梅女士在2011年8月21日、27日两封信中所解释的那样，我方不能针对FTL公司申请在先的商标提起异议，也不能以我方早已广泛使用为由，对FTL公司的商标申请提出异议，这两种做法几乎都不会成功。因此，我们提出了一项异议主张：FTL公司的商标仅是一个代理商标，而不是“奋进建筑工程”贸易商标。

在该案商标异议程序中，我们将起草并及时提交异议申请书，条件是我们的两张律师服务费发票（编号为 804684 和 805081）在截止日期前得到贵公司的及时支付。

请注意：根据某负责人的说法，德国专利商标局曾错误地通知：2012 年 1 月 21 日为截止日。今天她通知我们，截止日实际上是 2012 年 2 月 26 日。

祝好！

伊格博士
2011 年 11 月 21 日

邮件四：

尊敬的让福博士

我很高兴地通知：我公司昨天已支付了贵所两张发票（编号为 804684 和 805081）的律师服务费（见附件：银行现金转付申请表）。我代表公司，因迟延支付向贵所致歉。

请注意：尽管我公司的申请日期迟于 TFL 公司的申请日期，我公司的“奋进建筑工程”商标已于 2011 年 11 月 27 日获得欧盟批准并被注册，这意味着德国专利商标局已批准并承认我公司的商标而不是 TFL 公司的商标。详见附件—注册证书。

我坚信：在贵所努力下，中国奋进公司会取得商标争议案的成功，请贵所继续以正确的、恰当的方式办理此案。

等您的好消息！

沈博士
2012 年 1 月 21 日

邮件五：

尊敬的沈博士

请在附件中查阅我们将向德国专利商标局提交的异议书（草稿），该稿是德文的，请指示我们是否要将其翻译成英文。

我们主要基于下述两点提出异议，即：（1）当安德鲁先生未经贵公司同意就向德国申请注册商标，TFL 公司只是“奋进建筑工程”产品的代理商（这就赋予了“德国奋进公司”对恶意抢注商标行为的撤销权）；（2）“德国奋进公司”是贵公司在德国的子公司的所有权人，并以此名义开始与 TFL 公司接触，并以此名义开展商业活动，这都早于安德鲁先生提交商标注册申请的时间（2011 年 3 月）。

我们提交的异议书无疑存在潜在弱点，因为贵公司与 TFL 公司之间的《框架协议》中，TFL 公司并没有明确表示“这种代理关系是独家的”。这意味着我们必须从来往的信函、合作实践中推断出代理的独家性。请注意，如果没有这种独家代理性，就毋庸置疑 TFL 公司实际上是奋进建筑工程产品的代理商。进一步讲，贵公司实际上需要一个德国公司名称。这是因为：在安德鲁提出商标申请之前，贵公司需要以这个德国公司名称来准备和启动与 TFL 公司的商业活动。因此，我们进一步指出：TFL 是一个独立的实体，这对贵公司有利。

请注意：本案说明，安德鲁作为代理商非法提出商标注册申请，贵公司就可以商标转让为由向 TFL 公司提出索赔。但不是现在，现在只是提出异议的一个独立程序，待该异议程序结束后方可提出索赔。

进一步讲，你们也可以“德国奋进公司”名义提出商标注册申请，我们认为没有必要就商标转让事宜向 TFL 公司索赔。

关于贵公司自己的“奋进建筑工程”商标申请，不是此次异议程序的关注点。原因是：根据德国法，无论是否存在先期注册的商标，德国专利商标局（GPTO）都不会做出评估。因此，贵公司的商标注册并不能得出结论：德国专利商标局（GPTO）会认为 TFL 公司的注册是合法的或非法的。

若有任何疑问，请随时与我们联系。

祝好！

伊格博士
2012 年 1 月 23 日

第十章
建筑企业常用合同模板

一、建设工程施工合同模板

二、建筑工程施工劳务分包合同模板

三、扩大劳务分包合同模板

四、补充协议模板

五、内部承包协议模板

六、建筑机械设备租赁合同模板

建设工程施工合同（模板）

合同编号：__________

目　录

第二部分 通用合同条款

1. 一般约定

1.1 词语定义与解释

1.2 语言文字

1.3 法律

1.4 标准和规范

1.5 合同文件的优先顺序

1.6 图纸和承包人文件

1.7 联络

1.8 严禁贿赂

1.9 化石、文物

1.10 交通运输

1.11 知识产权

1.12 保密

1.13 工程量清单的错误的修正

2. 发包人

2.1 许可或批准

2.2 发包人代表

2.3 发包人人员

2.4 施工现场、施工条件和基础资料的提供

2.5 资金来源证明及支付担保

2.6 支付合同价款

2.7 组织竣工验收

2.8 现场统一管理协议

3. 承包人

3.1 承包人的一般义务

3.2 项目经理

3.3 承包人人员

3.4 承包人现场查勘

3.5 分包

3.6 工程照管与成品、半成品保护

3.7 履约担保

3.8 联合体

4. 监理人

4.1 监理人的一般规定

4.2 监理人员

4.3 监理人的指示

4.4 商定或确定

5. 工程质量

5.1 质量要求

5.2 质量保证措施

5.3 隐蔽工程检查

5.4 不合格工程的处理

5.5 质量争议检测

6. 安全文明施工与环境保护

6.1 安全文明施工

6.2 职业健康

6.3 环境保护

7. 工期和进度

7.1 施工组织设计

7.2 施工进度计划

7.3 开工

7.4 测量放线

7.5 工期延误

7.6 不利物质条件

7.7 异常恶劣的气候条件

7.8 暂停施工

7.9 提前竣工

8. 材料与设备

8.1 发包人供应材料与工程设备
8.2 承包人采购材料与工程设备
8.3 材料与工程设备的接收与拒收
8.4 材料与工程设备的保管与使用
8.5 禁止使用不合格的材料和工程设备
8.6 样品
8.7 材料与工程设备的替代
8.8 施工设备和临时设施
8.9 材料与设备专用要求
9. 试验与检验
9.1 试验设备与试验人员
9.2 取样
9.3 材料、工程设备和工程的试验和检验
9.4 现场工艺试验
10. 变更
10.1 变更的范围
10.2 变更权
10.3 变更程序
10.4 变更估价
10.5 承包人的合理化建议
10.6 变更引起的工期调整
10.7 暂估价
10.8 暂列金额
10.9 计日工
11. 价格调整
11.1 市场价格波动引起的调整
11.2 法律变化引起的调整
12. 合格价格、计量与支付
12.1 合同价格形式
12.2 预付款

12.3 计量
12.4 工程进度款支付
12.5 支付账户
13. 验收和工程试车
13.1 分部分项工程验收
13.2 竣工验收
13.3 工程试车
13.4 提前支付单位工程的验收
13.5 施工期运行
13.6 竣工退场
14. 竣工结算
14.1 竣工结算申请
14.2 竣工结算审核
14.3 甩项竣工协议
14.4 最终结清
15. 缺陷责任与保修
15.1 工程保修的原则
15.2 缺陷责任期
15.3 质量保证金
15.4 保修
16. 违约
16.1 发包人违约
16.2 承包人违约
16.3 第三人造成的违约
17. 不可抗力
17.1 不可抗力的确认
17.2 不可抗力的通知
17.3 不可抗力后果的承担
17.4 因不可抗力解除合同
18. 保险

18.1 工程保险

18.2 工伤保险

18.3 其他保险

18.4 持续保险

18.5 保险凭证

18.6 未按约定投保的补救

18.7 通知义务

19. 索赔

19.1 承包人的索赔

19.2 对承包人索赔的处理

19.3 发包人的索赔

19.4 对发包人索赔的处理

19.5 提出索赔的期限

20. 争议解决

20.1 和解

20.2 调解

20.3 争议评审

20.4 仲裁或诉讼

20.5 争议解决条款效力

第三部分　专用合同条款

1. 一般约定

2. 发包人

3. 承包人

4. 监理人

5. 工程质量

6. 安全文明施工与环境保护

7. 工期和进度

8. 材料与设备

9. 试验与检验

10. 变更
11. 价格调整
12. 合同价格、计量与支付
13. 验收和工程试车
14. 竣工结算
15. 缺陷责任期与保修
16. 违约
17. 不可抗力
18. 保险
19. 索赔
20. 争议解决
附件

第一部分　合同协议书

发包人（全称）：________________________

承包人（全称）：________________________

根据《中华人民共和国合同法》、《中华人民共和国建筑法》及有关法律规定，遵循平等、自愿、公平和诚实信用的原则，双方就__________________________________工程施工及有关事项协商一致，共同达成如下协议：

一、工程概况

1. 工程名称：______。

2. 工程地点：______。

3. 工程立项批准文号：______。

4. 资金来源：______。

5. 工程内容：______。

群体工程应附《承包人承揽工程项目一览表》（附件1）。

6. 工程承包范围：____。

二、合同工期

计划开工日期：____年____月____日。

计划竣工日期：____年____月____日。

工期总日历天数：____天。工期总日历天数与根据前述计划开竣工日期计算的工期天数不一致的，以工期总日历天数为准。

三、质量标准

工程质量符合标准。

四、签约合同价与合同价格形式

1. 签约合同价为：

人民币（大写）________________（¥____________元）；

其中：

（1）安全文明施工费：

人民币（大写）______________（¥__________元）；

（2）材料和工程设备暂估价金额：

人民币（大写）______________（¥__________元）；

（3）专业工程暂估价金额：

人民币（大写）______________（¥__________元）；

（4）暂列金额：

人民币（大写）______________（¥__________元）。

2. 合同价格形式：______________________。

五、项目经理

承包人项目经理：____________________。

六、合同文件构成

本协议书与下列文件一起构成合同文件：

（1）中标通知书（如果有）；

（2）投标函及其附录（如果有）；

（3）专用合同条款及其附件；

（4）通用合同条款；

（5）技术标准和要求；

（6）图纸；

（7）已标价工程量清单或预算书；

（8）其他合同文件。

在合同订立及履行过程中形成的与合同有关的文件均构成合同文件套成部分。

上述各项合同文件包括合同当事人就该项合同文件所作出的补充和修改，属于同一类内容的文件，应以最新签署的为准。专用合同条款及其附件须经合同当事人签字或盖章。

七、承诺

1. 发包人承诺按照法律规定履行项目审批手续、筹集工程建设资金并按照合同约定的期限和方式支付合同价款。

2. 承包人承诺按照法律规定及合同约定组织完成工程施工，确保工程质量和安全，不进行转包及违法分包，并在缺陷责任期及保修期内承担相应的工程维修责任。

3. 发包人和承包人通过招投标形式签订合同的，双方理解并承诺不再就同一工程另行签订与合同实质性内容相背离的协议。

八、词语含义

本协议书中词语含义与第二部分通用合同条款中赋予的含义相同。

九、签订时间

本合同于________年____月____日签订。

十、签订地点

本合同在____________________________________签订。

十一、补充协议

合同未尽事宜，合同当事人另行签订补充协议，补充协议是合同的套成部分。

十二、合同生效

本合同自__________________________________生效。

十三、合同份数

本合同一式____份，均具有同等法律效力，发包人执____份，承包人执____份。

发包人：（公章）	承包人：（公章）
法定代表人或其委托代理人：（签字）	法定代表人或其委托代理人：（签字）
组织机构代码：____________	组织机构代码：______________
地址：____________________	地址：______________________
邮政编码：________________	邮政编码：__________________
法定代表人：______________	法定代表人：________________
委托代理人：______________	委托代理人：________________
电话：____________________	电话：______________________
传真：____________________	传真：______________________
电子信箱：________________	电子信箱：__________________

开户银行：________________　　开户银行：________________

账号：____________________　　账号：____________________

第二部分　通用合同条款

1. 一般约定

1.1 词语定义与解释

合同协议书、通用合同条款、专用合同条款中的下列词语具有本款所赋予的含义：

1.1.1 合同

1.1.1.1 合同：是指根据法律规定和合同当事人约定具有约束力的文件，构成合同的文件包括合同协议书、中标通知书（如果有）、投标函及其附录（如果有）、专用合同条款及其附件、通用合同条款、技术标准和要求、图纸、已标价工程量清单或预算书以及其他合同文件。

1.1.1.2 合同协议书：是指构成合同的由发包人和承包人共同签署的称为“合同协议书”的书面文件。

1.1.1.3 中标通知书：是指构成合同的由发包人通知承包人中标的书面文件。

1.1.1.4 投标函：是指构成合同的由承包人填写并签署的用于投标的称为“投标函”的文件。

1.1.1.5 投标函附录：是指构成合同的附在投标函后的称为“投标函附录”的文件。

1.1.1.6 技术标准和要求：是指构成合同的施工应当遵守的或指导施工的国家、行业或地方的技术标准和要求，以及合同约定的技术标准和要求。

1.1.1.7 图纸：是指构成合同的图纸，包括由发包人按照合同约定提供或经发包人批准的设计文件、施工图、鸟瞰图及模型等，以及在合同履行过程中形成的图纸文件。图纸应当按照法律规定审查合格。

1.1.1.8 已标价工程量清单：是指构成合同的由承包人按照规定的格式和要求填写并标明价格的工程量清单，包括说明和表格。

1.1.1.9 预算书：是指构成合同的由承包人按照发包人规定的格式和要求编制的工程预算文件。

1.1.1.10 其他合同文件：是指经合同当事人约定的与工程施工有关的具有合同约束力的文件或书面协议。合同当事人可以在专用合同条款中进行约定。

1.1.2 合同当事人及其他相关方

1.1.2.1 合同当事人：是指发包人和（或）承包人。

1.1.2.2 发包人：是指与承包人签订合同协议书的当事人及取得该当事人资格的合法继承人。

1.1.2.3 承包人：是指与发包人签订合同协议书的，具有相应工程施工承包资质的当事人及取得该当事人资格的合法继承人。

1.1.2.4 监理人：是指在专用合同条款中指明的，受发包人委托按照法律规定进行工程监督管理的法人或其他组织。

1.1.2.5 设计人：是指在专用合同条款中指明的，受发包人委托负责工程设计并具备相应工程设计资质的法人或其他组织。

1.1.2.6 分包人：是指按照法律规定和合同约定，分包部分工程或工作，并与承包人签订分包合同的具有相应资质的法人。

1.1.2.7 发包人代表：是指由发包人任命并派驻施工现场在发包人授权范围内行使发包人权利的人。

1.1.2.8 项目经理：是指由承包人任命并派驻施工现场，在承包人授权范围内负责合同履行，且按照法律规定具有相应资格的项目负责人。

1.1.2.9 总监理工程师：是指由监理人任命并派驻施工现场进行工程监理的总负责人。

1.1.3 工程和设备

1.1.3.1 工程：是指与合同协议书中工程承包范围对应的永久工程和（或）临时工程。

1.1.3.2 永久工程：是指按合同约定建造并移交给发包人的工程，包括工程设备。

1.1.3.3 临时工程：是指为完成合同约定的永久工程所修建的各类临时性工程，不包括施工设备。

1.1.3.4 单位工程：是指在合同协议书中指明的，具备独立施工条件并能形成独立使用功能的永久工程。

1.1.3.5 工程设备：是指构成永久工程的机电设备、金属结构设备、仪器及其他类似的设备和装置。

1.1.3.6 施工设备：是指为完成合同约定的各项工作所需的设备、器具和其他物品，但不包括工程设备、临时工程和材料。

1.1.3.7 施工现场：是指用于工程施工的场所，以及在专用合同条款中指明作为施工场所套成部分的其他场所，包括永久占地和临时占地。

1.1.3.8 临时设施：是指为完成合同约定的各项工作所服务的临时性生产和生活设施。

1.1.3.9 永久占地：是指专用合同条款中指明为实施工程需永久占用的土地。

1.1.3.10 临时占地：是指专用合同条款中指明为实施工程需要临时占用的土地。

1.1.4 日期和期限

1.1.4.1 开工日期：包括计划开工日期和实际开工日期。计划开工日期是指合同协议书约定的开工日期；实际开工日期是指监理人按照第7.3.2项〔开工通知〕约定发出的符合法律规定的开工通知中载明的开工日期。

1.1.4.2 竣工日期：包括计划竣工日期和实际竣工日期。计划竣工日期是指合同协议书约定的竣工日期；实际竣工日期按照第13.2.3项〔竣工日期〕的约定确定。

1.1.4.3 工期：是指在合同协议书约定的承包人完成工程所需的期限，包括按照合同约定所作的期限变更。

1.1.4.4 缺陷责任期：是指承包人按照合同约定承担缺陷修复义务，且发包人预留质量保证金的期限，自工程实际竣工日期起计算。

1.1.4.5 保修期：是指承包人按照合同约定对工程承担保修责任的期限，从工程竣工验收合格之日起计算。

1.1.4.6 基准日期：招标发包的工程以投标截止日前28天的日期为基准日期，直接发包的工程以合同签订日前28天的日期为基准日期。

1.1.4.7 天：除特别指明外，均指日历天。合同中按天计算时间的，开始当天不计入，从次日开始计算，期限最后一天的截止时间为当天24:00时。

1.1.5 合同价格和费用

1.1.5.1 签约合同价：是指发包人和承包人在合同协议书中确定的总金额，包括安全文明施工费、暂估价及暂列金额等。

1.1.5.2 合同价格：是指发包人用于支付承包人按照合同约定完成承包范围内全部工作的金额，包括合同履行过程中按合同约定发生的价格变化。

1.1.5.3 费用：是指为履行合同所发生的或将要发生的所有必需的开支，包括管理费和应分摊的其他费用，但不包括利润。

1.1.5.4 暂估价：是指发包人在工程量清单或预算书中提供的用于支付必然发生但暂时不能确定价格的材料、工程设备的单价、专业工程以及服务工作的金额。

1.1.5.5 暂列金额：是指发包人在工程量清单或预算书中暂定并包括在合同价格中的一笔款项，用于工程合同签订时尚未确定或者不可预见的所需材料、工程设备、服务的采购，施工中可能发生的工程变更、合同约定调整因素出现时的合同价格调整以及发生的索赔、现场签证确认等的费用。

1.1.5.6 计日工：是指合同履行过程中，承包人完成发包人提出的零星工作或需要采用计日工计价的变更工作时，按合同中约定的单价计价的一种方式。

1.1.5.7 质量保证金：是指按照第15.3款〔质量保证金〕约定承包人用于保证其在缺陷责任期内履行缺陷修补义务的担保。

1.1.5.8 总价项目：是指在现行国家、行业以及地方的计量规则中无工程量计算规则，在已标价工程量清单或预算书中以总价或以费率形式计算的项目。

1.1.6 其他

1.1.6.1 书面形式：是指合同文件、信函、电报、传真等可以有形地表现所载内容的形式。

1.2 语言文字

合同以中国的汉语简体文字编写、解释和说明。合同当事人在专用合同条款中约定使用两种以上语言时，汉语为优先解释和说明合同的语言。

1.3 法律

合同所称法律是指中华人民共和国法律、行政法规、部门规章，以及工程所在地的地方性法规、自治条例、单行条例和地方政府规章等。

合同当事人可以在专用合同条款中约定合同适用的其他规范性文件。

1.4 标准和规范

1.4.1 适用于工程的国家标准、行业标准、工程所在地的地方性标准，以及相应的规范、规程等，合同当事人有特别要求的，应在专用合同条款中约定。

1.4.2 发包人要求使用国外标准、规范的，发包人负责提供原文版本和中文译本，并在专用合同条款中约定提供标准规范的名称、份数和时间。

1.4.3 发包人对工程的技术标准、功能要求高于或严于现行国家、行业或地方标准的，应当在专用合同条款中予以明确。除专用合同条款另有约定外，应视为承包人在签订合同前已充分预见前述技术标准和功能要求的复杂程度，签约合同价中已包含由此产生的费用。

1.5 合同文件的优先顺序

套成合同的各项文件应互相解释，互为说明。除专用合同条款另有约定外，解释合同文件的优先顺序如下：

（1）合同协议书；

（2）中标通知书（如果有）；

（3）投标函及其附录（如果有）；

（4）专用合同条款及其附件；

（5）通用合同条款；

（6）技术标准和要求；

（7）图纸；

（8）已标价工程量清单或预算书；

（9）其他合同文件。

上述各项合同文件包括合同当事人就该项合同文件所作出的补充和修改，属于同一类内容的文件，应以最新签署的为准。

在合同订立及履行过程中形成的与合同有关的文件均构成合同文件套成部分，并根据其性质确定优先解释顺序。

1.6 图纸和承包人文件

1.6.1 图纸的提供和交底

发包人应按照专用合同条款约定的期限、数量和内容向承包人免费提供图纸，并组织承包人、监理人和设计人进行图纸会审和设计交底。发包人最迟不得晚于第 7.3.2 项〔开工通知〕载明的开工日期前 14 天向承包人提供图纸。

因发包人未按合同约定提供图纸导致承包人费用增加和（或）工期延误的，按照第 7.5.1 项〔因发包人原因导致工期延误〕约定办理。

1.6.2 图纸的错误

承包人在收到发包人提供的图纸后，发现图纸存在差错、遗漏或缺陷的，应及时通知监理人。监理人接到该通知后，应附具相关意见并立即报送发包人，发包人应在收到监理人报送的通知后的合理时间内作出决定。合理时间是指发包人在收到监理人的报送通知后，尽其努力且不懈怠地完成图纸修改补充所需的时间。

1.6.3 图纸的修改和补充

图纸需要修改和补充的，应经图纸原设计人及审批部门同意，并由监理人在工程或工程相应部位施工前将修改后的图纸或补充图纸提交给承包人，承包人应按修改或补充后的图纸施工。

1.6.4 承包人文件

承包人应按照专用合同条款的约定提供应当由其编制的与工程施工有关的文件，并按照专用合同条款约定的期限、数量和形式提交监理人，并由监理人报送发包人。

除专用合同条款另有约定外，监理人应在收到承包人文件后 7 天内审查完毕，监理人对承包人文件有异议的，承包人应予以修改，并重新报送监理人。监理人的审查并不减轻或免除承包人根据合同约定应当承担的责任。

1.6.5 图纸和承包人文件的保管

除专用合同条款另有约定外，承包人应在施工现场另外保存一套完整的图纸和承包人文件，供发包人、监理人及有关人员进行工程检查时使用。

1.7 联络

1.7.1 与合同有关的通知、批准、证明、证书、指示、指令、要求、请求、同意、意见、确定和决定等，均应采用书面形式，并应在合同约定的期限内送达接收人和送达地点。

1.7.2 发包人和承包人应在专用合同条款中约定各自的送达接收人和送达地点。任何一方合同当事人指定的接收人或送达地点发生变动的，应提前3天以书面形式通知对方。

1.7.3 发包人和承包人应当及时签收另一方送达至送达地点和指定接收人的来往信函。拒不签收的，由此增加的费用和（或）延误的工期由拒绝接收一方承担。

1.8 严禁贿赂

合同当事人不得以贿赂或变相贿赂的方式，谋取非法利益或损害对方权益。因一方合同当事人的贿赂造成对方损失的，应赔偿损失，并承担相应的法律责任。

承包人不得与监理人或发包人聘请的第三方串通损害发包人利益。未经发包人书面同意，承包人不得为监理人提供合同约定以外的通信设备、交通工具及其他任何形式的利益，不得向监理人支付报酬。

1.9 化石、文物

在施工现场发掘的所有文物、古迹以及具有地质研究或考古价值的其他遗迹、化石、钱币或物品属于国家所有。一旦发现上述文物，承包人应采取合理有效的保护措施，防止任何人员移动或损坏上述物品，并立即报告有关政府行政管理部门，同时通知监理人。

发包人、监理人和承包人应按有关政府行政管理部门要求采取妥善的保护措施，由此增加的费用和（或）延误的工期由发包人承担。

承包人发现文物后不及时报告或隐瞒不报，致使文物丢失或损坏的，应赔偿损失，并承担相应的法律责任。

1.10 交通运输

1.10.1 出入现场的权利

除专用合同条款另有约定外，发包人应根据施工需要，负责取得出入施工现场所需的批准手续和全部权利，以及取得因施工所需修建道路、桥梁以及其他基础设施的权利，并承担相关手续费用和建设费用。承包人应协助发包人办理修建场内外道路、桥梁以及其他基础设施的手续。

承包人应在订立合同前查勘施工现场，并根据工程规模及技术参数合理预见工程施工所需的进出施工现场的方式、手段、路径等。因承包人未合理预见所增加的费用和（或）延误的工期由承包人承担。

1.10.2 场外交通

发包人应提供场外交通设施的技术参数和具体条件，承包人应遵守有关交通法规，严格按照道路和桥梁的限制荷载行驶，执行有关道路限速、限行、禁止超载的规定，并配合交通管理部门的监督和检查。场外交通设施无法满足工程施工需要的，由发包人负责完善并承担相关费用。

1.10.3 场内交通

发包人应提供场内交通设施的技术参数和具体条件，并应按照专用合同条款的约定向承包人免费提供满足工程施工所需的场内道路和交通设施。因承包人原因造成上述道路或交通设施损坏的，承包人负责修复并承担由此增加的费用。

除发包人按照合同约定提供的场内道路和交通设施外，承包人负责修建、维修、养护和管理施工所需的其他场内临时道路和交通设施。发包人和监理人可以为实现合同目的使用承包人修建的场内临时道路和交通设施。

场外交通和场内交通的边界由合同当事人在专用合同条款中约定。

1.10.4 超大件或超重件的运输

由承包人负责运输的超大件或超重件，应由承包人负责向交通管理部门办理申请手续，发包人给予协助。运输超大件或超重件所需的道路和桥梁临时加固改造费用和其他有关费用，由承包人承担，但专用合同条款另有约定除外。

1.10.5 道路和桥梁的损坏责任

因承包人运输造成施工场地内外公共道路和桥梁损坏的，由承包人承担修复损坏的全部费用和可能引起的赔偿。

1.10.6 水路和航空运输

本款前述各项的内容适用于水路运输和航空运输，其中“道路”一词的含义包括河道、航线、船闸、机场、码头、堤防以及水路或航空运输中其他相似结构物；“车辆”一词的含义包括船舶和飞机等。

1.11 知识产权

1.11.1 除专用合同条款另有约定外，发包人提供给承包人的图纸、发包人为实施工程自行编制或委托编制的技术规范以及反映发包人要求的或其他类似性质的文件的著作权属于发包人，承包人可以为实现合同目的而复制、使用此类文件，但不能用于与合同无关的其他事项。未经发包人书面同意，承包人不得为了合同以外的目的而复制、使用上述文件或将之提供给任何第三方。

1.11.2 除专用合同条款另有约定外，承包人为实施工程所编制的文件，除署名权以外的著作权属于发包人，承包人可因实施工程的运行、调试、维修、改造等目的而复制、使用此类文件，但不能用于与合同无关的其他事项。未经发包人书面同意，承包人不得为了合同以外的目的而复制、使用上述文件或将之提供给任何第三方。

1.11.3 合同当事人保证在履行合同过程中不侵犯对方及第三方的知识产权。承包人在使用材料、施工设备、工程设备或采用施工工艺时，因侵犯他人的专利权或其他知识产权所引起的责任，由承包人承担；因发包人提供的材料、施工设备、工程设备或施工工艺导致侵权的，由发包人承担责任。

1.11.4 除专用合同条款另有约定外，承包人在合同签订前和签订时已确定采用的专利、专有技术、技术秘密的使用费已包含在签约合同价中。

1.12 保密

除法律规定或合同另有约定外，未经发包人同意，承包人不得将发包人提供的图纸、文件以及声明需要保密的资料信息等商业秘密泄露给第三方。

除法律规定或合同另有约定外，未经承包人同意，发包人不得将承包人提供的技术秘密及声明需要保密的资料信息等商业秘密泄露给第三方。

1.13 工程量清单错误的修正

除专用合同条款另有约定外，发包人提供的工程量清单，应被认为是准确的和完整的。出现下列情形之一时，发包人应予以修正，并相应调整合同价格：

（1）工程量清单存在缺项、漏项的；

（2）工程量清单偏差超出专用合同条款约定的工程量偏差范围的；

（3）未按照国家现行计量规范强制性规定计量的。

2. 发包人

2.1 许可或批准

发包人应遵守法律，并办理法律规定由其办理的许可、批准或备案，包括但不限于建设用地规划许可证、建设工程规划许可证、建设工程施工许可证、施工所需临时用水、临时用电、中断道路交通、临时占用土地等许可和批准。发包人应协助承包人办理法律规定的有关施工证件和批件。

因发包人原因未能及时办理完毕前述许可、批准或备案，由发包人承担由此增加的费用和（或）延误的工期，并支付承包人合理的利润。

2.2 发包人代表

发包人应在专用合同条款中明确其派驻施工现场的发包人代表的姓名、职务、联系方式及授权范围等事项。发包人代表在发包人的授权范围内，负责处理合同履行过程中与发包人有关的具体事宜。发包人代表在授权范围内的行为由发包人承担法律责任。发包人更换发包人代表的，应提前7天书面通知承包人。

发包人代表不能按照合同约定履行其职责及义务，并导致合同无法继续正常履行的，承包人可以要求发包人撤换发包人代表。

不属于法定必须监理的工程，监理人的职权可以由发包人代表或发包人指定的其他人员行使。

2.3 发包人人员

发包人应要求在施工现场的发包人人员遵守法律及有关安全、质量、环境保护、文明施工等规定，并保障承包人免予承受因发包人人员未遵守上述要求给承包人造成的损失和责任。

发包人人员包括发包人代表及其他由发包人派驻施工现场的人员。

2.4 施工现场、施工条件和基础资料的提供

2.4.1 提供施工现场

除专用合同条款另有约定外，发包人应最迟于开工日期7天前向承包人移交施工现场。

2.4.2 提供施工条件

除专用合同条款另有约定外，发包人应负责提供施工所需要的条件，包括：

（1）将施工用水、电力、通信线路等施工所必需的条件接至施工现场内；

（2）保证向承包人提供正常施工所需要的进入施工现场的交通条件；

（3）协调处理施工现场周围地下管线和邻近建筑物、构筑物、古树名木的保护工作，并承担相关费用；

（4）按照专用合同条款约定应提供的其他设施和条件。

2.4.3 提供基础资料

发包人应当在移交施工现场前向承包人提供施工现场及工程施工所必需的毗邻区域内供水、排水、供电、供气、供热、通信、广播电视等地下管线资料，气象和水文观测资料，地质勘察资料，相邻建筑物、构筑物和地下工程等有关基础资料，并对所提供资料的真实性、准确性和完整性负责。

按照法律规定确需在开工后方能提供的基础资料，发包人应尽其努力及时地在相应工程施工前的合理期限内提供，合理期限应以不影响承包人的正常施工为限。

2.4.4 逾期提供的责任

因发包人原因未能按合同约定及时向承包人提供施工现场、施工条件、基础资料的，由发包人承担由此增加的费用和（或）延误的工期。

2.5 资金来源证明及支付担保

除专用合同条款另有约定外，发包人应在收到承包人要求提供资金来源证明的书面通知后28天内，向承包人提供能够按照合同约定支付合同价款的相应资金来源证明。

除专用合同条款另有约定外，发包人要求承包人提供履约担保的，发

包人应当向承包人提供支付担保。支付担保可以采用银行保函或担保公司担保等形式，具体由合同当事人在专用合同条款中约定。

2.6 支付合同价款

发包人应按合同约定向承包人及时支付合同价款。

2.7 组织竣工验收

发包人应按合同约定及时组织竣工验收。

2.8 现场统一管理协议

发包人应与承包人、由发包人直接发包的专业工程的承包人签订施工现场统一管理协议，明确各方的权利义务。施工现场统一管理协议作为专用合同条款的附件。

3. 承包人

3.1 承包人的一般义务

承包人在履行合同过程中应遵守法律和工程建设标准规范，并履行以下义务：

（1）办理法律规定应由承包人办理的许可和批准，并将办理结果书面报送发包人留存；

（2）按法律规定和合同约定完成工程，并在保修期内承担保修义务；

（3）按法律规定和合同约定采取施工安全和环境保护措施，办理工伤保险，确保工程及人员、材料、设备和设施的安全；

（4）按合同约定的工作内容和施工进度要求，编制施工组织设计和施工措施计划，并对所有施工作业和施工方法的完备性和安全可靠性负责；

（5）在进行合同约定的各项工作时，不得侵害发包人与他人使用公用道路、水源、市政管网等公共设施的权利，避免对邻近的公共设施产生干扰。承包人占用或使用他人的施工场地，影响他人作业或生活的，应承担相应责任；

（6）按照第6.3款〔环境保护〕约定负责施工场地及其周边环境与生态的保护工作；

（7）按第6.1款〔安全文明施工〕约定采取施工安全措施，确保工程及其人员、材料、设备和设施的安全，防止因工程施工造成的人身伤害和财产损失；

(8) 将发包人按合同约定支付的各项价款专用于合同工程，且应及时支付其雇用人员工资，并及时向分包人支付合同价款；

(9) 按照法律规定和合同约定编制竣工资料，完成竣工资料立卷及归档，并按专用合同条款约定的竣工资料的套数、内容、时间等要求移交发包人；

(10) 应履行的其他义务。

3.2 项目经理

3.2.1 项目经理应为合同当事人所确认的人选，并在专用合同条款中明确项目经理的姓名、职称、注册执业证书编号、联系方式及授权范围等事项，项目经理经承包人授权后代表承包人负责履行合同。项目经理应是承包人正式聘用的员工，承包人应向发包人提交项目经理与承包人之间的劳动合同，以及承包人为项目经理缴纳社会保险的有效证明。承包人不提交上述文件的，项目经理无权履行职责，发包人有权要求更换项目经理，由此增加的费用和（或）延误的工期由承包人承担。

项目经理应常驻施工现场，且每月在施工现场时间不得少于专用合同条款约定的天数。项目经理不得同时担任其他项目的项目经理。项目经理确需离开施工现场时，应事先通知监理人，并取得发包人的书面同意。项目经理的通知中应当载明临时代行其职责的人员的注册执业资格、管理经验等资料，该人员应具备履行相应职责的能力。

承包人违反上述约定的，应按照专用合同条款的约定，承担违约责任。

3.2.2 项目经理按合同约定组织工程实施。在紧急情况下为确保施工安全和人员安全，在无法与发包人代表和总监理工程师及时取得联系时，项目经理有权采取必要的措施保证与工程有关的人身、财产和工程的安全，但应在48小时内向发包人代表和总监理工程师提交书面报告。

3.2.3 承包人需要更换项目经理的，应提前14天书面通知发包人和监理人，并征得发包人书面同意。通知中应当载明继任项目经理的注册执业资格、管理经验等资料，继任项目经理继续履行第3.2.1项约定的职责。未经发包人书面同意，承包人不得擅自更换项目经理。承包人擅自更换项目经理的，应按照专用合同条款的约定承担违约责任。

3.2.4 发包人有权书面通知承包人更换其认为不称职的项目经理，通知中应当载明要求更换的理由。承包人应在接到更换通知后14天内向发包人提出书面的改进报告。发包人收到改进报告后仍要求更换的，承包人应在接到第二次更换通知的28天内进行更换，并将新任命的项目经理的注册执业资格、管理经验等资料书面通知发包人。继任项目经理继续履行第3.2.1项约定的职责。承包人无正当理由拒绝更换项目经理的，应按照专用合同条款的约定承担违约责任。

3.2.5 项目经理因特殊情况授权其下属人员履行其某项工作职责的，该下属人员应具备履行相应职责的能力，并应提前7天将上述人员的姓名和授权范围书面通知监理人，并征得发包人书面同意。

3.3 承包人人员

3.3.1 除专用合同条款另有约定外，承包人应在接到开工通知后7天内，向监理人提交承包人项目管理机构及施工现场人员安排的报告，其内容应包括合同管理、施工、技术、材料、质量、安全、财务等主要施工管理人员名单及其岗位、注册执业资格等，以及各工种技术工人的安排情况，并同时提交主要施工管理人员与承包人之间的劳动关系证明和缴纳社会保险的有效证明。

3.3.2 承包人派驻到施工现场的主要施工管理人员应相对稳定。施工过程中如有变动，承包人应及时向监理人提交施工现场人员变动情况的报告。承包人更换主要施工管理人员时，应提前7天书面通知监理人，并征得发包人书面同意。通知中应当载明继任人员的注册执业资格、管理经验等资料。

特殊工种作业人员均应持有相应的资格证明，监理人可以随时检查。

3.3.3 发包人对于承包人主要施工管理人员的资格或能力有异议的，承包人应提供资料证明被质疑人员有能力完成其岗位工作或不存在发包人所质疑的情形。发包人要求撤换不能按照合同约定履行职责及义务的主要施工管理人员的，承包人应当撤换。承包人无正当理由拒绝撤换的，应按照专用合同条款的约定承担违约责任。

3.3.4 除专用合同条款另有约定外，承包人的主要施工管理人员离开施工现场每月累计不超过5天的，应报监理人同意；离开施工现场每月累计超过5天的，应通知监理人，并征得发包人书面同意。主要施工管理人员离开施工现场前应指定一名有经验的人员临时代行其职责，该人员应具备履行相应职责的资格和能力，且应征得监理人或发包人的同意。

3.3.5 承包人擅自更换主要施工管理人员，或前述人员未经监理人或发包人同意擅自离开施工现场的，应按照专用合同条款约定承担违约责任。

3.4 承包人现场查勘

承包人应对基于发包人按照第2.4.3项〔提供基础资料〕提交的基础资料所做出的解释和推断负责，但因基础资料存在错误、遗漏导致承包人解释或推断失实的，由发包人承担责任。

承包人应对施工现场和施工条件进行查勘，并充分了解工程所在地的气象条件、交通条件、风俗习惯以及其他与完成合同工作有关的其他资料。因承包人未能充分查勘、了解前述情况或未能充分估计前述情况所可能产生后果的，承包人承担由此增加的费用和（或）延误的工期。

3.5 分包

3.5.1 分包的一般约定

承包人不得将其承包的全部工程转包给第三人，或将其承包的全部工程肢解后以分包的名义转包给第三人。承包人不得将工程主体结构、关键性工作及专用合同条款中禁止分包的专业工程分包给第三人，主体结构、关键性工作的范围由合同当事人按照法律规定在专用合同条款中予以明确。

承包人不得以劳务分包的名义转包或违法分包工程。

3.5.2 分包的确定

承包人应按专用合同条款的约定进行分包，确定分包人。已标价工程量清单或预算书中给定暂估价的专业工程，按照第10.7款〔暂估价〕确定分包人。按照合同约定进行分包的，承包人应确保分包人具有相应的资质和能力。工程分包不减轻或免除承包人的责任和义务，承包人和分包人就分包工程向发包人承担连带责任。除合同另有约定外，承包人应在分包合同签订后7天内向发包人和监理人提交分包合同副本。

3.5.3 分包管理

承包人应向监理人提交分包人的主要施工管理人员表，并对分包人的施工人员进行实名制管理，包括但不限于进出场管理、登记造册以及各种证照的办理。

3.5.4 分包合同价款

（1）除本项第（2）条约定的情况或专用合同条款另有约定外，分包合同价款由承包人与分包人结算，未经承包人同意，发包人不得向分包人支付分包工程价款；

（2）生效法律文书要求发包人向分包人支付分包合同价款的，发包人有权从应付承包人工程款中扣除该部分款项。

3.5.5 分包合同权益的转让

分包人在分包合同项下的义务持续到缺陷责任期届满以后的，发包人有权在缺陷责任期届满前，要求承包人将其在分包合同项下的权益转让给发包人，承包人应当转让。除转让合同另有约定外，转让合同生效后，由分包人向发包人履行义务。

3.6 工程照管与成品、半成品保护

（1）除专用合同条款另有约定外，自发包人向承包人移交施工现场之日起，承包人应负责照管工程及工程相关的材料、工程设备，直到颁发工程接收证书之日止。

（2）在承包人负责照管期间，因承包人原因造成工程、材料、工程设备损坏的，由承包人负责修复或更换，并承担由此增加的费用和（或）延误的工期。

（3）对合同内分期完成的成品和半成品，在工程接收证书颁发前，由承包人承担保护责任。因承包人原因造成成品或半成品损坏的，由承包人负责修复或更换，并承担由此增加的费用和（或）延误的工期。

3.7 履约担保

发包人需要承包人提供履约担保的，由合同当事人在专用合同条款中约定履约担保的方式、金额及期限等。履约担保可以采用银行保函或担保公司担保等形式，具体由合同当事人在专用合同条款中约定。

因承包人原因导致工期延长的，继续提供履约担保所增加的费用由承包人承担；非因承包人原因导致工期延长的，继续提供履约担保所增加的费用由发包人承担。

3.8 联合体

3.8.1 联合体各方应共同与发包人签订合同协议书。联合体各方应为履行合同向发包人承担连带责任。

3.8.2 联合体协议经发包人确认后作为合同附件。在履行合同过程中，未经发包人同意，不得修改联合体协议。

3.8.3 联合体牵头人负责与发包人和监理人联系，并接受指示，负责组织联合体各成员全面履行合同。

4. 监理人

4.1 监理人的一般规定

工程实行监理的，发包人和承包人应在专用合同条款中明确监理人的监理内容及监理权限等事项。监理人应当根据发包人授权及法律规定，代表发包人对工程施工相关事项进行检查、查验、审核、验收，并签发相关指示，但监理人无权修改合同，且无权减轻或免除合同约定的承包人的任何责任与义务。

除专用合同条款另有约定外，监理人在施工现场的办公场所、生活场所由承包人提供，所发生的费用由发包人承担。

4.2 监理人员

发包人授予监理人对工程实施监理的权利由监理人派驻施工现场的监理人员行使，监理人员包括总监理工程师及监理工程师。监理人应将授权的总监理工程师和监理工程师的姓名及授权范围以书面形式提前通知承包人。更换总监理工程师的，监理人应提前7天书面通知承包人；更换其他监理人员，监理人应提前48小时书面通知承包人。

4.3 监理人的指示

监理人应按照发包人的授权发出监理指示。监理人的指示应采用书面形式，并经其授权的监理人员签字。紧急情况下，为了保证施工人员的安全或避免工程受损，监理人员可以口头形式发出指示，该指示与书面形式的指示具有同等法律效力，但必须在发出口头指示后24小时内补发书面监理指示，补发的书面监理指示应与口头指示一致。

监理人发出的指示应送达承包人项目经理或经项目经理授权接收的人员。因监理人未能按合同约定发出指示、指示延误或发出了错误指示而导致承包人费用增加和（或）工期延误的，由发包人承担相应责任。除专用合同条款另有约定外，总监理工程师不应将第4.4款〔商定或确定〕约定应由总监理工程师作出确定的权力授权或委托给其他监理人员。

承包人对监理人发出的指示有疑问的，应向监理人提出书面异议，监理人应在48小时内对该指示予以确认、更改或撤销，监理人逾期未回复的，承包人有权拒绝执行上述指示。

监理人对承包人的任何工作、工程或其采用的材料和工程设备未在约定的或合理期限内提出意见的，视为批准，但不免除或减轻承包人对该工作、工程、材料、工程设备等应承担的责任和义务。

4.4 商定或确定

合同当事人进行商定或确定时，总监理工程师应当会同合同当事人尽量通过协商达成一致，不能达成一致的，由总监理工程师按照合同约定审慎做出公正的确定。

总监理工程师应将确定以书面形式通知发包人和承包人，并附详细依据。合同当事人对总监理工程师的确定没有异议的，按照总监理工程师的确定执行。任何一方合同当事人有异议，按照第20条〔争议解决〕约定处理。争议解决前，合同当事人暂按总监理工程师的确定执行；争议解决后，争议解决的结果与总监理工程师的确定不一致的，按照争议解决的结果执行，由此造成的损失由责任人承担。

5. 工程质量

5.1 质量要求

5.1.1 工程质量标准必须符合现行国家有关工程施工质量验收规范和标准的要求。有关工程质量的特殊标准或要求由合同当事人在专用合同条款中约定。

5.1.2 因发包人原因造成工程质量未达到合同约定标准的，由发包人承担由此增加的费用和（或）延误的工期，并支付承包人合理的利润。

5.1.3 因承包人原因造成工程质量未达到合同约定标准的，发包人有权要求承包人返工直至工程质量达到合同约定的标准为止，并由承包人承担由此增加的费用和（或）延误的工期。

5.2 质量保证措施

5.2.1 发包人的质量管理

发包人应按照法律规定及合同约定完成与工程质量有关的各项工作。

5.2.2 承包人的质量管理

承包人按照第7.1款〔施工组织设计〕约定向发包人和监理人提交工程质量保证体系及措施文件，建立完善的质量检查制度，并提交相应的工程质量文件。对于发包人和监理人违反法律规定和合同约定的错误指示，承包人有权拒绝实施。

承包人应对施工人员进行质量教育和技术培训，定期考核施工人员的劳动技能，严格执行施工规范和操作规程。

承包人应按照法律规定和发包人的要求，对材料、工程设备以及工程的所有部位及其施工工艺进行全过程的质量检查和检验，并作详细记录，编制工程质量报表，报送监理人审查。此外，承包人还应按照法律规定和发包人的要求，进行施工现场取样试验、工程复核测量和设备性能检测，提供试验样品、提交试验报告和测量成果以及其他工作。

5.2.3 监理人的质量检查和检验

监理人按照法律规定和发包人授权对工程的所有部位及其施工工艺、材料和工程设备进行检查和检验。承包人应为监理人的检查和检验提供方便，包括监理人到施工现场，或制造、加工地点，或合同约定的其他地方进行察看和查阅施工原始记录。监理人为此进行的检查和检验，不免除或减轻承包人按照合同约定应当承担的责任。

监理人的检查和检验不应影响施工正常进行。监理人的检查和检验影响施工正常进行的，且经检查检验不合格的，影响正常施工的费用由承包人承担，工期不予顺延；经检查检验合格的，由此增加的费用和（或）延误的工期由发包人承担。

5.3 隐蔽工程检查

5.3.1 承包人自检

承包人应当对工程隐蔽部位进行自检，并经自检确认是否具备覆盖条件。

5.3.2 检查程序

除专用合同条款另有约定外，工程隐蔽部位经承包人自检确认具备覆盖条件的，承包人应在共同检查前48小时书面通知监理人检查，通知中应载明隐蔽检查的内容、时间和地点，并应附有自检记录和必要的检查资料。

监理人应按时到场并对隐蔽工程及其施工工艺、材料和工程设备进行检查。经监理人检查确认质量符合隐蔽要求，并在验收记录上签字后，承包人才能进行覆盖。经监理人检查质量不合格的，承包人应在监理人指示的时间内完成修复，并由监理人重新检查，由此增加的费用和（或）延误的工期由承包人承担。

除专用合同条款另有约定外，监理人不能按时进行检查的，应在检查前24小时向承包人提交书面延期要求，但延期不能超过48小时，由此导致工期延误的，工期应予以顺延。监理人未按时进行检查，也未提出延期要求的，视为隐蔽工程检查合格，承包人可自行完成覆盖工作，并作相应记录报送监理人，监理人应签字确认。监理人事后对检查记录有疑问的，可按第5.3.3项〔重新检查〕的约定重新检查。

5.3.3 重新检查

承包人覆盖工程隐蔽部位后，发包人或监理人对质量有疑问的，可要求承包人对已覆盖的部位进行钻孔探测或揭开重新检查，承包人应遵照执行，并在检查后重新覆盖恢复原状。经检查证明工程质量符合合同要求的，由发包人承担由此增加的费用和（或）延误的工期，并支付承包人合理的利润；经检查证明工程质量不符合合同要求的，由此增加的费用和（或）延误的工期由承包人承担。

5.3.4 承包人私自覆盖

承包人未通知监理人到场检查，私自将工程隐蔽部位覆盖的，监理人有权指示承包人钻孔探测或揭开检查，无论工程隐蔽部位质量是否合格，由此增加的费用和（或）延误的工期均由承包人承担。

5.4 不合格工程的处理

5.4.1 因承包人原因造成工程不合格的，发包人有权随时要求承包人采取补救措施，直至达到合同要求的质量标准，由此增加的费用和（或）

延误的工期由承包人承担。无法补救的，按照第13.2.4项〔拒绝接收全部或部分工程〕约定执行。

5.4.2 因发包人原因造成工程不合格的，由此增加的费用和（或）延误的工期由发包人承担，并支付承包人合理的利润。

5.5 质量争议检测

合同当事人对工程质量有争议的，由双方协商确定的工程质量检测机构鉴定，由此产生的费用及因此造成的损失，由责任方承担。

合同当事人均有责任的，由双方根据其责任分别承担。合同当事人无法达成一致的，按照第4.4款〔商定或确定〕执行。

6. 安全文明施工与环境保护

6.1 安全文明施工

6.1.1 安全生产要求

合同履行期间，合同当事人均应当遵守国家和工程所在地有关安全生产的要求，合同当事人有特别要求的，应在专用合同条款中明确施工项目安全生产标准化达标目标及相应事项。承包人有权拒绝发包人及监理人强令承包人违章作业、冒险施工的任何指示。

在施工过程中，如遇到突发的地质变动、事先未知的地下施工障碍等影响施工安全的紧急情况，承包人应及时报告监理人和发包人，发包人应当及时下令停工并报政府有关行政管理部门采取应急措施。

因安全生产需要暂停施工的，按照第7.8款〔暂停施工〕的约定执行。

6.1.2 安全生产保证措施

承包人应当按照有关规定编制安全技术措施或者专项施工方案，建立安全生产责任制度、治安保卫制度及安全生产教育培训制度，并按安全生产法律规定及合同约定履行安全职责，如实编制工程安全生产的有关记录，接受发包人、监理人及政府安全监督部门的检查与监督。

6.1.3 特别安全生产事项

承包人应按照法律规定进行施工，开工前做好安全技术交底工作，施工过程中做好各项安全防护措施。承包人为实施合同而雇用的特殊工种的人员应受过专门的培训并已取得政府有关管理机构颁发的上岗证书。

承包人在动力设备、输电线路、地下管道、密封防震车间、易燃易爆地段以及临街交通要道附近施工时，施工开始前应向发包人和监理人提出安全防护措施，经发包人认可后实施。

实施爆破作业，在放射、毒害性环境中施工（含储存、运输、使用）及使用毒害性、腐蚀性物品施工时，承包人应在施工前7天以书面通知发包人和监理人，并报送相应的安全防护措施，经发包人认可后实施。

需单独编制危险性较大分部分项专项工程施工方案的，及要求进行专家论证的超过一定规模的危险性较大的分部分项工程，承包人应及时编制和组织论证。

6.1.4 治安保卫

除专用合同条款另有约定外，发包人应与当地公安部门协商，在现场建立治安管理机构或联防组织，统一管理施工场地的治安保卫事项，履行合同工程的治安保卫职责。

发包人和承包人除应协助现场治安管理机构或联防组织维护施工场地的社会治安外，还应做好包括生活区在内的各自管辖区的治安保卫工作。

除专用合同条款另有约定外，发包人和承包人应在工程开工后7天内共同编制施工场地治安管理计划，并制订应对突发治安事件的紧急预案。在工程施工过程中，发生暴乱、爆炸等恐怖事件，以及群殴、械斗等群体性突发治安事件的，发包人和承包人应立即向当地政府报告。发包人和承包人应积极协助当地有关部门采取措施平息事态，防止事态扩大，尽量避免人员伤亡和财产损失。

6.1.5 文明施工

承包人在工程施工期间，应当采取措施保持施工现场平整，物料堆放整齐。工程所在地有关政府行政管理部门有特殊要求的，按照其要求执行。合同当事人对文明施工有其他要求的，可以在专用合同条款中明确。

在工程移交之前，承包人应当从施工现场清除承包人的全部工程设备、多余材料、垃圾和各种临时工程，并保持施工现场清洁整齐。经发包人书面同意，承包人可在发包人指定的地点保留承包人履行保修期内的各项义务所需要的材料、施工设备和临时工程。

6.1.6 安全文明施工费

安全文明施工费由发包人承担，发包人不得以任何形式扣减该部分费用。因基准日期后合同所适用的法律或政府有关规定发生变化，增加的安全文明施工费由发包人承担。

承包人经发包人同意采取合同约定以外的安全措施所产生的费用，由发包人承担。未经发包人同意的，如果该措施避免了发包人的损失，则发包人在避免损失的额度内承担该措施费。如果该措施避免了承包人的损失，由承包人承担该措施费。

除专用合同条款另有约定外，发包人应在开工后28天内预付安全文明施工费总额的50%，其余部分与进度款同期支付。发包人逾期支付安全文明施工费超过7天的，承包人有权向发包人发出要求预付的催告通知，发包人收到通知后7天内仍未支付的，承包人有权暂停施工，并按第16.1.1项〔发包人违约的情形〕执行。

承包人对安全文明施工费应专款专用，承包人应在财务账目中单独列项备查，不得挪作他用，否则发包人有权责令其限期改正；逾期未改正的，可以责令其暂停施工，由此增加的费用和（或）延误的工期由承包人承担。

6.1.7 紧急情况处理

在工程实施期间或缺陷责任期内发生危及工程安全的事件，监理人通知承包人进行抢救，承包人声明无能力或不愿立即执行的，发包人有权雇佣其他人员进行抢救。此类抢救按合同约定属于承包人义务的，由此增加的费用和（或）延误的工期由承包人承担。

6.1.8 事故处理

工程施工过程中发生事故的，承包人应立即通知监理人，监理人应立即通知发包人。发包人和承包人应立即组织人员和设备进行紧急抢救和抢修，减少人员伤亡和财产损失，防止事故扩大，并保护事故现场。需要移动现场物品时，应做出标记和书面记录，妥善保管有关证据。发包人和承包人应按国家有关规定，及时如实地向有关部门报告事故发生的情况，以及正在采取的紧急措施等。

6.1.9 安全生产责任

6.1.9.1 发包人的安全责任

发包人应负责赔偿以下各种情况造成的损失：

（1）工程或工程的任何部分对土地的占用所造成的第三者财产损失；

（2）由于发包人原因在施工场地及其毗邻地带造成的第三者人身伤亡和财产损失；

（3）由于发包人原因对承包人、监理人造成的人员人身伤亡和财产损失；

（4）由于发包人原因造成的发包人自身人员的人身伤害以及财产损失。

6.1.9.2 承包人的安全责任

由于承包人原因在施工场地内及其毗邻地带造成的发包人、监理人以及第三者人员伤亡和财产损失，由承包人负责赔偿。

6.2 职业健康

6.2.1 劳动保护

承包人应按照法律规定安排现场施工人员的劳动和休息时间，保障劳动者的休息时间，并支付合理的报酬和费用。承包人应依法为其履行合同所雇用的人员办理必要的证件、许可、保险和注册等，承包人应督促其分包人为分包人所雇用的人员办理必要的证件、许可、保险和注册等。

承包人应按照法律规定保障现场施工人员的劳动安全，并提供劳动保护，并应按国家有关劳动保护的规定，采取有效的防止粉尘、降低噪声、控制有害气体和保障高温、高寒、高空作业安全等劳动保护措施。承包人雇佣人员在施工中受到伤害的，承包人应立即采取有效措施进行抢救和治疗。

承包人应按法律规定安排工作时间，保证其雇佣人员享有休息和休假的权利。因工程施工的特殊需要占用休假日或延长工作时间的，应不超过法律规定的限度，并按法律规定给予补休或付酬。

6.2.2 生活条件

承包人应为其履行合同所雇用的人员提供必要的膳宿条件和生活环境；承包人应采取有效措施预防传染病，保证施工人员的健康，并定期对施工现场、施工人员生活基地和工程进行防疫和卫生的专业检查和处理，在远离城镇的施工场地，还应配备必要的伤病防治和急救的医务人员与医疗设施。

6.3 环境保护

承包人应在施工组织设计中列明环境保护的具体措施。在合同履行期间，承包人应采取合理措施保护施工现场环境。对施工作业过程中可能引起的大气、水、噪音以及固体废物污染采取具体可行的防范措施。

承包人应当承担因其原因引起的环境污染侵权损害赔偿责任，因上述环境污染引起纠纷而导致暂停施工的，由此增加的费用和（或）延误的工期由承包人承担。

7. 工期和进度

7.1 施工组织设计

7.1.1 施工组织设计的内容

施工组织设计应包含以下内容：

（1）施工方案；

（2）施工现场平面布置图；

（3）施工进度计划和保证措施；

（4）劳动力及材料供应计划；

（5）施工机械设备的选用；

（6）质量保证体系及措施；

（7）安全生产、文明施工措施；

（8）环境保护、成本控制措施；

（9）合同当事人约定的其他内容。

7.1.2 施工组织设计的提交和修改

除专用合同条款另有约定外，承包人应在合同签订后14天内，但至迟不得晚于第7.3.2项〔开工通知〕载明的开工日期前7天，向监理人提交详细的施工组织设计，并由监理人报送发包人。除专用合同条款另有约定外，发包人和监理人应在监理人收到施工组织设计后7天内确认或提出修改意见。对发包人和监理人提出的合理意见和要求，承包人应自费修改完善。根据工程实际情况需要修改施工组织设计的，承包人应向发包人和监理人提交修改后的施工组织设计。

施工进度计划的编制和修改按照第7.2款〔施工进度计划〕执行。

7.2 施工进度计划

7.2.1 施工进度计划的编制

承包人应按照第7.1款〔施工组织设计〕约定提交详细的施工进度计划，施工进度计划的编制应当符合国家法律规定和一般工程实践惯例，施工进度计划经发包人批准后实施。施工进度计划是控制工程进度的依据，发包人和监理人有权按照施工进度计划检查工程进度情况。

7.2.2 施工进度计划的修订

施工进度计划不符合合同要求或与工程的实际进度不一致的，承包人应向监理人提交修订的施工进度计划，并附有关措施和相关资料，由监理人报送发包人。除专用合同条款另有约定外，发包人和监理人应在收到修订的施工进度计划后7天内完成审核和批准或提出修改意见。发包人和监理人对承包人提交的施工进度计划的确认，不能减轻或免除承包人根据法律规定和合同约定应承担的任何责任或义务。

7.3 开工

7.3.1 开工准备

除专用合同条款另有约定外，承包人应按照第7.1款〔施工组织设计〕约定的期限，向监理人提交工程开工报审表，经监理人报发包人批准后执行。开工报审表应详细说明按施工进度计划正常施工所需的施工道路、临时设施、材料、工程设备、施工设备、施工人员等落实情况以及工程的进度安排。

除专用合同条款另有约定外，合同当事人应按约定完成开工准备工作。

7.3.2 开工通知

发包人应按照法律规定获得工程施工所需的许可。经发包人同意后，监理人发出的开工通知应符合法律规定。监理人应在计划开工日期7天前向承包人发出开工通知，工期自开工通知中载明的开工日期起算。

除专用合同条款另有约定外，因发包人原因造成监理人未能在计划开工日期之日起90天内发出开工通知的，承包人有权提出价格调整要求，或者解除合同。发包人应当承担由此增加的费用和（或）延误的工期，并向承包人支付合理利润。

7.4 测量放线

7.4.1 除专用合同条款另有约定外，发包人应在至迟不得晚于第7.3.2项〔开工通知〕载明的开工日期前7天通过监理人向承包人提供测量基准点、基准线和水准点及其书面资料。发包人应对其提供的测量基准点、基准线和水准点及其书面资料的真实性、准确性和完整性负责。

承包人发现发包人提供的测量基准点、基准线和水准点及其书面资料存在错误或疏漏的，应及时通知监理人。监理人应及时报告发包人，并会同发包人和承包人予以核实。发包人应就如何处理和是否继续施工做出决定，并通知监理人和承包人。

7.4.2 承包人负责施工过程中的全部施工测量放线工作，并配置具有相应资质的人员、合格的仪器、设备和其他物品。承包人应矫正工程的位置、标高、尺寸或准线中出现的任何差错，并对工程各部分的定位负责。

施工过程中对施工现场内水准点等测量标志物的保护工作由承包人负责。

7.5 工期延误

7.5.1 因发包人原因导致工期延误

在合同履行过程中，因下列情况导致工期延误和（或）费用增加的，由发包人承担由此延误的工期和（或）增加的费用，且发包人应支付承包人合理的利润：

（1）发包人未能按合同约定提供图纸或所提供图纸不符合合同约定的；

（2）发包人未能按合同约定提供施工现场、施工条件、基础资料、许可、批准等开工条件的；

（3）发包人提供的测量基准点、基准线和水准点及其书面资料存在错误或疏漏的；

（4）发包人未能在计划开工日期之日起7天内同意下达开工通知的；

（5）发包人未能按合同约定日期支付工程预付款、进度款或竣工结算款的；

（6）监理人未按合同约定发出指示、批准等文件的；

（7）专用合同条款中约定的其他情形。

因发包人原因未按计划开工日期开工的，发包人应按实际开工日期顺延竣工日期，确保实际工期不低于合同约定的工期总日历天数。因发包人原因导致工期延误需要修订施工进度计划的，按照第 7.2.2 项〔施工进度计划的修订〕执行。

7.5.2 因承包人原因导致工期延误

因承包人原因造成工期延误的，可以在专用合同条款中约定逾期竣工违约金的计算方法和逾期竣工违约金的上限。承包人支付逾期竣工违约金后，不免除承包人继续完成工程及修补缺陷的义务。

7.6 不利物质条件

不利物质条件是指有经验的承包人在施工现场遇到的不可预见的自然物质条件、非自然的物质障碍和污染物，包括地表以下物质条件和水文条件以及专用合同条款约定的其他情形，但不包括气候条件。

承包人遇到不利物质条件时，应采取克服不利物质条件的合理措施继续施工，并及时通知发包人和监理人。通知应载明不利物质条件的内容以及承包人认为不可预见的理由。监理人经发包人同意后应当及时发出指示，指示构成变更的，按第 10 条〔变更〕约定执行。承包人因采取合理措施而增加的费用和（或）延误的工期由发包人承担。

7.7 异常恶劣的气候条件

异常恶劣的气候条件是指在施工过程中遇到的，有经验的承包人在签订合同时不可预见的，对合同履行造成实质性影响的，但尚未构成不可抗力事件的恶劣气候条件。合同当事人可以在专用合同条款中约定异常恶劣的气候条件的具体情形。

承包人应采取克服异常恶劣的气候条件的合理措施继续施工，并及时通知发包人和监理人。监理人经发包人同意后应当及时发出指示，指示构成变更的，按第 10 条〔变更〕约定办理。承包人因采取合理措施而增加的费用和（或）延误的工期由发包人承担。

7.8 暂停施工

7.8.1 发包人原因引起的暂停施工

因发包人原因引起暂停施工的，监理人经发包人同意后，应及时下达暂停施工指示。情况紧急且监理人未及时下达暂停施工指示的，按照第

7.8.4 项〔紧急情况下的暂停施工〕执行。

因发包人原因引起的暂停施工，发包人应承担由此增加的费用和（或）延误的工期，并支付承包人合理的利润。

7.8.2 承包人原因引起的暂停施工

因承包人原因引起的暂停施工，承包人应承担由此增加的费用和（或）延误的工期，且承包人在收到监理人复工指示后 84 天内仍未复工的，视为第 16.2.1 项〔承包人违约的情形〕第（7）条约定的承包人无法继续履行合同的情形。

7.8.3 指示暂停施工

监理人认为有必要时，并经发包人批准后，可向承包人做出暂停施工的指示，承包人应按监理人指示暂停施工。

7.8.4 紧急情况下的暂停施工

因紧急情况需暂停施工，且监理人未及时下达暂停施工指示的，承包人可先暂停施工，并及时通知监理人。监理人应在接到通知后 24 小时内发出指示，逾期未发出指示，视为同意承包人暂停施工。监理人不同意承包人暂停施工的，应说明理由，承包人对监理人的答复有异议，按照第 20 条〔争议解决〕约定处理。

7.8.5 暂停施工后的复工

暂停施工后，发包人和承包人应采取有效措施积极消除暂停施工的影响。在工程复工前，监理人会同发包人和承包人确定因暂停施工造成的损失，并确定工程复工条件。当工程具备复工条件时，监理人应经发包人批准后向承包人发出复工通知，承包人应按照复工通知要求复工。

承包人无故拖延和拒绝复工的，承包人承担由此增加的费用和（或）延误的工期；因发包人原因无法按时复工的，按照第 7.5.1 项〔因发包人原因导致工期延误〕约定办理。

7.8.6 暂停施工持续 56 天以上

监理人发出暂停施工指示后 56 天内未向承包人发出复工通知，除该项停工属于第 7.8.2 项〔承包人原因引起的暂停施工〕及第 17 条〔不可抗力〕约定的情形外，承包人可向发包人提交书面通知，要求发包人在收到书面通知后 28 天内准许已暂停施工的部分或全部工程继续施工。发包人逾期不予批准的，则承包人可以通知发包人，将工程受影响的部分视为按第10.1款〔变更的范围〕第（2）项的可取消工作。

暂停施工持续84天以上不复工的，且不属于第7.8.2项〔承包人原因引起的暂停施工〕及第17条〔不可抗力〕约定的情形，并影响到整个工程以及合同目的实现的，承包人有权提出价格调整要求，或者解除合同。解除合同的，按照第16.1.3项〔因发包人违约解除合同〕执行。

7.8.7 暂停施工期间的工程照管

暂停施工期间，承包人应负责妥善照管工程并提供安全保障，由此增加的费用由责任方承担。

7.8.8 暂停施工的措施

暂停施工期间，发包人和承包人均应采取必要的措施确保工程质量及安全，防止因暂停施工扩大损失。

7.9 提前竣工

7.9.1 发包人要求承包人提前竣工的，发包人应通过监理人向承包人下达提前竣工指示，承包人应向发包人和监理人提交提前竣工建议书，提前竣工建议书应包括实施的方案、缩短的时间、增加的合同价格等内容。发包人接受该提前竣工建议书的，监理人应与发包人和承包人协商采取加快工程进度的措施，并修订施工进度计划，由此增加的费用由发包人承担。承包人认为提前竣工指示无法执行的，应向监理人和发包人提出书面异议，发包人和监理人应在收到异议后7天内予以答复。任何情况下，发包人不得压缩合理工期。

7.9.2 发包人要求承包人提前竣工，或承包人提出提前竣工的建议能够给发包人带来效益的，合同当事人可以在专用合同条款中约定提前竣工的奖励。

8. 材料与设备

8.1 发包人供应材料与工程设备

发包人自行供应材料、工程设备的，应在签订合同时在专用合同条款的附件《发包人供应材料设备一览表》中明确材料、工程设备的品种、规格、型号、数量、单价、质量等级和送达地点。

承包人应提前30天通过监理人以书面形式通知发包人供应材料与工程

设备进场。承包人按照第7.2.2项〔施工进度计划的修订〕约定修订施工进度计划时，需同时提交经修订后的发包人供应材料与工程设备的进场计划。

8.2 承包人采购材料与工程设备

承包人负责采购材料、工程设备的，应按照设计和有关标准要求采购，并提供产品合格证明及出厂证明，对材料、工程设备质量负责。合同约定由承包人采购的材料、工程设备，发包人不得指定生产厂家或供应商，发包人违反本款约定指定生产厂家或供应商的，承包人有权拒绝，并由发包人承担相应责任。

8.3 材料与工程设备的接收与拒收

8.3.1 发包人应按《发包人供应材料设备一览表》约定的内容提供材料和工程设备，并向承包人提供产品合格证明及出厂证明，对其质量负责。发包人应提前24小时以书面形式通知承包人、监理人材料和工程设备到货时间，承包人负责材料和工程设备的清点、检验和接收。

发包人提供的材料和工程设备的规格、数量或质量不符合合同约定的，或因发包人原因导致交货日期延误或交货地点变更等情况的，按照第16.1款〔发包人违约〕约定办理。

8.3.2 承包人采购的材料和工程设备，应保证产品质量合格，承包人应在材料和工程设备到货前24小时通知监理人检验。承包人进行永久设备、材料的制造和生产的，应符合相关质量标准，并向监理人提交材料的样本以及有关资料，并应在使用该材料或工程设备之前获得监理人同意。

承包人采购的材料和工程设备不符合设计或有关标准要求时，承包人应在监理人要求的合理期限内将不符合设计或有关标准要求的材料、工程设备运出施工现场，并重新采购符合要求的材料、工程设备，由此增加的费用和（或）延误的工期，由承包人承担。

8.4 材料与工程设备的保管与使用

8.4.1 发包人供应材料与工程设备的保管与使用

发包人供应的材料和工程设备，承包人清点后由承包人妥善保管，保管费用由发包人承担，但已标价工程量清单或预算书已经列支或专用合同条款另有约定除外。因承包人原因发生丢失毁损的，由承包人负责赔偿；

监理人未通知承包人清点的，承包人不负责材料和工程设备的保管，由此导致丢失毁损的由发包人负责。

发包人供应的材料和工程设备使用前，由承包人负责检验，检验费用由发包人承担，不合格的不得使用。

8.4.2 承包人采购材料与工程设备的保管与使用

承包人采购的材料和工程设备由承包人妥善保管，保管费用由承包人承担。法律规定材料和工程设备使用前必须进行检验或试验的，承包人应按监理人的要求进行检验或试验，检验或试验费用由承包人承担，不合格的不得使用。

发包人或监理人发现承包人使用不符合设计或有关标准要求的材料和工程设备时，有权要求承包人进行修复、拆除或重新采购，由此增加的费用和（或）延误的工期，由承包人承担。

8.5 禁止使用不合格的材料和工程设备

8.5.1 监理人有权拒绝承包人提供的不合格材料或工程设备，并要求承包人立即进行更换。监理人应在更换后再次进行检查和检验，由此增加的费用和（或）延误的工期由承包人承担。

8.5.2 监理人发现承包人使用了不合格的材料和工程设备，承包人应按照监理人的指示立即改正，并禁止在工程中继续使用不合格的材料和工程设备。

8.5.3 发包人提供的材料或工程设备不符合合同要求的，承包人有权拒绝，并可要求发包人更换，由此增加的费用和（或）延误的工期由发包人承担，并支付承包人合理的利润。

8.6 样品

8.6.1 样品的报送与封存

需要承包人报送样品的材料或工程设备，样品的种类、名称、规格、数量等要求均应在专用合同条款中约定。样品的报送程序如下：

（1）承包人应在计划采购前28天向监理人报送样品。承包人报送的样品均应来自供应材料的实际生产地，且提供的样品的规格、数量足以表明材料或工程设备的质量、型号、颜色、表面处理、质地、误差和其他要求的特征。

（2）承包人每次报送样品时应随附申报单，申报单应载明报送样品的相关数据和资料，并标明每件样品对应的图纸号，预留监理人批复意见栏。监理人应在收到承包人报送的样品后7天向承包人回复经发包人签认的样品审批意见。

（3）经发包人和监理人审批确认的样品应按约定的方法封样，封存的样品作为检验工程相关部分的标准之一。承包人在施工过程中不得使用与样品不符的材料或工程设备。

（4）发包人和监理人对样品的审批确认仅为确认相关材料或工程设备的特征或用途，不得被理解为对合同的修改或改变，也并不减轻或免除承包人任何的责任和义务。如果封存的样品修改或改变了合同约定，合同当事人应当以书面协议予以确认。

8.6.2 样品的保管

经批准的样品应由监理人负责封存于现场，承包人应在现场为保存样品提供适当和固定的场所并保持适当和良好的存储环境条件。

8.7 材料与工程设备的替代

8.7.1 出现下列情况需要使用替代材料和工程设备的，承包人应按照第8.7.2项约定的程序执行：

（1）基准日期后生效的法律规定禁止使用的；

（2）发包人要求使用替代品的；

（3）因其他原因必须使用替代品的。

8.7.2 承包人应在使用替代材料和工程设备28天前书面通知监理人，并附下列文件：

（1）被替代的材料和工程设备的名称、数量、规格、型号、品牌、性能、价格及其他相关资料；

（2）替代品的名称、数量、规格、型号、品牌、性能、价格及其他相关资料；

（3）替代品与被替代产品之间的差异以及使用替代品可能对工程产生的影响；

（4）替代品与被替代产品的价格差异；

（5）使用替代品的理由和原因说明；

（6）监理人要求的其他文件。

监理人应在收到通知后 14 天内向承包人发出经发包人签认的书面指示；监理人逾期发出书面指示的，视为发包人和监理人同意使用替代品。

8.7.3 发包人认可使用替代材料和工程设备的，替代材料和工程设备的价格，按照已标价工程量清单或预算书相同项目的价格认定；无相同项目的，参考相似项目价格认定；既无相同项目也无相似项目的，按照合理的成本与利润构成的原则，由合同当事人按照第 4.4 款〔商定或确定〕确定价格。

8.8 施工设备和临时设施

8.8.1 承包人提供的施工设备和临时设施

承包人应按合同进度计划的要求，及时配置施工设备和修建临时设施。进入施工场地的承包人设备需经监理人核查后才能投入使用。承包人更换合同约定的承包人设备的，应报监理人批准。

除专用合同条款另有约定外，承包人应自行承担修建临时设施的费用，需要临时占地的，应由发包人办理申请手续并承担相应费用。

8.8.2 发包人提供的施工设备和临时设施

发包人提供的施工设备或临时设施在专用合同条款中约定。

8.8.3 要求承包人增加或更换施工设备

承包人使用的施工设备不能满足合同进度计划和（或）质量要求时，监理人有权要求承包人增加或更换施工设备，承包人应及时增加或更换，由此增加的费用和（或）延误的工期由承包人承担。

8.9 材料与设备专用要求

承包人运入施工现场的材料、工程设备、施工设备以及在施工场地建设的临时设施，包括备品备件、安装工具与资料，必须专用于工程。未经发包人批准，承包人不得运出施工现场或挪作他用；经发包人批准，承包人可以根据施工进度计划撤走闲置的施工设备和其他物品。

9. 试验与检验

9.1 试验设备与试验人员

9.1.1 承包人根据合同约定或监理人指示进行的现场材料试验，应由承包人提供试验场所、试验人员、试验设备以及其他必要的试验条件。监理人在必要时可以使用承包人提供的试验场所、试验设备以及其他试验条件，进行以工程质量检查为目的的材料复核试验，承包人应予以协助。

9.1.2 承包人应按专用合同条款的约定提供试验设备、取样装置、试验场所和试验条件，并向监理人提交相应进场计划表。

承包人配置的试验设备要符合相应试验规程的要求并经过具有资质的检测单位检测，且在正式使用该试验设备前，需要经过监理人与承包人共同校定。

9.1.3 承包人应向监理人提交试验人员的名单及其岗位、资格等证明资料，试验人员必须能够熟练进行相应的检测试验，承包人对试验人员的试验程序和试验结果的正确性负责。

9.2 取样

试验属于自检性质的，承包人可以单独取样。试验属于监理人抽检性质的，可由监理人取样，也可由承包人的试验人员在监理人的监督下取样。

9.3 材料、工程设备和工程的试验和检验

9.3.1 承包人应按合同约定进行材料、工程设备和工程的试验和检验，并为监理人对上述材料、工程设备和工程的质量检查提供必要的试验资料和原始记录。按合同约定应由监理人与承包人共同进行试验和检验的，由承包人负责提供必要的试验资料和原始记录。

9.3.2 试验属于自检性质的，承包人可以单独进行试验。试验属于监理人抽检性质的，监理人可以单独进行试验，也可由承包人与监理人共同进行。承包人对由监理人单独进行的试验结果有异议的，可以申请重新共同进行试验。约定共同进行试验的，监理人未按照约定参加试验的，承包人可自行试验，并将试验结果报送监理人，监理人应承认该试验结果。

9.3.3 监理人对承包人的试验和检验结果有异议的，或为查清承包人试验和检验成果的可靠性要求承包人重新试验和检验的，可由监理人与承包人共同进行。重新试验和检验的结果证明该项材料、工程设备或工程的质量不符合合同要求的，由此增加的费用和（或）延误的工期由承包人承担；重新试验和检验结果证明该项材料、工程设备和工程符合合同要求的，由此增加的费用和（或）延误的工期由发包人承担。

9.4 现场工艺试验

承包人应按合同约定或监理人指示进行现场工艺试验。对大型的现场工艺试验，监理人认为必要时，承包人应根据监理人提出的工艺试验要求，编制工艺试验措施计划，报送监理人审查。

10. 变更

10.1 变更的范围

除专用合同条款另有约定外，合同履行过程中发生以下情形的，应按照本条约定进行变更：

（1）增加或减少合同中任何工作，或追加额外的工作；

（2）取消合同中任何工作，但转由他人实施的工作除外；

（3）改变合同中任何工作的质量标准或其他特性；

（4）改变工程的基线、标高、位置和尺寸；

（5）改变工程的时间安排或实施顺序。

10.2 变更权

发包人和监理人均可以提出变更。变更指示均通过监理人发出，监理人发出变更指示前应征得发包人同意。承包人收到经发包人签认的变更指示后，方可实施变更。未经许可，承包人不得擅自对工程的任何部分进行变更。

涉及设计变更的，应由设计人提供变更后的图纸和说明。如变更超过原设计标准或批准的建设规模时，发包人应及时办理规划、设计变更等审批手续。

10.3 变更程序

10.3.1 发包人提出变更

发包人提出变更的，应通过监理人向承包人发出变更指示，变更指示应说明计划变更的工程范围和变更的内容。

10.3.2 监理人提出变更建议

监理人提出变更建议的，需要向发包人以书面形式提出变更计划，说明计划变更工程范围和变更的内容、理由，以及实施该变更对合同价格和工期的影响。发包人同意变更的，由监理人向承包人发出变更指示。发包人不同意变更的，监理人无权擅自发出变更指示。

10.3.3 变更执行

承包人收到监理人下达的变更指示后，认为不能执行，应立即提出不能执行该变更指示的理由。承包人认为可以执行变更的，应当书面说明实施该变更指示对合同价格和工期的影响，且合同当事人应当按照第10.4款〔变更估价〕约定确定变更估价。

10.4 变更估价

10.4.1 变更估价原则

除专用合同条款另有约定外，变更估价按照本款约定处理：

（1）已标价工程量清单或预算书有相同项目的，按照相同项目单价认定；

（2）已标价工程量清单或预算书中无相同项目，但有类似项目的，参照类似项目的单价认定；

（3）变更导致实际完成的变更工程量与已标价工程量清单或预算书中列明的该项目工程量的变化幅度超过15%的，或已标价工程量清单或预算书中无相同项目及类似项目单价的，按照合理的成本与利润构成的原则，由合同当事人按照第4.4款〔商定或确定〕确定变更工作的单价。

10.4.2 变更估价程序

承包人应在收到变更指示后14天内，向监理人提交变更估价申请。监理人应在收到承包人提交的变更估价申请后7天内审查完毕并报送发包人，监理人对变更估价申请有异议，通知承包人修改后重新提交。发包人应在承包人提交变更估价申请后14天内审批完毕。发包人逾期未完成审批或未提出异议的，视为认可承包人提交的变更估价申请。

因变更引起的价格调整应计入最近一期的进度款中支付。

10.5 承包人的合理化建议

承包人提出合理化建议的，应向监理人提交合理化建议说明，说明建议的内容和理由，以及实施该建议对合同价格和工期的影响。

除专用合同条款另有约定外，监理人应在收到承包人提交的合理化建议后7天内审查完毕并报送发包人，发现其中存在技术上的缺陷，应通知承包人修改。发包人应在收到监理人报送的合理化建议后7天内审批完毕。合理化建议经发包人批准的，监理人应及时发出变更指示，由此引起的合同价格调整按照第 10.4 款〔变更估价〕约定执行。发包人不同意变更的，监理人应书面通知承包人。

合理化建议降低了合同价格或者提高了工程经济效益的，发包人可对承包人给予奖励，奖励的方法和金额在专用合同条款中约定。

10.6 变更引起的工期调整

因变更引起工期变化的，合同当事人均可要求调整合同工期，由合同当事人按照第 4.4 款〔商定或确定〕并参考工程所在地的工期定额标准确定增减工期天数。

10.7 暂估价

暂估价专业分包工程、服务、材料和工程设备的明细由合同当事人在专用合同条款中约定。

10.7.1 依法必须招标的暂估价项目

对于依法必须招标的暂估价项目，采取以下第一种方式确定。合同当事人也可以在专用合同条款中选择其他招标方式。

第一种方式：对于依法必须招标的暂估价项目，由承包人招标，对该暂估价项目的确认和批准按照以下约定执行：

（1）承包人应当根据施工进度计划，在招标工作启动前 14 天将招标方案通过监理人报送发包人审查，发包人应当在收到承包人报送的招标方案后 7 天内批准或提出修改意见。承包人应当按照经过发包人批准的招标方案开展招标工作。

（2）承包人应当根据施工进度计划，提前 14 天将招标文件通过监理人报送发包人审批，发包人应当在收到承包人报送的相关文件后 7 天内完成审批或提出修改意见；发包人有权确定招标控制价并按照法律规定参加评标。

（3）承包人与供应商、分包人在签订暂估价合同前，应当提前 7 天将确定的中标候选供应商或中标候选分包人的资料报送发包人，发包人应在收到资料后 3 天内与承包人共同确定中标人；承包人应当在签订合同后 7 天内，将暂估价合同副本报送发包人留存。

第二种方式：对于依法必须招标的暂估价项目，由发包人和承包人共同招标确定暂估价供应商或分包人的，承包人应按照施工进度计划，在招标工作启动前14天通知发包人，并提交暂估价招标方案和工作分工。发包人应在收到后7天内确认。确定中标人后，由发包人、承包人与中标人共同签订暂估价合同。

10.7.2 不属于依法必须招标的暂估价项目

除专用合同条款另有约定外，对于不属于依法必须招标的暂估价项目，采取以下第一种方式确定：

第一种方式：对于不属于依法必须招标的暂估价项目，按本项约定确认和批准：

（1）承包人应根据施工进度计划，在签订暂估价项目的采购合同、分包合同前28天向监理人提出书面申请。监理人应当在收到申请后3天内报送发包人，发包人应当在收到申请后14天内给予批准或提出修改意见，发包人逾期未予批准或提出修改意见的，视为该书面申请已获得同意。

（2）发包人认为承包人确定的供应商、分包人无法满足工程质量或合同要求的，发包人可以要求承包人重新确定暂估价项目的供应商、分包人。

（3）承包人应当在签订暂估价合同后7天内，将暂估价合同副本报送发包人留存。

第二种方式：承包人按照第10.7.1项〔依法必须招标的暂估价项目〕约定的第一种方式确定暂估价项目。

第三种方式：承包人直接实施的暂估价项目。

承包人具备实施暂估价项目的资格和条件的，经发包人和承包人协商一致后，可由承包人自行实施暂估价项目，合同当事人可以在专用合同条款约定具体事项。

10.7.3 因发包人原因导致暂估价合同订立和履行迟延的，由此增加的费用和（或）延误的工期由发包人承担，并支付承包人合理的利润。因承包人原因导致暂估价合同订立和履行迟延的，由此增加的费用和（或）延误的工期由承包人承担。

10.8 暂列金额

暂列金额应按照发包人的要求使用，发包人的要求应通过监理人发出。合同当事人可以在专用合同条款中协商确定有关事项。

10.9 计日工

需要采用计日工方式的，经发包人同意后，由监理人通知承包人以计日工计价方式实施相应的工作，其价款按列入已标价工程量清单或预算书中的计日工计价项目及其单价进行计算；已标价工程量清单或预算书中无相应的计日工单价的，按照合理的成本与利润构成的原则，由合同当事人按照第4.4款〔商定或确定〕确定计日工的单价。

采用计日工计价的任何一项工作，承包人应在该项工作实施过程中，每天提交以下报表和有关凭证报送监理人审查：

（1）工作名称、内容和数量；

（2）投入该工作的所有人员的姓名、专业、工种、级别和耗用工时；

（3）投入该工作的材料类别和数量；

（4）投入该工作的施工设备型号、台数和耗用台时；

（5）其他有关资料和凭证。

计日工由承包人汇总后，列入最近一期进度付款申请单，由监理人审查并经发包人批准后列入进度付款。

11. 价格调整

11.1 市场价格波动引起的调整

除专用合同条款另有约定外，市场价格波动超过合同当事人约定的范围，合同价格应当调整。合同当事人可以在专用合同条款中约定选择以下一种方式对合同价格进行调整：

第一种方式：采用价格指数进行价格调整

（1）价格调整公式

因人工、材料和设备等价格波动影响合同价格时，根据专用合同条款中约定的数据，按以下公式计算差额并调整合同价格：

$$\Delta P = P_0\left[A + \left(B_1 \times \frac{F_{t1}}{F_{01}} + B_2 \times \frac{F_{t2}}{F_{02}} + B_3 \times \frac{F_{t3}}{F_{03}} + \cdots + B_n \times \frac{F_{tn}}{F_{0n}}\right) - 1\right]$$

公式中：ΔP——需调整的价格差额；

P_0——约定的付款证书中承包人应得到的已完成工程量的金额。此项金额应不包括价格调整、不计质量保证金的扣留和支付、预付款的支付和扣回。约定的变更及其他金额已按现行价格计价的，也不计在内；

A——定值权重（即不调部分的权重）；

B_1，B_2，B_3，B_n——各可调因子的变值权重（即可调部分的权重），为各可调因子在签约合同价中所占的比例；

F_{t1}，F_{t2}，F_{t3}，F_{tn}——各可调因子的现行价格指数，指约定的付款证书相关周期最后一天的前42天的各可调因子的价格指数；

F_{01}，F_{02}，F_{03}，F_{0n}——各可调因子的基本价格指数，指基准日期的各可调因子的价格指数。

以上价格调整公式中的各可调因子、定值和变值权重，以及基本价格指数及其来源在投标函附录价格指数和权重表中约定，非招标订立的合同，由合同当事人在专用合同条款中约定。价格指数应首先采用工程造价管理机构发布的价格指数，无前述价格指数时，可采用工程造价管理机构发布的价格代替。

（2）暂时确定调整差额

在计算调整差额时无现行价格指数的，合同当事人同意暂用前次价格指数计算。实际价格指数有调整的，合同当事人进行相应调整。

（3）权重的调整

因变更导致合同约定的权重不合理时，按照第4.4款〔商定或确定〕执行。

（4）因承包人原因工期延误后的价格调整

因承包人原因未按期竣工的，对合同约定的竣工日期后继续施工的工程，在使用价格调整公式时，应采用计划竣工日期与实际竣工日期的两个价格指数中较低的一个作为现行价格指数。

第二种方式：采用造价信息进行价格调整

合同履行期间，因人工、材料、工程设备和机械台班价格波动影响合同价格时，人工、机械使用费按照国家或省、自治区、直辖市建设行政管理部门、行业建设管理部门或其授权的工程造价管理机构发布的人工、机械使用费系数进行调整；需要进行价格调整的材料，其单价和采购数量应由发包人审批，发包人确认需调整的材料单价及数量，作为调整合同价格的依据。

（1）人工单价发生变化且符合省级或行业建设主管部门发布的人工费调整规定，合同当事人应按省级或行业建设主管部门或其授权的工程造价管理机构发布的人工费等文件调整合同价格，但承包人对人工费或人工单价的报价高于发布价格的除外。

（2）材料、工程设备价格变化的价款调整按照发包人提供的基准价格，按以下风险范围规定执行：

①承包人在已标价工程量清单或预算书中载明材料单价低于基准价格的：除专用合同条款另有约定外，合同履行期间材料单价涨幅以基准价格为基础超过5%时，或材料单价跌幅以在已标价工程量清单或预算书中载明材料单价为基础超过5%时，其超过部分据实调整。

②承包人在已标价工程量清单或预算书中载明材料单价高于基准价格的：除专用合同条款另有约定外，合同履行期间材料单价跌幅以基准价格为基础超过5%时，材料单价涨幅以在已标价工程量清单或预算书中载明材料单价为基础超过5%时，其超过部分据实调整。

③承包人在已标价工程量清单或预算书中载明材料单价等于基准价格的：除专用合同条款另有约定外，合同履行期间材料单价涨跌幅以基准价格为基础，超过±5%时，其超过部分据实调整。

④承包人应在采购材料前将采购数量和新的材料单价报发包人核对，发包人确认用于工程时，发包人应确认采购材料的数量和单价。发包人在收到承包人报送的确认资料后5天内不予答复的视为认可，作为调整合同价格的依据。未经发包人事先核对，承包人自行采购材料的，发包人有权不予调整合同价格。发包人同意的，可以调整合同价格。

前述基准价格是指由发包人在招标文件或专用合同条款中给定的材料、工程设备的价格，该价格原则上应当按照省级或行业建设主管部门或其授权的工程造价管理机构发布的信息价编制。

（3）施工机械台班单价或施工机械使用费发生变化超过省级或行业建设主管部门或其授权的工程造价管理机构规定的范围时，按规定调整合同价格。

第三种方式：专用合同条款约定的其他方式

11.2 法律变化引起的调整

基准日期后，法律变化导致承包人在合同履行过程中所需要的费用发生除第 11.1 款〔市场价格波动引起的调整〕约定以外的增加时，由发包人承担由此增加的费用；减少时，应从合同价格中予以扣减。基准日期后，因法律变化造成工期延误时，工期应予以顺延。

因法律变化引起的合同价格和工期调整，合同当事人无法达成一致的，由总监理工程师按第 4.4 款〔商定或确定〕的约定处理。

因承包人原因造成工期延误，在工期延误期间出现法律变化的，由此增加的费用和（或）延误的工期由承包人承担。

12. 合同价格、计量与支付

12.1 合同价格形式

发包人和承包人应在合同协议书中选择下列一种合同价格形式：

1. 单价合同

单价合同是指合同当事人约定以工程量清单及其综合单价进行合同价格计算、调整和确认的建设工程施工合同，在约定的范围内合同单价不作调整。合同当事人应在专用合同条款中约定综合单价包含的风险范围和风险费用的计算方法，并约定风险范围以外的合同价格的调整方法，其中因市场价格波动引起的调整按第 11.1 款〔市场价格波动引起的调整〕约定执行。

2. 总价合同

总价合同是指合同当事人约定以施工图、已标价工程量清单或预算书及有关条件进行合同价格计算、调整和确认的建设工程施工合同，在约定的范围内合同总价不作调整。合同当事人应在专用合同条款中约定总价包含的风险范围和风险费用的计算方法，并约定风险范围以外的合同价格的调整方法，其中因市场价格波动引起的调整按第 11.1 款〔市场价格波动引起的调整〕、因法律变化引起的调整按第 11.2 款〔法律变化引起的调整〕约定执行。

3. 其他价格形式

合同当事人可在专用合同条款中约定其他合同价格形式。

12.2 预付款

12.2.1 预付款的支付

预付款的支付按照专用合同条款约定执行，但至迟应在开工通知载明的开工日期7天前支付。预付款应当用于材料、工程设备、施工设备的采购及修建临时工程、组织施工队伍进场等。

除专用合同条款另有约定外，预付款在进度付款中同比例扣回。在颁发工程接收证书前，提前解除合同的，尚未扣完的预付款应与合同价款一并结算。

发包人逾期支付预付款超过7天的，承包人有权向发包人发出要求预付的催告通知，发包人收到通知后7天内仍未支付的，承包人有权暂停施工，并按第16.1.1项〔发包人违约的情形〕执行。

12.2.2 预付款担保

发包人要求承包人提供预付款担保的，承包人应在发包人支付预付款7天前提供预付款担保，专用合同条款另有约定除外。预付款担保可采用银行保函、担保公司担保等形式，具体由合同当事人在专用合同条款中约定。在预付款完全扣回之前，承包人应保证预付款担保持续有效。

发包人在工程款中逐期扣回预付款后，预付款担保额度应相应减少，但剩余的预付款担保金额不得低于未被扣回的预付款金额。

12.3 计量

12.3.1 计量原则

工程量计量按照合同约定的工程量计算规则、图纸及变更指示等进行计量。工程量计算规则应以相关的国家标准、行业标准等为依据，由合同当事人在专用合同条款中约定。

12.3.2 计量周期

除专用合同条款另有约定外，工程量的计量按月进行。

12.3.3 单价合同的计量

除专用合同条款另有约定外，单价合同的计量按照本项约定执行：

（1）承包人应于每月25日向监理人报送上月20日至当月19日已完成的工程量报告，并附具进度付款申请单、已完成工程量报表和有关资料。

（2）监理人应在收到承包人提交的工程量报告后7天内完成对承包人

提交的工程量报表的审核并报送发包人，以确定当月实际完成的工程量。监理人对工程量有异议的，有权要求承包人进行共同复核或抽样复测。承包人应协助监理人进行复核或抽样复测，并按监理人要求提供补充计量资料。承包人未按监理人要求参加复核或抽样复测的，监理人复核或修正的工程量视为承包人实际完成的工程量。

（3）监理人未在收到承包人提交的工程量报表后的 7 天内完成审核的，承包人报送的工程量报告中的工程量视为承包人实际完成的工程量，据此计算工程价款。

12. 3. 4 总价合同的计量

除专用合同条款另有约定外，按月计量支付的总价合同，按照本项约定执行：

（1）承包人应于每月 25 日向监理人报送上月 20 日至当月 19 日已完成的工程量报告，并附具进度付款申请单、已完成工程量报表和有关资料。

（2）监理人应在收到承包人提交的工程量报告后 7 天内完成对承包人提交的工程量报表的审核并报送发包人，以确定当月实际完成的工程量。监理人对工程量有异议的，有权要求承包人进行共同复核或抽样复测。承包人应协助监理人进行复核或抽样复测并按监理人要求提供补充计量资料。承包人未按监理人要求参加复核或抽样复测的，监理人审核或修正的工程量视为承包人实际完成的工程量。

（3）监理人未在收到承包人提交的工程量报表后的 7 天内完成复核的，承包人提交的工程量报告中的工程量视为承包人实际完成的工程量。

12. 3. 5 总价合同采用支付分解表计量支付的，可以按照第 12. 3. 4 项〔总价合同的计量〕约定进行计量，但合同价款按照支付分解表进行支付。

12. 3. 6 其他价格形式合同的计量

合同当事人可在专用合同条款中约定其他价格形式合同的计量方式和程序。

12. 4 工程进度款支付

12. 4. 1 付款周期

除专用合同条款另有约定外，付款周期应按照第 12. 3. 2 项〔计量周期〕的约定与计量周期保持一致。

12.4.2 进度付款申请单的编制

除专用合同条款另有约定外，进度付款申请单应包括下列内容：

（1）截至本次付款周期已完成工作对应的金额；

（2）根据第10条〔变更〕应增加和扣减的变更金额；

（3）根据第12.2款〔预付款〕约定应支付的预付款和扣减的返还预付款；

（4）根据第15.3款〔质量保证金〕约定应扣减的质量保证金；

（5）根据第19条〔索赔〕应增加和扣减的索赔金额；

（6）对已签发的进度款支付证书中出现错误的修正，应在本次进度付款中支付或扣除的金额；

（7）根据合同约定应增加和扣减的其他金额。

12.4.3 进度付款申请单的提交

（1）单价合同进度付款申请单的提交

单价合同的进度付款申请单，按照第12.3.3项〔单价合同的计量〕约定的时间按月向监理人提交，并附上已完成工程量报表和有关资料。单价合同中的总价项目按月进行支付分解，并汇总列入当期进度付款申请单。

（2）总价合同进度付款申请单的提交

总价合同按月计量支付的，承包人按照第12.3.4项〔总价合同的计量〕约定的时间按月向监理人提交进度付款申请单，并附上已完成工程量报表和有关资料。

总价合同按支付分解表支付的，承包人应按照第12.4.6项〔支付分解表〕及第12.4.2项〔进度付款申请单的编制〕的约定向监理人提交进度付款申请单。

（3）其他价格形式合同的进度付款申请单的提交

合同当事人可在专用合同条款中约定其他价格形式合同的进度付款申请单的编制和提交程序。

12.4.4 进度款审核和支付

（1）除专用合同条款另有约定外，监理人应在收到承包人进度付款申请单以及相关资料后7天内完成审查并报送发包人，发包人应在收到后7

天内完成审批并签发进度款支付证书。发包人逾期未完成审批且未提出异议的，视为已签发进度款支付证书。

发包人和监理人对承包人的进度付款申请单有异议的，有权要求承包人修正和提供补充资料，承包人应提交修正后的进度付款申请单。监理人应在收到承包人修正后的进度付款申请单及相关资料后 7 天内完成审查并报送发包人，发包人应在收到监理人报送的进度付款申请单及相关资料后 7 天内，向承包人签发无异议部分的临时进度款支付证书。存在争议的部分，按照第 20 条〔争议解决〕的约定处理。

（2）除专用合同条款另有约定外，发包人应在进度款支付证书或临时进度款支付证书签发后 14 天内完成支付，发包人逾期支付进度款的，应按照中国人民银行发布的同期同类贷款基准利率支付违约金。

（3）发包人签发进度款支付证书或临时进度款支付证书，不表明发包人已同意、批准或接受了承包人完成的相应部分的工作。

12. 4. 5 进度付款的修正

在对已签发的进度款支付证书进行阶段汇总和复核中发现错误、遗漏或重复的，发包人和承包人均有权提出修正申请。经发包人和承包人同意的修正，应在下期进度付款中支付或扣除。

12. 4. 6 支付分解表

1. 支付分解表的编制要求

（1）支付分解表中所列的每期付款金额，应为第 12. 4. 2 项〔进度付款申请单的编制〕第（1）目的估算金额；

（2）实际进度与施工进度计划不一致的，合同当事人可按照第 4. 4 款〔商定或确定〕修改支付分解表；

（3）不采用支付分解表的，承包人应向发包人和监理人提交按季度编制的支付估算分解表，用于支付参考。

2. 总价合同支付分解表的编制与审批

（1）除专用合同条款另有约定外，承包人应根据第 7. 2 款〔施工进度计划〕约定的施工进度计划、签约合同价和工程量等因素对总价合同按月进行分解，编制支付分解表。承包人应当在收到监理人和发包人批准的施工进度计划后 7 天内，将支付分解表及编制支付分解表的支持性资料报送监理人。

（2）监理人应在收到支付分解表后7天内完成审核并报送发包人。发包人应在收到经监理人审核的支付分解表后7天内完成审批，经发包人批准的支付分解表为有约束力的支付分解表。

（3）发包人逾期未完成支付分解表审批的，也未及时要求承包人进行修正和提供补充资料的，则承包人提交的支付分解表视为已经获得发包人批准。

3. 单价合同的总价项目支付分解表的编制与审批

除专用合同条款另有约定外，单价合同的总价项目，由承包人根据施工进度计划和总价项目的总价构成、费用性质、计划发生时间和相应工程量等因素按月进行分解，形成支付分解表，其编制与审批参照总价合同支付分解表的编制与审批执行。

12.5 支付账户

发包人应将合同价款支付至合同协议书中约定的承包人账户。

13. 验收和工程试车

13.1 分部分项工程验收

13.1.1 分部分项工程质量应符合国家有关工程施工验收规范、标准及合同约定，承包人应按照施工组织设计的要求完成分部分项工程施工。

13.1.2 除专用合同条款另有约定外，分部分项工程经承包人自检合格并具备验收条件的，承包人应提前48小时通知监理人进行验收。监理人不能按时进行验收的，应在验收前24小时向承包人提交书面延期要求，但延期不能超过48小时。监理人未按时进行验收，也未提出延期要求的，承包人有权自行验收，监理人应认可验收结果。分部分项工程未经验收的，不得进入下一道工序施工。

分部分项工程的验收资料应当作为竣工资料的套成部分。

13.2 竣工验收

13.2.1 竣工验收条件

工程具备以下条件的，承包人可以申请竣工验收：

（1）除发包人同意的甩项工作和缺陷修补工作外，合同范围内的全部工程以及有关工作，包括合同要求的试验、试运行以及检验均已完成，并符合合同要求；

（2）已按合同约定编制了甩项工作和缺陷修补工作清单以及相应的施工计划；

（3）已按合同约定的内容和份数备齐竣工资料。

13.2.2 竣工验收程序

除专用合同条款另有约定外，承包人申请竣工验收的，应当按照以下程序进行：

（1）承包人向监理人报送竣工验收申请报告，监理人应在收到竣工验收申请报告后14天内完成审查并报送发包人。监理人审查后认为尚不具备验收条件的，应通知承包人在竣工验收前承包人还需完成的工作内容，承包人应在完成监理人通知的全部工作内容后，再次提交竣工验收申请报告。

（2）监理人审查后认为已具备竣工验收条件的，应将竣工验收申请报告提交发包人，发包人应在收到经监理人审核的竣工验收申请报告后28天内审批完毕并组织监理人、承包人、设计人等相关单位完成竣工验收。

（3）竣工验收合格的，发包人应在验收合格后14天内向承包人签发工程接收证书。发包人无正当理由逾期不颁发工程接收证书的，自验收合格后第15天起视为已颁发工程接收证书。

（4）竣工验收不合格的，监理人应按照验收意见发出指示，要求承包人对不合格工程返工、修复或采取其他补救措施，由此增加的费用和（或）延误的工期由承包人承担。承包人在完成不合格工程的返工、修复或采取其他补救措施后，应重新提交竣工验收申请报告，并按本项约定的程序重新进行验收。

（5）工程未经验收或验收不合格，发包人擅自使用的，应在转移占有工程后7天内向承包人颁发工程接收证书；发包人无正当理由逾期不颁发工程接收证书的，自转移占有后第15天起视为已颁发工程接收证书。

除专用合同条款另有约定外，发包人不按照本项约定组织竣工验收、颁发工程接收证书的，每逾期一天，应以签约合同价为基数，按照中国人民银行发布的同期同类贷款基准利率支付违约金。

13.2.3 竣工日期

工程经竣工验收合格的，以承包人提交竣工验收申请报告之日为实际竣工日期，并在工程接收证书中载明；因发包人原因，未在监理人收到承包人提交的竣工验收申请报告42天内完成竣工验收，或完成竣工验收不予签发工程接收证书的，以提交竣工验收申请报告的日期为实际竣工日期；工程未经竣工验收，发包人擅自使用的，以转移占有工程之日为实际竣工日期。

13.2.4 拒绝接收全部或部分工程

对于竣工验收不合格的工程，承包人完成整改后，应当重新进行竣工验收，经重新组织验收仍不合格的且无法采取措施补救的，则发包人可以拒绝接收不合格工程，因不合格工程导致其他工程不能正常使用的，承包人应采取措施确保相关工程的正常使用，由此增加的费用和（或）延误的工期由承包人承担。

13.2.5 移交、接收全部与部分工程

除专用合同条款另有约定外，合同当事人应当在颁发工程接收证书后7天内完成工程的移交。

发包人无正当理由不接收工程的，发包人自应当接收工程之日起，承担工程照管、成品保护、保管等与工程有关的各项费用，合同当事人可以在专用合同条款中另行约定发包人逾期接收工程的违约责任。

承包人无正当理由不移交工程的，承包人应承担工程照管、成品保护、保管等与工程有关的各项费用，合同当事人可以在专用合同条款中另行约定承包人无正当理由不移交工程的违约责任。

13.3 工程试车

13.3.1 试车程序

工程需要试车的，除专用合同条款另有约定外，试车内容应与承包人承包范围相一致，试车费用由承包人承担。工程试车应按如下程序进行：

（1）具备单机无负荷试车条件，承包人组织试车，并在试车前48小时书面通知监理人，通知中应载明试车内容、时间、地点。承包人准备试车记录，发包人根据承包人要求为试车提供必要条件。试车合格的，监理人在试车记录上签字。监理人在试车合格后不在试车记录上签字，自试车结束满24小时后视为监理人已经认可试车记录，承包人可继续施工或办理竣工验收手续。

监理人不能按时参加试车，应在试车前24小时以书面形式向承包人提出延期要求，但延期不能超过48小时，由此导致工期延误的，工期应予以顺延。监理人未能在前述期限内提出延期要求，又不参加试车的，视为认可试车记录。

（2）具备无负荷联动试车条件，发包人组织试车，并在试车前48小时以书面形式通知承包人。通知中应载明试车内容、时间、地点和对承包人的要求，承包人按要求做好准备工作。试车合格，合同当事人在试车记录上签字。承包人无正当理由不参加试车的，视为认可试车记录。

13.3.2 试车中的责任

因设计原因导致试车达不到验收要求，发包人应要求设计人修改设计，承包人按修改后的设计重新安装。发包人承担修改设计、拆除及重新安装的全部费用，工期相应顺延。因承包人原因导致试车达不到验收要求，承包人按监理人要求重新安装和试车，并承担重新安装和试车的费用，工期不予顺延。

因工程设备制造原因导致试车达不到验收要求的，由采购该工程设备的合同当事人负责重新购置或修理，承包人负责拆除和重新安装，由此增加的修理、重新购置、拆除及重新安装的费用及延误的工期由采购该工程设备的合同当事人承担。

13.3.3 投料试车

如需进行投料试车的，发包人应在工程竣工验收后组织投料试车。发包人要求在工程竣工验收前进行或需要承包人配合时，应征得承包人同意，并在专用合同条款中约定有关事项。

投料试车合格的，费用由发包人承担；因承包人原因造成投料试车不合格的，承包人应按照发包人要求进行整改，由此产生的整改费用由承包人承担；非因承包人原因导致投料试车不合格的，如发包人要求承包人进行整改的，由此产生的费用由发包人承担。

13.4 提前交付单位工程的验收

13.4.1 发包人需要在工程竣工前使用单位工程的，或承包人提出提前交付已经竣工的单位工程且经发包人同意的，可进行单位工程验收，验收的程序按照第13.2款〔竣工验收〕的约定进行。

验收合格后，由监理人向承包人出具经发包人签认的单位工程接收证书。已签发单位工程接收证书的单位工程由发包人负责照管。单位工程的验收成果和结论作为整体工程竣工验收申请报告的附件。

13.4.2 发包人要求在工程竣工前交付单位工程，由此导致承包人费用增加和（或）工期延误的，由发包人承担由此增加的费用和（或）延误的工期，并支付承包人合理的利润。

13.5 施工期运行

13.5.1 施工期运行是指合同工程尚未全部竣工，其中某项或某几项单位工程或工程设备安装已竣工，根据专用合同条款约定，需要投入施工期运行的，经发包人按第13.4款〔提前交付单位工程的验收〕的约定验收合格，证明能确保安全后，才能在施工期投入运行。

13.5.2 在施工期运行中发现工程或工程设备损坏或存在缺陷的，由承包人按第15.2款〔缺陷责任期〕约定进行修复。

13.6 竣工退场

13.6.1 竣工退场

颁发工程接收证书后，承包人应按以下要求对施工现场进行清理：

（1）施工现场内残留的垃圾已全部清除出场；

（2）临时工程已拆除，场地已进行清理、平整或复原；

（3）按合同约定应撤离的人员、承包人施工设备和剩余的材料，包括废弃的施工设备和材料，已按计划撤离施工现场；

（4）施工现场周边及其附近道路、河道的施工堆积物，已全部清理；

（5）施工现场其他场地清理工作已全部完成。

施工现场的竣工退场费用由承包人承担。承包人应在专用合同条款约定的期限内完成竣工退场，逾期未完成的，发包人有权出售或另行处理承包人遗留的物品，由此支出的费用由承包人承担，发包人出售承包人遗留物品所得款项在扣除必要费用后应返还承包人。

13.6.2 地表还原

承包人应按发包人要求恢复临时占地及清理场地，承包人未按发包人的要求恢复临时占地，或者场地清理未达到合同约定要求的，发包人有权委托其他人恢复或清理，所发生的费用由承包人承担。

14. 竣工结算

14.1 竣工结算申请

除专用合同条款另有约定外，承包人应在工程竣工验收合格后28天内向发包人和监理人提交竣工结算申请单，并提交完整的结算资料，有关竣工结算申请单的资料清单和份数等要求由合同当事人在专用合同条款中约定。

除专用合同条款另有约定外，竣工结算申请单应包括以下内容：

（1）竣工结算合同价格；

（2）发包人已支付承包人的款项；

（3）应扣留的质量保证金；

（4）发包人应支付承包人的合同价款。

14.2 竣工结算审核

（1）除专用合同条款另有约定外，监理人应在收到竣工结算申请单后14天内完成核查并报送发包人。发包人应在收到监理人提交的经审核的竣工结算申请单后14天内完成审批，并由监理人向承包人签发经发包人签认的竣工付款证书。监理人或发包人对竣工结算申请单有异议的，有权要求承包人进行修正和提供补充资料，承包人应提交修正后的竣工结算申请单。

发包人在收到承包人提交竣工结算申请书后28天内未完成审批且未提出异议的，视为发包人认可承包人提交的竣工结算申请单，并自发包人收到承包人提交的竣工结算申请单后第29天起视为已签发竣工付款证书。

（2）除专用合同条款另有约定外，发包人应在签发竣工付款证书后的14天内，完成对承包人的竣工付款。发包人逾期支付的，按照中国人民银行发布的同期同类贷款基准利率支付违约金；逾期支付超过56天的，按照中国人民银行发布的同期同类贷款基准利率的两倍支付违约金。

（3）承包人对发包人签认的竣工付款证书有异议的，对于有异议部分应在收到发包人签认的竣工付款证书后7天内提出异议，并由合同当事人按照专用合同条款约定的方式和程序进行复核，或按照第20条〔争议解决〕约定处理。对于无异议部分，发包人应签发临时竣工付款证书，并按本款第（2）项完成付款。承包人逾期未提出异议的，视为认可发包人的审批结果。

14.3 甩项竣工协议

发包人要求甩项竣工的，合同当事人应签订甩项竣工协议。在甩项竣工协议中应明确，合同当事人按照第14.1款〔竣工结算申请〕及第14.2款〔竣工结算审核〕的约定，对已完合格工程进行结算，并支付相应合同价款。

14.4 最终结清

14.4.1 最终结清申请单

（1）除专用合同条款另有约定外，承包人应在缺陷责任期终止证书颁发后7天内，按专用合同条款约定的份数向发包人提交最终结清申请单，并提供相关证明材料。

除专用合同条款另有约定外，最终结清申请单应列明质量保证金、应扣除的质量保证金、缺陷责任期内发生的增减费用。

（2）发包人对最终结清申请单内容有异议的，有权要求承包人进行修正和提供补充资料，承包人应向发包人提交修正后的最终结清申请单。

14.4.2 最终结清证书和支付

（1）除专用合同条款另有约定外，发包人应在收到承包人提交的最终结清申请单后14天内完成审批并向承包人颁发最终结清证书。发包人逾期未完成审批，又未提出修改意见的，视为发包人同意承包人提交的最终结清申请单，且自发包人收到承包人提交的最终结清申请单后15天起视为已颁发最终结清证书。

（2）除专用合同条款另有约定外，发包人应在颁发最终结清证书后7天内完成支付。发包人逾期支付的，按照中国人民银行发布的同期同类贷款基准利率支付违约金；逾期支付超过56天的，按照中国人民银行发布的同期同类贷款基准利率的两倍支付违约金。

（3）承包人对发包人颁发的最终结清证书有异议的，按第20条〔争议解决〕的约定办理。

15. 缺陷责任与保修

15.1 工程保修的原则

在工程移交发包人后，因承包人原因产生的质量缺陷，承包人应承担质量缺陷责任和保修义务。缺陷责任期届满，承包人仍应按合同约定的工程各部位保修年限承担保修义务。

15.2 缺陷责任期

15.2.1 缺陷责任期自实际竣工日期起计算，合同当事人应在专用合同条款约定缺陷责任期的具体期限，但该期限最长不超过24个月。

单位工程先于全部工程进行验收，经验收合格并交付使用的，该单位工程缺陷责任期自单位工程验收合格之日起算。因发包人原因导致工程无法按合同约定期限进行竣工验收的，缺陷责任期自承包人提交竣工验收申请报告之日起开始计算；发包人未经竣工验收擅自使用工程的，缺陷责任期自工程转移占有之日起开始计算。

15.2.2 工程竣工验收合格后，因承包人原因导致的缺陷或损坏致使工程、单位工程或某项主要设备不能按原定目的使用的，则发包人有权要求承包人延长缺陷责任期，并应在原缺陷责任期届满前发出延长通知，但缺陷责任期最长不能超过24个月。

15.2.3 任何一项缺陷或损坏修复后，经检查证明其影响了工程或工程设备的使用性能，承包人应重新进行合同约定的试验和试运行，试验和试运行的全部费用应由责任方承担。

15.2.4 除专用合同条款另有约定外，承包人应于缺陷责任期届满后7天内向发包人发出缺陷责任期届满通知，发包人应在收到缺陷责任期满通知后14天内核实承包人是否履行缺陷修复义务，承包人未能履行缺陷修复义务的，发包人有权扣除相应金额的维修费用。发包人应在收到缺陷责任期届满通知后14天内，向承包人颁发缺陷责任期终止证书。

15.3 质量保证金

经合同当事人协商一致扣留质量保证金的，应在专用合同条款中予以明确。

15.3.1 承包人提供质量保证金的方式

承包人提供质量保证金有以下三种方式：

（1）质量保证金保函；

（2）相应比例的工程款；

（3）双方约定的其他方式。

除专用合同条款另有约定外，质量保证金原则上采用上述第（1）种方式。

15.3.2 质量保证金的扣留

质量保证金的扣留有以下三种方式：

（1）在支付工程进度款时逐次扣留，在此情形下，质量保证金的计算基数不包括预付款的支付、扣回以及价格调整的金额；

（2）工程竣工结算时一次性扣留质量保证金；

（3）双方约定的其他扣留方式。

除专用合同条款另有约定外，质量保证金的扣留原则上采用上述第（1）种方式。

发包人累计扣留的质量保证金不得超过结算合同价格的5%，如承包人在发包人签发竣工付款证书后28天内提交质量保证金保函，发包人应同时退还扣留的作为质量保证金的工程价款。

15.3.3 质量保证金的退还

发包人应按第14.4款〔最终结清〕的约定退还质量保证金。

15.4 保修

15.4.1 保修责任

工程保修期从工程竣工验收合格之日起算，具体分部分项工程的保修期由合同当事人在专用合同条款中约定，但不得低于法定最低保修年限。在工程保修期内，承包人应当根据有关法律规定以及合同约定承担保修责任。

发包人未经竣工验收擅自使用工程的，保修期自转移占有之日起算。

15.4.2 修复费用

保修期内，修复的费用按照以下约定处理：

（1）保修期内，因承包人原因造成工程的缺陷、损坏，承包人应负责修复，并承担修复的费用以及因工程的缺陷、损坏造成的人身伤害和财产损失；

（2）保修期内，因发包人使用不当造成工程的缺陷、损坏，可以委托承包人修复，但发包人应承担修复的费用，并支付承包人合理利润；

（3）因其他原因造成工程的缺陷、损坏，可以委托承包人修复，发包人应承担修复的费用，并支付承包人合理的利润，因工程的缺陷、损坏造成的人身伤害和财产损失由责任方承担。

15.4.3 修复通知

在保修期内，发包人在使用过程中，发现已接收的工程存在缺陷或损坏的，应书面通知承包人予以修复，但情况紧急必须立即修复缺陷或损坏的，发包人可以口头通知承包人并在口头通知后48小时内书面确认，承包人应在专用合同条款约定的合理期限内到达工程现场并修复缺陷或损坏。

15.4.4 未能修复

因承包人原因造成工程的缺陷或损坏，承包人拒绝维修或未能在合理期限内修复缺陷或损坏，且经发包人书面催告后仍未修复的，发包人有权自行修复或委托第三方修复，所需费用由承包人承担。但修复范围超出缺陷或损坏范围的，超出范围部分的修复费用由发包人承担。

15.4.5 承包人出入权

在保修期内，为了修复缺陷或损坏，承包人有权出入工程现场，除情况紧急必须立即修复缺陷或损坏外，承包人应提前24小时通知发包人进场修复的时间。承包人进入工程现场前应获得发包人同意，且不应影响发包人正常的生产经营，并应遵守发包人有关保安和保密等规定。

16. 违约

16.1 发包人违约

16.1.1 发包人违约的情形

在合同履行过程中发生的下列情形，属于发包人违约：

（1）因发包人原因未能在计划开工日期前7天内下达开工通知的；

（2）因发包人原因未能按合同约定支付合同价款的；

（3）发包人违反第10.1款〔变更的范围〕第（2）项约定，自行实施被取消的工作或转由他人实施的；

（4）发包人提供的材料、工程设备的规格、数量或质量不符合合同约定，或因发包人原因导致交货日期延误或交货地点变更等情况的；

（5）因发包人违反合同约定造成暂停施工的；

（6）发包人无正当理由没有在约定期限内发出复工指示，导致承包人无法复工的；

（7）发包人明确表示或者以其行为表明不履行合同主要义务的；

（8）发包人未能按照合同约定履行其他义务的。

发包人发生除本项第（7）条以外的违约情况时，承包人可向发包人发出通知，要求发包人采取有效措施纠正违约行为。发包人收到承包人通知后28天内仍不纠正违约行为的，承包人有权暂停相应部位工程施工，并通知监理人。

16.1.2 发包人违约的责任

发包人应承担因其违约给承包人增加的费用和（或）延误的工期，并支付承包人合理的利润。此外，合同当事人可在专用合同条款中另行约定发包人违约责任的承担方式和计算方法。

16.1.3 因发包人违约解除合同

除专用合同条款另有约定外，承包人按第16.1.1项〔发包人违约的情形〕约定暂停施工满28天后，发包人仍不纠正其违约行为并致使合同目的不能实现的，或出现第16.1.1项〔发包人违约的情形〕第（7）条约定的违约情况，承包人有权解除合同，发包人应承担由此增加的费用，并支付承包人合理的利润。

16.1.4 因发包人违约解除合同后的付款

承包人按照本款约定解除合同的，发包人应在解除合同后28天内支付下列款项，并解除履约担保：

（1）合同解除前所完成工作的价款；

（2）承包人为工程施工订购并已付款的材料、工程设备和其他物品的价款；

（3）承包人撤离施工现场以及遣散承包人人员的款项；

（4）按照合同约定在合同解除前应支付的违约金；

（5）按照合同约定应当支付给承包人的其他款项；

（6）按照合同约定应退还的质量保证金；

（7）因解除合同给承包人造成的损失。

合同当事人未能就解除合同后的结清达成一致的，按照第 20 条〔争议解决〕的约定处理。

承包人应妥善做好已完工程和与工程有关的已购材料、工程设备的保护和移交工作，并将施工设备和人员撤出施工现场，发包人应为承包人撤出提供必要条件。

16.2 承包人违约

16.2.1 承包人违约的情形

在合同履行过程中发生的下列情形，属于承包人违约：

（1）承包人违反合同约定进行转包或违法分包的；

（2）承包人违反合同约定采购和使用不合格的材料和工程设备的；

（3）因承包人原因导致工程质量不符合合同要求的；

（4）承包人违反第 8.9 款〔材料与设备专用要求〕的约定，未经批准，私自将已按照合同约定进入施工现场的材料或设备撤离施工现场的；

（5）承包人未能按施工进度计划及时完成合同约定的工作，造成工期延误的；

（6）承包人在缺陷责任期及保修期内，未能在合理期限对工程缺陷进行修复，或拒绝按发包人要求进行修复的；

（7）承包人明确表示或者以其行为表明不履行合同主要义务的；

（8）承包人未能按照合同约定履行其他义务的。

承包人发生除本项第（7）条约定以外的其他违约情况时，监理人可向承包人发出整改通知，要求其在指定的期限内改正。

16.2.2 承包人违约的责任

承包人应承担因其违约行为而增加的费用和（或）延误的工期。此外，合同当事人可在专用合同条款中另行约定承包人违约责任的承担方式和计算方法。

16.2.3 因承包人违约解除合同

除专用合同条款另有约定外，出现第 16.2.1 项〔承包人违约的情形〕第（7）条约定的违约情况时，或监理人发出整改通知后，承包人在指定的合理期限内仍不纠正违约行为并致使合同目的不能实现的，发包人有权解除合同。合同解除后，因继续完成工程的需要，发包人有权使用承包人在施工现场的材料、设备、临时工程、承包人文件和由承包人或以其名义编制的其他文件，合同当事人应在专用合同条款约定相应费用的承担方式。发包人继续使用的行为不免除或减轻承包人应承担的违约责任。

16.2.4 因承包人违约解除合同后的处理

因承包人原因导致合同解除的，则合同当事人应在合同解除后28天内完成估价、付款和清算，并按以下约定执行：

（1）合同解除后，按第4.4款〔商定或确定〕商定或确定承包人实际完成工作对应的合同价款，以及承包人已提供的材料、工程设备、施工设备和临时工程等的价值；

（2）合同解除后，承包人应支付的违约金；

（3）合同解除后，因解除合同给发包人造成的损失；

（4）合同解除后，承包人应按照发包人要求和监理人的指示完成现场的清理和撤离；

（5）发包人和承包人应在合同解除后进行清算，出具最终结清付款证书，结清全部款项。

因承包人违约解除合同的，发包人有权暂停对承包人的付款，查清各项付款和已扣款项。发包人和承包人未能就合同解除后的清算和款项支付达成一致的，按照第20条〔争议解决〕的约定处理。

16.2.5 采购合同权益转让

因承包人违约解除合同的，发包人有权要求承包人将其为实施合同而签订的材料和设备的采购合同的权益转让给发包人，承包人应在收到解除合同通知后14天内，协助发包人与采购合同的供应商达成相关的转让协议。

16.3 第三人造成的违约

在履行合同过程中，一方当事人因第三人的原因造成违约的，应当向对方当事人承担违约责任。一方当事人和第三人之间的纠纷，依照法律规定或者按照约定解决。

17. 不可抗力

17.1 不可抗力的确认

不可抗力是指合同当事人在签订合同时不可预见，在合同履行过程中不可避免且不能克服的自然灾害和社会性突发事件，如地震、海啸、瘟疫、骚乱、戒严、暴动、战争和专用合同条款中约定的其他情形。

不可抗力发生后，发包人和承包人应收集证明不可抗力发生及不可抗力造成损失的证据，并及时认真统计所造成的损失。合同当事人对是否属于不可抗力或其损失的意见不一致的，由监理人按第4.4款〔商定或确定〕的约定处理。发生争议时，按第20条〔争议解决〕的约定处理。

17.2 不可抗力的通知

合同一方当事人遇到不可抗力事件，使其履行合同义务受到阻碍时，应立即通知合同另一方当事人和监理人，书面说明不可抗力和受阻碍的详细情况，并提供必要的证明。

不可抗力持续发生的，合同一方当事人应及时向合同另一方当事人和监理人提交中间报告，说明不可抗力和履行合同受阻的情况，并于不可抗力事件结束后28天内提交最终报告及有关资料。

17.3 不可抗力后果的承担

17.3.1 不可抗力引起的后果及造成的损失由合同当事人按照法律规定及合同约定各自承担。不可抗力发生前已完成的工程应当按照合同约定进行计量支付。

17.3.2 不可抗力导致的人员伤亡、财产损失、费用增加和（或）工期延误等后果，由合同当事人按以下原则承担：

（1）永久工程、已运至施工现场的材料和工程设备的损坏，以及因工程损坏造成的第三人人员伤亡和财产损失由发包人承担；

（2）承包人施工设备的损坏由承包人承担；

（3）发包人和承包人承担各自人员伤亡和财产的损失；

（4）因不可抗力影响承包人履行合同约定的义务，已经引起或将引起工期延误的，应当顺延工期，由此导致承包人停工的费用损失由发包人和承包人合理分担，停工期间必须支付的工人工资由发包人承担；

（5）因不可抗力引起或将引起工期延误，发包人要求赶工的，由此增加的赶工费用由发包人承担；

（6）承包人在停工期间按照发包人要求照管、清理和修复工程的费用由发包人承担。

不可抗力发生后，合同当事人均应采取措施尽量避免和减少损失的扩大，任何一方当事人没有采取有效措施导致损失扩大的，应对扩大的损失承担责任。

因合同一方迟延履行合同义务，在迟延履行期间遭遇不可抗力的，不免除其违约责任。

17.4 因不可抗力解除合同

因不可抗力导致合同无法履行连续超过84天或累计超过140天的，发包人和承包人均有权解除合同。合同解除后，由双方当事人按照第4.4款〔商定或确定〕商定或确定发包人应支付的款项，该款项包括：

（1）合同解除前承包人已完成工作的价款；

（2）承包人为工程订购的并已交付给承包人，或承包人有责任接受交付的材料、工程设备和其他物品的价款；

（3）发包人要求承包人退货或解除订货合同而产生的费用，或因不能退货或解除合同而产生的损失；

（4）承包人撤离施工现场以及遣散承包人人员的费用；

（5）按照合同约定在合同解除前应支付给承包人的其他款项；

（6）扣减承包人按照合同约定应向发包人支付的款项；

（7）双方商定或确定的其他款项。

除专用合同条款另有约定外，合同解除后，发包人应在商定或确定上述款项后28天内完成上述款项的支付。

18. 保险

18.1 工程保险

除专用合同条款另有约定外，发包人应投保建筑工程一切险或安装工程一切险；发包人委托承包人投保的，因投保产生的保险费和其他相关费用由发包人承担。

18.2 工伤保险

18.2.1 发包人应依照法律规定参加工伤保险，并为在施工现场的全部员工办理工伤保险，缴纳工伤保险费，并要求监理人及由发包人为履行合同聘请的第三方依法参加工伤保险。

18.2.2 承包人应依照法律规定参加工伤保险，并为其履行合同的全部员工办理工伤保险，缴纳工伤保险费，并要求分包人及由承包人为履行合同聘请的第三方依法参加工伤保险。

18.3 其他保险

发包人和承包人可以为其施工现场的全部人员办理意外伤害保险并支付保险费，包括其员工及为履行合同聘请的第三方的人员，具体事项由合同当事人在专用合同条款约定。

除专用合同条款另有约定外，承包人应为其施工设备等办理财产保险。

18.4 持续保险

合同当事人应与保险人保持联系，使保险人能够随时了解工程实施中的变动，并确保按保险合同条款要求持续保险。

18.5 保险凭证

合同当事人应及时向另一方当事人提交其已投保的各项保险的凭证和保险单复印件。

18.6 未按约定投保的补救

18.6.1 发包人未按合同约定办理保险，或未能使保险持续有效的，则承包人可代为办理，所需费用由发包人承担。发包人未按合同约定办理保险，导致未能得到足额赔偿的，由发包人负责补足。

18.6.2 承包人未按合同约定办理保险，或未能使保险持续有效的，则发包人可代为办理，所需费用由承包人承担。承包人未按合同约定办理保险，导致未能得到足额赔偿的，由承包人负责补足。

18.7 通知义务

除专用合同条款另有约定外，发包人变更除工伤保险之外的保险合同时，应事先征得承包人同意，并通知监理人；承包人变更除工伤保险之外的保险合同时，应事先征得发包人同意，并通知监理人。

保险事故发生时，投保人应按照保险合同规定的条件和期限及时向保险人报告。发包人和承包人应当在知道保险事故发生后及时通知对方。

19. 索赔

19.1 承包人的索赔

根据合同约定，承包人认为有权得到追加付款和（或）延长工期的，应按以下程序向发包人提出索赔：

（1）承包人应在知道或应当知道索赔事件发生后28天内，向监理人递交索赔意向通知书，并说明发生索赔事件的事由；承包人未在前述28天内发出索赔意向通知书的，丧失要求追加付款和（或）延长工期的权利；

（2）承包人应在发出索赔意向通知书后28天内，向监理人正式递交索赔报告；索赔报告应详细说明索赔理由以及要求追加的付款金额和（或）延长的工期，并附必要的记录和证明材料；

（3）索赔事件具有持续影响的，承包人应按合理时间间隔继续递交延续索赔通知，说明持续影响的实际情况和记录，列出累计的追加付款金额和（或）工期延长天数；

（4）在索赔事件影响结束后28天内，承包人应向监理人递交最终索赔报告，说明最终要求索赔的追加付款金额和（或）延长的工期，并附必要的记录和证明材料。

19.2 对承包人索赔的处理

对承包人索赔的处理如下：

（1）监理人应在收到索赔报告后14天内完成审查并报送发包人。监理人对索赔报告存在异议的，有权要求承包人提交全部原始记录副本。

（2）发包人应在监理人收到索赔报告或有关索赔的进一步证明材料后的28天内，由监理人向承包人出具经发包人签认的索赔处理结果。发包人逾期答复的，则视为认可承包人的索赔要求。

（3）承包人接受索赔处理结果的，索赔款项在当期进度款中进行支付；承包人不接受索赔处理结果的，按照第20条〔争议解决〕约定处理。

19.3 发包人的索赔

根据合同约定，发包人认为有权得到赔付金额和（或）延长缺陷责任期的，监理人应向承包人发出通知并附有详细的证明。

发包人应在知道或应当知道索赔事件发生后28天内通过监理人向承包人提出索赔意向通知书，发包人未在前述28天内发出索赔意向通知书的，丧失要求赔付金额和（或）延长缺陷责任期的权利。发包人应在发出索赔意向通知书后28天内，通过监理人向承包人正式递交索赔报告。

19.4 对发包人索赔的处理

对发包人索赔的处理如下：

（1）承包人收到发包人提交的索赔报告后，应及时审查索赔报告的内容、查验发包人证明材料。

（2）承包人应在收到索赔报告或有关索赔的进一步证明材料后28天内，将索赔处理结果答复发包人。如果承包人未在上述期限内作出答复的，则视为对发包人索赔要求的认可。

（3）承包人接受索赔处理结果的，发包人可从应支付给承包人的合同价款中扣除赔付的金额或延长缺陷责任期；发包人不接受索赔处理结果的，按第20条〔争议解决〕约定处理。

19.5 提出索赔的期限

（1）承包人按第14.2款〔竣工结算审核〕约定接收竣工付款证书后，应被视为已无权再提出在工程接收证书颁发前所发生的任何索赔。

（2）承包人按第14.4款〔最终结清〕提交的最终结清申请单中，只限于提出工程接收证书颁发后发生的索赔。提出索赔的期限自接受最终结清证书时终止。

20. 争议解决

20.1 和解

合同当事人可以就争议自行和解，自行和解达成协议的经双方签字并盖章后作为合同补充文件，双方均应遵照执行。

20.2 调解

合同当事人可以就争议请求建设行政主管部门、行业协会或其他第三方进行调解，调解达成协议的，经双方签字并盖章后作为合同补充文件，双方均应遵照执行。

20.3 争议评审

合同当事人在专用合同条款中约定采取争议评审方式解决争议以及评审规则，并按下列约定执行：

20.3.1 争议评审小组的确定

合同当事人可以共同选择一名或三名争议评审员，套成争议评审小组。除专用合同条款另有约定外，合同当事人应当自合同签订后28天内，或者争议发生后14天内，选定争议评审员。

选择一名争议评审员的，由合同当事人共同确定；选择三名争议评审员的，各自选定一名，第三名成员为首席争议评审员，由合同当事人共同确定或由合同当事人委托已选定的争议评审员共同确定，或由专用合同条款约定的评审机构指定第三名首席争议评审员。

除专用合同条款另有约定外，评审员报酬由发包人和承包人各承担一半。

20.3.2 争议评审小组的决定

合同当事人可在任何时间将与合同有关的任何争议共同提请争议评审小组进行评审。争议评审小组应秉持客观、公正原则，充分听取合同当事人的意见，依据相关法律、规范、标准、案例经验及商业惯例等，自收到争议评审申请报告后14天内作出书面决定，并说明理由。合同当事人可以在专用合同条款中对本项事项另行约定。

20.3.3 争议评审小组决定的效力

争议评审小组作出的书面决定经合同当事人签字确认后，对双方具有约束力，双方应遵照执行。

任何一方当事人不接受争议评审小组决定或不履行争议评审小组决定的，双方可选择采用其他争议解决方式。

20.4 仲裁或诉讼

因合同及合同有关事项产生的争议，合同当事人可以在专用合同条款中约定以下一种方式解决争议：

（1）向约定的仲裁委员会申请仲裁；

（2）向有管辖权的人民法院起诉。

20.5 争议解决条款效力

合同有关争议解决的条款独立存在，合同的变更、解除、终止、无效或者被撤销均不影响其效力。

第三部分　专用合同条款（部分节选）

1. 一般约定

1.1 词语定义

1.1.1 合同

1.1.1.10 其他合同文件包括：______________________________________

____。

1.1.2 合同当事人及其他相关方

1.1.2.4 监理人：

名称：____________________；

资质类别和等级：________；

联系电话：______________；

电子信箱：______________；

通信地址：______________。

1.1.2.5 设计人：

名称：________________；

资质类别和等级：______；

联系电话：____________；

电子信箱：____________；

通信地址：____________。

1.1.3 工程和设备

1.1.3.7 作为施工现场套成部分的其他场所包括：__________。

1.1.3.9 永久占地包括：__________。

1.1.3.10 临时占地包括：__________。

1.3 法律

适用于合同的其他规范性文件：____________________________。

1.4 标准和规范

1.4.1 适用于工程的标准规范包括：__________________________。

1.4.2 发包人提供国外标准、规范的名称：________________________

____；

发包人提供国外标准、规范的份数：________________________；

发包人提供国外标准、规范的名称：________________________。

1.4.3 发包人对工程的技术标准和功能要求的特殊要求：

____。

1.5 合同文件的优先顺序

合同文件套成及优先顺序为：_________________。

1.6 图纸和承包人文件

1.6.1 图纸的提供

发包人向承包人提供图纸的期限：_______________；

发包人向承包人提供图纸的数量：_______________；

发包人向承包人提供图纸的内容：_______________。

1.6.4 承包人文件

需要由承包人提供的文件，包括：_____________；

承包人提供的文件的期限为：_________________；

承包人提供的文件的数量为：_________________；

承包人提供的文件的形式为：_________________；

发包人审批承包人文件的期限：_______________。

1.6.5 现场图纸准备

关于现场图纸准备的约定：_______________。

1.7 联络

1.7.1 发包人和承包人应当在____天内将与合同有关的通知、批准、证明、证书、指示、指令、要求、请求、同意、意见、确定和决定等书面函件送达对方当事人。

1.7.2 发包人接收文件的地点：______；

发包人指定的接收人为：__________。

承包人接收文件的地点：__________；

承包人指定的接收人为：__________。

监理人接收文件的地点：__________；

监理人指定的接收人为：__________。

1.10 交通运输

1.10.1 出入现场的权利

关于出入现场的权利的约定：______________________________。

1.10.3 场内交通

关于场外交通和场内交通的边界的约定：____________________。

关于发包人向承包人免费提供满足工程施工需要的场内道路和交通设施的约定：__________________________。

1.10.4 超大件和超重件的运输

运输超大件或超重件所需的道路和桥梁临时加固改造费用和其他有关费用由______________承担。

1.11 知识产权

1.11.1 关于发包人提供给承包人的图纸、发包人为实施工程自行编制或委托编制的技术规范以及反映发包人关于合同要求或其他类似性质的文件的著作权的归属：____________。

关于发包人提供的上述文件的使用限制的要求：_______________________________。

1.11.2 关于承包人为实施工程所编制文件的著作权的归属：_____________________。

关于承包人提供的上述文件的使用限制的要求：_______________________________。

1.11.4 承包人在施工过程中所采用的专利、专有技术、技术秘密的使用费的承担方式：____________________________。

1.13 工程量清单错误的修正

出现工程量清单错误时，是否调整合同价格：__________________________________。

允许调整合同价格的工程量偏差范围：_______________________________________。

2. 发包人

2.2 发包人代表

发包人代表：

姓名：________________；

身份证号：____________；

职务：________________；

联系电话：____________；

电子信箱：____________；

通信地址：____________。

发包人对发包人代表的授权范围如下____________。

2.4 施工现场、施工条件和基础资料的提供

2.4.1 提供施工现场

关于发包人移交施工现场的期限要求：____。

2.4.2 提供施工条件

关于发包人应负责提供施工所需要的条件，包括：____。

2.5 资金来源证明及支付担保

发包人提供资金来源证明的期限要求：________。

发包人是否提供支付担保：______。

发包人提供支付担保的形式：______。

3. 承包人

3.1 承包人的一般义务

（9）承包人提交的竣工资料的内容：____。

承包人需要提交的竣工资料套数：____________________。

承包人提交的竣工资料的费用承担：__________________。

承包人提交的竣工资料移交时间：____________________。

承包人提交的竣工资料形式要求：____________________。

（10）承包人应履行的其他义务：______________________________________。

3.2 项目经理

3.2.1 项目经理：

姓名：____________；

身份证号：____________；

建造师执业资格等级：__________；

建造师注册证书号：____________；

建造师执业印章号：____________；

安全生产考核合格证书号：________；

联系电话：________；

电子信箱：________；

通信地址：________；

承包人对项目经理的授权范围如下：_____________________________

__________________________。

关于项目经理每月在施工现场的时间要求：_______________________

_______________________________。

承包人未提交劳动合同，以及没有为项目经理缴纳社会保险证明的违约责任：____。

项目经理未经批准，擅自离开施工现场的违约责任：______________

_____________________________________。

3.2.3 承包人擅自更换项目经理的违约责任：_____________________

____。

3.2.4 承包人无正当理由拒绝更换项目经理的违约责任：__________

____。

3.3 承包人人员

3.3.1 承包人提交项目管理机构及施工现场管理人员安排报告的期限：

____。

3.3.3 承包人无正当理由拒绝撤换主要施工管理人员的违约责任：__

____。

3.3.4 承包人主要施工管理人员离开施工现场的批准要求：________

____。

3.3.5 承包人擅自更换主要施工管理人员的违约责任：____________

____。

承包人主要施工管理人员擅自离开施工现场的违约责任：__________

______________________________________。

3.5 分包

3.5.1 分包的一般约定

禁止分包的工程包括：______________________。

主体结构、关键性工作的范围：____________________________

____。

3.5.2 分包的确定

允许分包的专业工程包括：_____________________。

其他关于分包的约定：___________________________________

____。

3.5.4 分包合同价款

关于分包合同价款支付的约定：_____________________。

3.6 工程照管与成品、半成品保护

承包人负责照管工程及工程相关的材料、工程设备的起始时间：____

____。

3.7 履约担保

承包人是否提供履约担保：__________________________。

承包人提供履约担保的形式、金额及期限的：__________________

____。

4. 监理人

4.1 监理人的一般规定

关于监理人的监理内容：__________________________。

关于监理人的监理权限：__________________________。

关于监理人在施工现场的办公场所、生活场所的提供和费用承担的约定：____

____。

4.2 监理人员

总监理工程师：

姓名：__________________________；

职务：__________________________；

监理工程师执业资格证书号：________；

联系电话：________________；

电子信箱：________________；

通信地址：________________；

关于监理人的其他约定：________。

4.4 商定或确定

在发包人和承包人不能通过协商达成一致意见时，发包人授权监理人对以下事项进行确定：

（1）________________；

（2）________________；

（3）________________。

5. 工程质量

5.1 质量要求

5.1.1 特殊质量标准和要求：________________

________________________________。

关于工程奖项的约定：________________

________________________________。

5.3 隐蔽工程检查

5.3.2 承包人提前通知监理人隐蔽工程检查的期限的约定：________

________________________________。

监理人不能按时进行检查时，应提前______小时提交书面延期要求。

关于延期最长不得超过：________小时。

6. 安全文明施工与环境保护

6.1 安全文明施工

6.1.1 项目安全生产的达标目标及相应事项的约定：________

________________________________。

6.1.4 关于治安保卫的特别约定：________________

________________________________。

关于编制施工场地治安管理计划的约定：________________

________________________________。

6.1.5 文明施工

合同当事人对文明施工的要求：____。

6.1.6 关于安全文明施工费支付比例和支付期限的约定：____。

7. 工期和进度

7.1 施工组织设计

7.1.1 合同当事人约定的施工组织设计应包括的其他内容：____。

7.1.2 施工组织设计的提交和修改

承包人提交详细施工组织设计的期限的约定：____。

发包人和监理人在收到详细的施工组织设计后确认或提出修改意见的期限：____。

7.2 施工进度计划

7.2.2 施工进度计划的修订

发包人和监理人在收到修订的施工进度计划后确认或提出修改意见的期限：____。

7.3 开工

7.3.1 开工准备

关于承包人提交工程开工报审表的期限：____________________。

关于发包人应完成的其他开工准备工作及期限：____。

关于承包人应完成的其他开工准备工作及期限：____。

7.3.2 开工通知

因发包人原因造成监理人未能在计划开工日期之日起____天内发出开工通知的，承包人有权提出价格调整要求，或者解除合同。

7.4 测量放线

7.4.1 发包人通过监理人向承包人提供测量基准点、基准线和水准点及其书面资料的期限：________________。

7.5 工期延误

7.5.1 因发包人原因导致工期延误

（7）因发包人原因导致工期延误的其他情形：________________________________。

7.5.2 因承包人原因导致工期延误

因承包人原因造成工期延误，逾期竣工违约金的计算方法为：________________。

因承包人原因造成工期延误，逾期竣工违约金的上限：________________________________。

7.6 不利物质条件

不利物质条件的其他情形和有关约定：________________________________。

7.7 异常恶劣的气候条件

发包人和承包人同意以下情形视为异常恶劣的气候条件：

（1）________________；

（2）________________；

（3）________________。

7.9 提前竣工的奖励

7.9.2 提前竣工的奖励：________________。

8. 材料与设备

8.4 材料与工程设备的保管与使用

8.4.1 发包人供应的材料设备的保管费用的承担：________________________________。

8.6 样品

8.6.1 样品的报送与封存

需要承包人报送样品的材料或工程设备，样品的种类、名称、规格、数量要求：________________________________。

8.8 施工设备和临时设施

8.8.1 承包人提供的施工设备和临时设施

关于修建临时设施费用承担的约定：____。

9. 试验与检验

9.1 试验设备与试验人员

9.1.2 试验设备

施工现场需要配置的试验场所：____。

施工现场需要配备的试验设备：____。

施工现场需要具备的其他试验条件：____。

9.4 现场工艺试验

现场工艺试验的有关约定：____。

10. 变更

10.1 变更的范围

关于变更的范围的约定：____。

10.4 变更估价

10.4.1 变更估价原则

关于变更估价的约定：____。

10.5 承包人的合理化建议

监理人审查承包人合理化建议的期限：________________。

发包人审批承包人合理化建议的期限：________________。

承包人提出的合理化建议降低了合同价格或者提高了工程经济效益的奖励的方法和金额为：____。

10.7 暂估价

暂估价材料和工程设备的明细详见附件 11：《暂估价一览表》。

10.7.1 依法必须招标的暂估价项目

对于依法必须招标的暂估价项目的确认和批准采取第____种方式确定。

10.7.2 不属于依法必须招标的暂估价项目

对于不属于依法必须招标的暂估价项目的确认和批准采取第__种方式确定。

第 3 种方式：承包人直接实施的暂估价项目

承包人直接实施的暂估价项目的约定：____。

10.8 暂列金额

合同当事人关于暂列金额使用的约定：____。

11. 价格调整

11.1 市场价格波动引起的调整

市场价格波动是否调整合同价格的约定：________________。

因市场价格波动调整合同价格，采用以下第____种方式对合同价格进行调整：

第一种方式：采用价格指数进行价格调整。

关于各可调因子、定值和变值权重，以及基本价格指数及其来源的约定：____；

第二种方式：采用造价信息进行价格调整。

（2）关于基准价格的约定：________________________。

专用合同条款①承包人在已标价工程量清单或预算书中载明的材料单价低于基准价格的：专用合同条款合同履行期间材料单价涨幅以基准价格为基础超过__%时，或材料单价跌幅以已标价工程量清单或预算书中载明材料单价为基础超过__%时，其超过部分据实调整。

②承包人在已标价工程量清单或预算书中载明的材料单价高于基准价格的：专用合同条款合同履行期间材料单价跌幅以基准价格为基础超过__%时，材料单价涨幅以已标价工程量清单或预算书中载明材料单价为基

础超过__%时，其超过部分据实调整。

③承包人在已标价工程量清单或预算书中载明的材料单价等于基准单价的：专用合同条款合同履行期间材料单价涨跌幅以基准单价为基础超过±__%时，其超过部分据实调整。

第三种方式：其他价格调整方式：____。

12. 合同价格、计量与支付

12.1 合同价格形式

（1）单价合同。

综合单价包含的风险范围：____。

风险费用的计算方法：____。

风险范围以外合同价格的调整方法：____。

（2）总价合同。

总价包含的风险范围：____。

风险费用的计算方法：____。

风险范围以外合同价格的调整方法：____。

（3）其他价格方式：____。

12.2 预付款

12.2.1 预付款的支付

预付款支付比例或金额：______________________。

预付款支付期限：______________________。

预付款扣回的方式：______________________。

12.2.2 预付款担保

承包人提交预付款担保的期限：________________________。

预付款担保的形式为：________________________________。

12.3 计量

12.3.1 计量原则

工程量计算规则：____________________________________。

12.3.2 计量周期

关于计量周期的约定：________________________________。

12.3.3 单价合同的计量

关于单价合同计量的约定：____________________________。

12.3.4 总价合同的计量

关于总价合同计量的约定：____________________________。

12.3.5 总价合同采用支付分解表计量支付的，是否适用第12.3.4项〔总价合同的计量〕约定进行计量：__________________。

12.3.6 其他价格形式合同的计量

其他价格形式的计量方式和程序：____________________________

____。

12.4 工程进度款支付

12.4.1 付款周期

关于付款周期的约定：________________________________。

12.4.2 进度付款申请单的编制

关于进度付款申请单编制的约定：____________________________

____。

12.4.3 进度付款申请单的提交

（1）单价合同进度付款申请单提交的约定：______________。

（2）总价合同进度付款申请单提交的约定：______________。

（3）其他价格形式合同进度付款申请单提交的约定：______________

____。

12.4.4 进度款审核和支付

（1）监理人审查并报送发包人的期限：__________________。

发包人完成审批并签发进度款支付证书的期限：____________________
____。

（2）发包人支付进度款的期限：______________________________。

发包人逾期支付进度款的违约金的计算方式：____________________
____。

12.4.6 支付分解表的编制

（1）总价合同支付分解表的编制与审批：____________________
____。

（2）单价合同的总价项目支付分解表的编制与审批：______________
____。

13. 验收和工程试车

13.1 分部分项工程验收

13.1.2 监理人不能按时进行验收时，应提前______小时提交书面延期要求。

关于延期最长不得超过：________小时。

13.2 竣工验收

13.2.2 竣工验收程序

关于竣工验收程序的约定：______________________________
____。

发包人不按照本项约定组织竣工验收、颁发工程接收证书的违约金的计算方法：____
____。

13.2.5 移交、接收全部与部分工程

承包人向发包人移交工程的期限：__________________________。

发包人未按本合同约定接收全部或部分工程，违约金的计算方法为：____。

承包人未按时移交工程的，违约金的计算方法为：________________
____。

13.3 工程试车

13.3.1 试车程序

工程试车内容：________________________。

（1）单机无负荷试车费用由____________承担；

（2）无负荷联动试车费用由____________承担。

13.3.3 投料试车

关于投料试车相关事项的约定：____________________

________________________________。

13.6 竣工退场

13.6.1 竣工退场

承包人完成竣工退场的期限：________________。

14. 竣工结算

14.1 竣工结算申请

承包人提交竣工结算申请单的期限：____________。

竣工结算申请单应包括的内容：____________________

________________________________。

14.2 竣工结算审核

发包人审批竣工付款申请单的期限：____________。

发包人完成竣工付款的期限：________________。

关于竣工付款证书异议部分复核的方式和程序：__________

________________________________。

14.4 最终结清

14.4.1 最终结清申请单

承包人提交最终结清申请单的份数：____________。

承包人提交最终结算申请单的期限：____________。

14.4.2 最终结清证书和支付

（1）发包人完成最终结清申请单的审批并颁发最终结清证书的期限：

______________________________。

（2）发包人完成支付的期限：______________。

15. 缺陷责任期与保修

15.2 缺陷责任期

缺陷责任期的具体期限：______________________

____。

15.3 质量保证金

关于是否扣留质量保证金的约定：____________________。

15.3.1 承包人提供质量保证金的方式

质量保证金采用以下第____种方式：

（1）质量保证金保函，保证金额为：________________；

（2）_____%的工程款；

（3）其他方式：__________________________________。

15.3.2 质量保证金的扣留

质量保证金的扣留采取以下第____种方式：

（1）在支付工程进度款时逐次扣留，在此情形下，质量保证金的计算基数不包括预付款的支付、扣回以及价格调整的金额；

（2）工程竣工结算时一次性扣留质量保证金；

（3）其他扣留方式：________________________________。

关于质量保证金的补充约定：________________________________

____。

15.4 保修

15.4.1 保修责任

工程保修期为：____

____。

15.4.3 修复通知

承包人收到保修通知并到达工程现场的合理时间：_______________

____。

16. 违约

16.1 发包人违约

16.1.1 发包人违约的情形

发包人违约的其他情形：____________________________________

____。

16.1.2 发包人违约的责任

发包人违约责任的承担方式和计算方法：

（1）因发包人原因未能在计划开工日期前7天内下达开工通知的违约责任：________________________________。

（2）因发包人原因未能按合同约定支付合同价款的违约责任：________________________________。

（3）发包人违反第10.1款〔变更的范围〕第（2）项约定，自行实施被取消的工作或转由他人实施的违约责任：________________________________。

（4）发包人提供的材料、工程设备的规格、数量或质量不符合合同约定，或因发包人原因导致交货日期延误或交货地点变更等情况的违约责任：________________________________。

（5）因发包人违反合同约定造成暂停施工的违约责任：________________________________。

（6）发包人无正当理由没有在约定期限内发出复工指示，导致承包人无法复工的违约责任：________________________________。

（7）其他：________________________________。

16.1.3 因发包人违约解除合同

承包人按16.1.1项〔发包人违约的情形〕约定暂停施工满____天后发包人仍不纠正其违约行为并致使合同目的不能实现的，承包人有权解除合同。

16.2 承包人违约

16.2.1 承包人违约的情形

承包人违约的其他情形：________________________________。

16.2.2 承包人违约的责任

承包人违约责任的承担方式和计算方法：________________________________。

16.2.3 因承包人违约解除合同

关于承包人违约解除合同的特别约定：________________________________。

发包人继续使用承包人在施工现场的材料、设备、临时工程、承包人

文件和由承包人或以其名义编制的其他文件的费用承担方式：__________
____。

17. 不可抗力

17.1 不可抗力的确认

除通用合同条款约定的不可抗力事件之外，视为不可抗力的其他情形：____。

17.4 因不可抗力解除合同

合同解除后，发包人应在商定或确定发包人应支付款项后____天内完成款项的支付。

18. 保险

18.1 工程保险

关于工程保险的特别约定：_____________________________。

18.3 其他保险

关于其他保险的约定：_________________________________。

承包人是否应为其施工设备等办理财产保险：____________________
____。

18.7 通知义务

关于变更保险合同时的通知义务的约定：________________________
____。

20. 争议解决

20.3 争议评审

合同当事人是否同意将工程争议提交争议评审小组决定：__________
____。

20.3.1 争议评审小组的确定

争议评审小组成员的确定：___________________________。

选定争议评审员的期限：_____________________________。

争议评审小组成员的报酬承担方式：____________________。

其他事项的约定：___________________________________。

20.3.2 争议评审小组的决定

合同当事人关于本项的约定：_________________________。

20.4 仲裁或诉讼

因合同及合同有关事项发生的争议，按下列第____种方式解决：

（1）向__________________仲裁委员会申请仲裁；

（2）向__________________人民法院起诉。

附件

协议书附件：

附件 1　承包人承揽工程项目一览表

附件 2　发包人供应材料设备一览表

附件 3　工程质量保修书

附件 4　主要建设工程文件目录

附件 5　承包人用于本工程施工的机械设备表

附件 6　承包人主要施工管理人员表

附件 7　分包人主要施工管理人员表

附件 8　履约担保

附件 9　预付款担保

附件 10　支付担保

附件 11　暂估价一览表

附件1　承包人承揽工程项目一览表

单位工程名称	建设规模	建筑面积（平方米）	结构形式	层数	生产能力	设备安装内容	合同价格（元）	开工日期	竣工日期

附件2　发包人供应材料设备一览表

序号	材料、设备品种	规格型号	单位	数量	单价（元）	质量等级	供应时间	送达地点	备注

附件3　工程质量保修书

发包人（全称）：______________________________

承包人（全称）：______________________________

发包人和承包人根据《中华人民共和国建筑法》和《建设工程质量管理条例》，经协商一致就________________（工程全称）签订工程质量保修书。

一、工程质量保修范围和内容

承包人在质量保修期内，按照有关法律规定和合同约定，承担工程质量保修责任。

质量保修范围包括地基基础工程、主体结构工程，屋面防水工程、有防水要求的卫生间、房间和外墙面的防渗漏，供热与供冷系统，电气管线、给排水管道、设备安装和装修工程，以及双方约定的其他项目。具体保修的内容，双方约定如下：

____

__________。

二、质量保修期

根据《建设工程质量管理条例》及有关规定，工程的质量保修期如下：

1. 地基基础工程和主体结构工程为设计文件规定的工程合理使用年限；

2. 屋面防水工程、有防水要求的卫生间、房间和外墙面的防渗为________年；

3. 装修工程为________年；

4. 电气管线、给排水管道、设备安装工程为________年；

5. 供热与供冷系统为________个采暖期、供冷期；

6. 住宅小区内的给排水设施、道路等配套工程为________年；

7. 其他项目保修期限约定如下：

____

____

___________。

质量保修期自工程竣工验收合格之日起计算。

三、缺陷责任期

工程缺陷责任期为________个月，缺陷责任期自工程实际竣工之日起计算。单位工程先于全部工程进行验收，单位工程缺陷责任期自单位工程验收合格之日起算。

缺陷责任期终止后，发包人应退还剩余的质量保证金。

四、质量保修责任

1. 属于保修范围、内容的项目，承包人应当在接到保修通知之日起7天内派人保修。承包人不在约定期限内派人保修的，发包人可以委托他人修理。

2. 发生紧急事故需抢修的，承包人在接到事故通知后，应当立即到达事故现场抢修。

3. 对于涉及结构安全的质量问题，应当按照《建设工程质量管理条例》的规定，立即向当地建设行政主管部门和有关部门报告，采取安全防范措施，并由原设计人或者具有相应资质等级的设计人提出保修方案，承包人实施保修。

4. 质量保修完成后，由发包人组织验收。

五、保修费用

保修费用由造成质量缺陷的责任方承担。

六、双方约定的其他工程质量保修事项：__________________________

____。

工程质量保修书由发包人、承包人在工程竣工验收前共同签署，作为施工合同附件，其有效期限至保修期满。

发包人（公章）：______________承包人（公章）：______________

地址：________________________地址：________________________

法定代表人（签字）：__________法定代表人（签字）：__________

委托代理人（签字）：__________委托代理人（签字）：__________

电话：________________________电话：________________________

传真：________________________传真：________________________

开户银行：____________________开户银行：____________________

账号：________________________账号：______________________

邮政编码：____________________邮政编码：__________________

附件 4　主要建设工程文件目录

文件名称	套数	费用（元）	质量	移交时间	责任人

附件 5　承包人用于本工程施工的机械设备表

序号	机械或设备名称	规格型号	数量	产地	制造年份	额定功率（kW）	生产能力	备注

附件6：　承包人主要施工管理人员表

名称	姓名	职务	职称	主要资历、经验及承担过的项目
一、总部人员				
项目主管				
其他人员				
二、现场人员				
项目经理				
项目副经理				
技术负责人				
造价管理				
质量管理				
材料管理				
计划管理				
安全管理				
其他人员				

附件7　分包人主要施工管理人员表

名称	姓名	职务	职称	主要资历、经验及承担过的项目
一、总部人员				
项目主管				
其他人员				
二、现场人员				
项目经理				
项目副经理				
技术负责人				
造价管理				
质量管理				
材料管理				
计划管理				
安全管理				
其他人员				

附件8　履约担保

__________（发包人名称）：

鉴于______________（发包人名称，以下简称“发包人”）与_____________________（承包人名称）（以下简称“承包人”）于___年__月__日就____________________（工程名称）施工及有关事项协商一致共同签订《建设工程施工合同》。我方愿意无条件地、不可撤销地就承包人履行与你方签订的合同，向你方提供连带责任担保。

1. 担保金额人民币（大写）______________元（¥__________）。

2. 担保有效期自你方与承包人签订的合同生效之日起至你方签发或应签发工程接收证书之日止。

3. 在本担保有效期内，因承包人违反合同约定的义务给你方造成经济损失时，我方在收到你方以书面形式提出的在担保金额内的赔偿要求后，在7天内无条件支付。

4. 你方和承包人按合同约定变更合同时，我方承担本担保规定的义务不变。

5. 因本保函发生的纠纷，可由双方协商解决，协商不成的，任何一方均可提请________仲裁委员会仲裁。

6. 本保函自我方法定代表人（或其授权代理人）签字并加盖公章之日起生效。

担保人：______________________________（盖单位章）

法定代表人或其委托代理人：________________（签字）

地址：____

邮政编码：____

电话：____

传真：____

__________年________月________日

附件9　预付款担保

____________（发包人名称）：

根据________________（承包人名称）（以下简称“承包人”）与________________________（发包人名称）（以下简称“发包人”）于____年____月____日签订的__________________（工程名称）《建设工程施工合同》，承包人按约定的金额向你方提交一份预付款担保，即有权得到你方支付相等金额的预付款。我方愿意就你方提供给承包人的预付款为承包人提供连带责任担保。

1. 担保金额人民币（大写）______________元（￥____________）。

2. 担保有效期自预付款支付给承包人起生效，至你方签发的进度款支付证书说明已完全扣清止。

3. 在本保函有效期内，因承包人违反合同约定的义务而要求收回预付款时，我方在收到你方的书面通知后，在7天内无条件支付。但本保函的担保金额，在任何时候不应超过预付款金额减去你方按合同约定在向承包人签发的进度款支付证书中扣除的金额。

4. 你方和承包人按合同约定变更合同时，我方承担本保函规定的义务不变。

5. 因本保函发生的纠纷，可由双方协商解决，协商不成的，任何一方均可提请________仲裁委员会仲裁。

6. 本保函自我方法定代表人（或其授权代理人）签字并加盖公章之日起生效。

担保人：__________________________（盖单位章）

法定代表人或其委托代理人：____________（签字）

地址：________________________

邮政编码：____________________

电话：________________________

传真：________________________

__________年______月______日

附件10　支付担保

____________（承包人）：

鉴于你方作为承包人已经与____________（发包人名称）（以下简称“发包人”）于__年__月___日签订了____________（工程名称）《建设工程施工合同》（以下称“主合同”），应发包人的申请，我方愿就发包人履行主合同约定的工程款支付义务以保证的方式向你方提供如下担保：

一、保证的范围及保证金额

1. 我方的保证范围是主合同约定的工程款。

2. 本保函所称主合同约定的工程款是指主合同约定的除工程质量保证金以外的合同价款。

3. 我方保证的金额是主合同约定的工程款的______%，数额最高不超过人民币元（大写：________）。

二、保证的方式及保证期间

1. 我方保证的方式为：连带责任保证。

2. 我方保证的期间为：自本合同生效之日起至主合同约定的工程款支付完毕之日后____日内。

3. 你方与发包人协议变更工程款支付日期的，经我方书面同意后，保证期间按照变更后的支付日期做相应调整。

三、承担保证责任的形式

我方承担保证责任的形式是代为支付。发包人未按主合同约定向你方支付工程款的，由我方在保证金额内代为支付。

四、代偿的安排

1. 你方要求我方承担保证责任的，应向我方发出书面索赔通知及发包人未支付主合同约定工程款的证明材料。索赔通知应写明要求索赔的金额，支付款项应到达的账号。

2. 在出现你方与发包人因工程质量发生争议，发包人拒绝向你方支付工程款的情形时，你方要求我方履行保证责任代为支付的，需提供符合相应条件要求的工程质量检测机构出具的质量说明材料。

3. 我方收到你方的书面索赔通知及相应的证明材料后 7 天内无条件支付。

五、保证责任的解除

1. 在本保函承诺的保证期间内，你方未书面向我方主张保证责任的，自保证期间届满次日起，我方保证责任解除。

2. 发包人按主合同约定履行了工程款的全部支付义务的，自本保函承诺的保证期间届满次日起，我方保证责任解除。

3. 我方按照本保函向你方履行保证责任所支付金额达到本保函保证金额时，自我方向你方支付（支付款项从我方账户划出）之日起，保证责任即解除。

4. 按照法律法规的规定或出现应解除我方保证责任的其他情形的，我方在本保函项下的保证责任亦解除。

5. 我方解除保证责任后，你方应自我方保证责任解除之日起__个工作日内，将本保函原件返还我方。

六、免责条款

1. 因你方违约致使发包人不能履行义务的，我方不承担保证责任。

2. 依照法律法规的规定或你方与发包人的另行约定，免除发包人部分或全部义务的，我方亦免除其相应的保证责任。

3. 你方与发包人协议变更主合同的，如加重发包人责任致使我方保证责任加重的，需征得我方书面同意，否则我方不再承担因此而加重部分的保证责任，但主合同第10条〔变更〕约定的变更不受本款限制。

4. 因不可抗力造成发包人不能履行义务的，我方不承担保证责任。

七、争议解决

因本保函或本保函相关事项发生的纠纷，可由双方协商解决，协商不成的，按下列第____种方式解决：

（1）向____________________仲裁委员会申请仲裁；

（2）向____________________人民法院起诉。

八、保函的生效

本保函自我方法定代表人（或其授权代理人）签字并加盖公章之日起生效。

担保人：__________________________________（盖章）

法定代表人或委托代理人：__________________（签字）

地址：____

邮政编码：____

传真：____

______________年______月______日

附件11　11－1：材料暂估价表

序号	名称	单位	数量	单价（元）	合价（元）	备注

11－2　工程设备暂估价表

序号	名称	单位	数量	单价（元）	合价（元）	备注

11－3　专业工程暂估价表

序号	专业工程名称	工程内容	金额
小计：			

二、建设工程施工劳务分包合同模板

建设工程施工劳务分包合同

合同编号：__________

工程承包人（施工总承包人或专业工程承〔分〕包人）：__________
住所：________________
法定代表人：__________

劳务分包人：__________
住所：________________
法定代表人：__________

依照《中华人民共和国合同法》《中华人民共和国建筑法》及其他有关法律、行政法规，遵循平等、自愿、公平和诚实信用的原则，鉴于（以下简称为“发包人”）与工程承包人已经签订施工总承包合同或专业承（分）包合同（以下简称为“总〔分〕包合同”），双方就劳务分包事项协商达成一致，订立本合同。

1. 劳务分包人资质情况

资质证书号码：____________________
发证机关：________________________
资质专业及等级：__________________
复审时间及有效期：________________

2. 劳务分包工作对象及提供劳务内容

工程名称：________________________

工程地点：__________________

分包范围：__________________

提供分包劳务内容：__________

3. 分包工作期限

开始工作日期：______年___月___日，结束工作日期：_____年___月___日，总日历工作天数为：___天。

4. 质量标准

工程质量：按总（分）包合同有关质量的约定、国家现行的《建筑安装工程施工及验收规范》和《建筑安装工程质量评定标准》，本工作必须达到质量评定_____等级。

5. 合同文件及解释顺序

组成本合同的文件及优先解释顺序如下：

（1）本合同；

（2）本合同附件；

（3）本工程施工总承包合同；

（4）本工程施工专业承（分）包合同。

6. 标准规范

除本工程总（分）包合同另有约定外，本合同适用标准规范如下：

（1）______________________________________。

（2）______________________________________。

7. 总（分）包合同

7.1 工程承包人应提供总（分）包合同（有关承包工程的价格细节除外），供劳务分包人查阅。当劳务分包人要求时，工程承包人应向劳务分包人提供一份总包合同或专业分包合同（有关承包工程的价格细节除外）的副本或复印件。

7.2 劳务分包人应全面了解总（分）包合同的各项规定（有关承包工程的价格细节除外）。

8. 图纸

工程承包人应在劳务分包工作开工___天前，向劳务分包人提供图纸___套，以及与本合同工作有关的标准图___套。

9. 项目经理

9.1 工程承包人委派的担任驻工地履行本合同的项目经理为______，职务：______，职称：______。

9.2 劳务分包人委派的担任驻工地履行本合同的项目经理为______，职务：______，职称：______。

10. 工程承包人义务

10.1 组建与工程相适应的项目管理班子，全面履行总（分）包合同，组织实施施工管理的各项工作，对工程的工期和质量向发包人负责；

10.2 除非本合同另有约定，工程承包人完成劳务分包人施工前期的下列工作并承担相应费用：

（1）在______年____月____日前向劳务分包人交付具备本合同项下劳务作业开工条件的施工场地，具备开工条件的施工场地交付要求为：______________；

（2）在______年____月____日前完成水、电、热、电信等施工管线和施工道路，并满足完成本合同劳务作业所需的能源供应、通信及施工道路畅通的时间和质量要求；

（3）在______年____月____日前向劳务分包人提供相应的工程地质和地下管网线路资料；

（4）在______年____月____日前完成办理下列工作手续（包括各种证件、批件、规费，但涉及劳务分包人自身的手续除外）：______________；

（5）在______年____月____日前向劳务分包人提供相应的水准点与坐标控制点位置，其交验要求与保护责任为：__________________；

（6）在______年____月____日前向劳务分包人提供下列生产、生活临时设施：

其交验要求与保护责为：______________；

10.3 负责编制施工组织设计，统一制定各项管理目标，组织编制年、季、月施工计划、物资需用量计划表，实施对工程质量、工期、安全生产、文明施工，计量析测、实验化验的控制、监督、检查和验收；

10.4 负责工程测量定位、沉降观测、技术交底，组织图纸会审，统一安排技术档案资料的收集整理及交工验收；

10.5 统筹安排、协调解决非劳务分包人独立使用的生产、生活临时设施、工作用水、用电及施工场地；

10.6 按时提供图纸，及时交付应供材料、设备，所提供的施工机械设备、周转材料、安全设施保证施工需要；

10.7 按本合同约定，向劳务分包人支付劳动报酬；

10.8 负责与发包人、监理、设计及有关部门联系，协调现场工作关系。

11. 劳务分包人义务

11.1 对本合同劳务分包范围内的工程质量向工程承包人负责，组织具有相应资格证书的熟练工人投入工作；未经工程承包人授权或允许，不得擅自与发包人及有关部门建立工作联系；自觉遵守法律法规及有关规章制度；

11.2 劳务分包人根据施工组织设计总进度计划的要求，每月底前____天提交下月施工计划，有阶段工期要求的提交阶段施工计划，必要时按工程承包人要求提交旬、周施工计划，以及与完成上述阶段、时段施工计划相应的劳动力安排计划，经工程承包人批准后严格实施；

11.3 严格按照设计图纸、施工验收规范、有关技术要求及施工组织设计精心组织施工，确保工程质量达到约定的标准；科学安排作业计划，投入足够的人力、物力，保证工期；加强安全教育，认真执行安全技术规范，严格遵守安全制度，落实安全措施，确保施工安全；加强现场管理，严格执行建设主管部门及环保、消防、环卫等有关部门对施工现场的管理规定，做到文明施工；承担由于自身责任造成的质量修改、返工、工期拖延、安全事故、现场脏乱造成的损失及各种罚款；

11.4 自觉接受工程承包人及有关部门的管理、监督和检查；接受工程承包人随时检查其设备、材料保管、使用情况，及其操作人员的有效证件、持证上岗情况；与现场其他单位协调配合，照顾全局；

11.5 按工程承包人统一规划堆放材料、机具，按工程承包人标准化工地要求设置标牌，搞好生活区的管理，做好自身责任区的治安保卫工作；

11.6 按时提交报表、完整的原始技术经济资料，配合工程承包人办理交工验收；

11.7 做好施工场地周围建筑物、构筑物和地下管线和已完工程部分的成品保护工作，因劳务分包人责任发生损坏，劳务分包人自行承担由此引起的一切经济损失及各种罚款；

11.8 妥善保管、合理使用工程承包人提供或租赁给劳务分包人使用的机具、周转材料及其他设施；

11.9 劳务分包人须服从工程承包人转发的发包人及工程师的指令。

11.10 除非本合同另有约定，劳务分包人应对其作业内容的实施、完工负责，劳务分包人应承担并履行总（分）包合同约定的、与劳务作业有关的所有义务及工作程序。

12. 安全施工与检查

12.1 劳务分包人应遵守工程建设安全生产有关管理规定，严格按安全标准进行施工，并随时接受行业安全检查人员依法实施的监督检查，采取必要的安全防护措施，消除事故隐患。由于劳务分包人安全措施不力造成事故的责任和因此而发生的费用，由劳务分包人承担。

12.2 工程承包人应对其在施工场地的工作人员进行安全教育，并对他们的安全负责。工程承包人不得要求劳务分包人违反安全管理的规定进行施工。因工程承包人原因导致的安全事故，由工程承包人承担相应责任及发生的费用。

13. 安全防护

13.1 劳务分包人在动力设备、输电线路、地下管道、密封防震车间、易燃易爆地段以及临街交通要道附近施工时，施工开始前应向工程承包人提出安全防护措施，经工程承包人认可后实施，防护措施费用由工程承包人承担。

13.2 实施爆破作业，在放射、毒害性环境中工作（含储存、运输、使用）及使用毒害性、腐蚀性物品施工时，劳务分包人应在施工前 10 天以书面形式通知工程承包人，并提出相应的安全防护措施，经工程承包人认可后实施，由工程承包人承担安全防护措施费用。

13.3 劳务分包人在施工现场内使用的安全保护用品（如安全帽、安全带及其他保护用品），由劳务分包人提供使用计划，经工程承包人批准后，由工程承包人负责供应。

14. 事故处理

14.1 发生重大伤亡及其他安全事故，劳务分包人应按有关规定立即上报有关部门并报告工程承包人，同时按国家有关法律、行政法规对事故进行处理。

14.2 劳务分包人和工程承包人对事故责任有争议时，应按相关规定处理。

15. 保险

15.1 劳务分包人施工开始前，工程承包人应获得发包人为施工场地内的自有人员及第三方人员生命财产办理的保险，且不需劳务分包人支付保险费用。

15.2 运至施工场地用于劳务施工的材料和待安装设备，由工程承包人办理或获得保险，且不需劳务分包人支付保险费用。

15.3 工程承包人必须为租赁或提供给劳务分包人使用的施工机械设备办理保险，并支付保险费用。工程承包人自行投保的范围（内容）为：______________________。

15.4 劳务分包人必须为从事危险作业的职工办理意外伤害保险，并为施工场地内自有人员生命财产和施工机械设备办理保险，支付保险费用。劳务分包人自行投保的范围（内容）为：______________________。

15.5 保险事故发生时，劳务分包人和工程承包人有责任采取必要的措施，防止或减少损失。

16. 材料、设备供应

16.1 劳务分包人应在接到图纸后______天内，向工程承包人提交材料、设备、构配件供应计划（具体表式见附件一）；经确认后，工程承包人应按供应计划要求的质量、品种、规格、型号、数量和供应时间等组织货源并及时交付；需要劳务分包人运输、卸车的，劳务分包人必须及时进行，费用另行约定。如质量、品种、规格、型号不符合要求，劳务分包人应在验收时提出，工程承包人负责处理。

16.2 劳务分包人应妥善保管、合理使用工程承包人供应的材料、设备。因保管不善发生丢失、损坏，劳务分包人应赔偿，并承担因此造成的工期延误等发生的一切经济损失。

16.3 工程承包人委托劳务分包人采购下列低值易耗性材料（列明名称、规格、数量、质量或其他要求）：

采购材料费用为：______（单价）

采购材料费用为：______（单价）

采购材料费用为：______（单价）

采购材料费用为：______（单价）

16.4 工程承包人委托劳务分包人采购低值易耗性材料的费用，由劳务分包人凭采购凭证，另加____%的管理费向工程承包人报销。

17. 劳务报酬

17.1 劳务报酬按实际建筑面积乘以综合单价计算，该综合单价为______元/平方米（不含地下车库），其中：主体一次结构为______元/平方米（不含水、暖、电及消防工程），二次结构为______元/平方米（不含所有外墙工程）。

以上单价不含税费和管理费，由甲方承担税费和管理费。

以上单价币种为人民币，建筑面积按2014年7月1日实施的《建筑工程建筑面积计算规范GB（TB50353—2013）》计算。

以上单价是由乙方完成其承包范围和内容、乙方按合同约定提供资源、乙方权利和义务及其他内容任务所构成的综合单价。

17.2 在下列情况下，上述劳务报酬或单价可以调整：

以本合同约定价格为基准，市场人工价格的变化幅度超过__%，按变化前后价格的差额予以调整；后续法律及政策变化，导致劳务价格变化的，按变化前后价格的差额予以调整。

18. 工时及工程量的确认

18.1 采用固定劳务报酬方式的，施工过程中不计算工时和工程量。

18.2 采用按确认的工程量计算劳务报酬的，由劳务分包人按月（或旬、日）将已完工程量报工程承包人，由工程承包人确认。对劳务分包人未经工程承包人认可，超出设计图纸范围和因劳务分包人原因造成返工的工程量，工程承包人不予计量。

19. 劳务报酬的中间支付

19.1 采用固定劳务报酬方式支付劳务报酬的，劳务分包人与工程承包人约定按下列方法支付：

（1）合同生效即支付预付款____________元；

（2）中间支付：

第一次支付时间为______年____月____日，支付____________元；

第二次支付时间为______年____月____日，支付____________元。

19.2 本合同确定调整的劳务报酬、工程变更调整的劳务报酬及其他条款中约定的追加劳务报酬，应与上述劳务报酬同期调整支付。

20. 施工机具、周转材料供应

20.1 工程承包人提供给劳务分包人劳务作业使用的机具、设备，性能应满足施工的要求，及时运入场地，安装调试完毕，运行良好后交付劳务分包人使用。周转材料、低值易耗材料（由工程承包人依据本合同委托劳务分包人采购的除外）应按时运入现场交付劳务分包人，保证施工需要。如需要劳务分包人运输、卸车、安拆调试时，费用另行约定。

20.2 工程承包人应提供施工使用的机具、设备一览表见附件二。

20.3 工程承包人应提供的周转材料、低值易耗材料一览表见附件三。

21. 施工变更

21.1 施工中如发生对原工作内容进行变更，工程承包人项目经理应提前7天以书面形式向劳务分包人发出变更通知，并提供变更的相应图纸和说明。劳务分包人按照工程承包人（项目经理）发出的变更通知及有关要求，进行下列需要的变更：

（1）更改工程有关部分的标高、基线、位置和尺寸；

（2）增减合同中约定的工程量；

（3）改变有关的施工时间和顺序；

（4）其他有关工程变更需要的附加工作。

21.2 因变更导致劳务报酬的增加及造成的劳务分包人损失，由工程承包人承担，延误的工期相应顺延；因变更减少工程量，劳务报酬应相应减少，工期相应调整。

21.3 施工中劳务分包人不得对原工程设计进行变更。因劳务分包人擅自变更设计发生的费用和由此导致工程承包人的直接损失，由劳务分包人承担，延误的工期不予顺延。

21.4 因劳务分包人自身原因导致的工程变更，劳务分包人无权要求追加劳务报酬。

22. 施工验收

22.1 劳务分包人应确保所完成施工的质量，应符合本合同约定的质量标准。劳务分包人施工完毕，应向工程承包人提交完工报告，通知工程承包人验收；工程承包人应当在收到劳务分包人的上述报告后7天内对劳务分包人施工成果进行验收，验收合格或者工程承包人在上述期限内未组织验收的，视为劳务分包人已经完成了本合同约定工作。但工程承包人与发包人间的隐蔽工程验收结果或工程竣工验收结果表明劳务分包人施工质量不合格时，劳务分包人应负责无偿修复，不延长工期，并承担由此导致的工程承包人的相关损失。

22.2 全部工程竣工（包括劳务分包人完成工作在内）一经发包人验收合格，劳务分包人对其分包的劳务作业的施工质量不再承担责任，在质量保修期内的质量保修责任由工程承包人承担。

23. 施工配合

23.1 劳务分包人应配合工程承包人对其工作进行的初步验收，以及工程承包人按发包人或建设行政主管部门要求进行的涉及劳务分包人工作内容、施工场地的检查、隐蔽工程验收及工程竣工验收；工程承包人或施工场地内第三方的工作必须劳务分包人配合时，劳务分包人应按工程承包人的指令予以配合。除上述初步验收、隐蔽工程验收及工程竣工验收之外，劳务分包人因提供上述配合而发生的工期损失和费用由工程承包人承担。

23.2 劳务分包人按约定完成劳务作业，必须由工程承包人或施工场地内的第三方进行配合时，工程承包人应配合劳务分包人工作或确保劳务分包人获得该第三方的配合，且工程承包人应承担因此而发生的费用。

24. 劳务报酬最终支付

24.1 全部工作完成，经工程承包人认可后14天内，劳务分包人向工程承包人递交完整的结算资料，双方按照本合同约定的计价方式，进行劳务报酬的最终支付。

24.2 工程承包人收到劳务分包人递交的结算资料后14天内进行核实，给予确认或者提出修改意见。工程承包人确认结算资料后14天内向劳务分包人支付劳务报酬尾款。

24.3 劳务分包人和工程承包人对劳务报酬结算价款发生争议时，按本合同关于争议的约定处理。

25. 违约责任

25.1 当发生下列情况之一时，工程承包人应承担违约责任：

（1）工程承包人违反本合同第19条、第24条的约定，不按时向劳务分包人支付劳务报酬；

（2）工程承包人不履行或不按约定履行合同义务的其他情况。

25.2 工程承包人不按约定核实劳务分包人完成的工程量或不按约定支付劳务报酬或劳务报酬尾款时，应按劳务分包人同期向银行贷款利率向劳务分包人支付拖欠劳务报酬的利息，并按拖欠金额向劳务分包人支付每日______‰的违约金。

25.3 工程承包人不履行或不按约定履行合同的其他义务时，应向劳务分包人支付违约金__________元，工程承包人尚应赔偿因其违约给劳务分包人造成的经济损失，顺延延误的劳务分包人工作时间。

25.4 当发生下列情况之一时，劳务分包人应承担违约责任：

（1）劳务分包人因自身原因延期交工的，每延误一日，应向工程承包人支付________________元的违约金；

（2）劳务分包人施工质量不符合本合同约定的质量标准，但能够达到国家规定的最低标准时，劳务分包人应向工程承包人支付________________的违约金；

（3）劳务分包人不履行或不按约定履行合同的其他义务时，应向工程承包人支付违约金__________元，劳务分包人尚应赔偿因其违约给工程承包人造成的经济损失，延误的劳务分包人工作时间不予顺延。

25.5 一方违约后，另一方要求违约方继续履行合同时，违约方承担上述违约责任后仍应继续履行合同。

26. 索赔

26.1 工程承包人根据总（分）包合同向发包人递交索赔意向通知或其他资料时，劳务分包人应予以积极配合，保持并出示相应资料，以便工程承包人能遵守总（分）包合同。

26.2 在劳务作业实施过程中，如劳务分包人遇到不利外部条件等根据总（分）包合同可以索赔的情形出现，则工程承包人应该采取一切合理步骤，向发包人主张追加付款或延长工期。当索赔成功后，工程承包人应该将索赔所得的相应部分转交给劳务分包人。

26.3 当本合同的一方向另一方提出索赔时，应有正当的索赔理由，并有索赔事件发生时有效的相应证据。

26.4 工程承包人未按约定履行自己的各项义务或发生错误，以及应由工程承包人承担责任的其他情况，造成工作时间延误和（或）劳务分包人不能及时得到合同报酬及劳务分包人的其他经济损失，劳务分包人可按下列程序以书面形式向工程承包人索赔：

（1）索赔事件发生后21天内，向工程承包人项目经理发出索赔意向通知；

（2）发出索赔意向通知后21天内，向工程承包人项目经理提出延长工作时间和（或）补偿经济损失的索赔报告及有关资料；

（3）工程承包人项目经理在收到劳务分包人送交的索赔报告和有关资料后，于21天内给予答复，或要求劳务分包人进一步补充索赔理由和证据；

（4）工程承包人项目经理在收到劳务分包人送交的索赔报告和有关资料后21天内未予答复或未对劳务分包人作进一步要求，视为该项索赔已经认可；

（5）当该项索赔事件持续进行时，劳务分包人应当阶段性地向工程承包人发出索赔意向，在索赔事件终了后21天内，向工程承包人项目经理送交索赔的有关资料和最终索赔报告。索赔答复程序与（3）、（4）规定相同。

26.5 劳务分包人未按约定履行自己的各项义务或发生错误，给工程承包人造成经济损失，工程承包人可按上述程序和时限以书面形式向劳务分包人索赔。

27. 争议解决方式

27.1 工程承包人和劳务分包人在履行合同时发生争议，如果发生争议，双方应有好协议解决，协商不成，任何一方有权向工程所在地有管辖权的人民法院提起诉讼。

27.2 发生争议后，除非出现下列情况，双方都应继续履行合同，保持工作连续，保护好已完工作成果：

（1）单方违约导致合同确已无法履行，双方协议终止合同；

（2）调解要求停止合同工作，且为双方接受；

（3）法院或者仲裁机构要求停止合同工作。

28. 禁止转包或再分包

劳务分包人不得将本合同项下的劳务作业转包或再分包给他人。否则，劳务分包人将依法承担责任。

29. 不可抗力

29.1 本合同中不可抗力的定义与总包合同中的定义相同。

29.2 不可抗力事件发生后，劳务分包人应立即通知工程承包人项目经理，并在力所能及的条件下迅速采取措施，尽力减少损失，工程承包人应协助劳务分包人采取措施。工程承包人项目经理认为劳务分包人应当暂停工作，劳务分包人应暂停工作。不可抗力事件结束后48小时内劳务分包人向工程承包人项目经理通报受害情况和损失情况，及预计清理和修复的费用。不可抗力事件持续发生，劳务分包人应每隔7天向工程承包人项目经理通报一次受害情况。不可抗力结束后14天内，劳务分包人应向工程承包人项目经理提交清理和修复费用的正式报告和有关资料。

29.3 因不可抗力事件导致的费用和延误的工作时间由双方按以下办法分别承担：

（1）工程本身的损害、因工程损害导致第三方人员伤亡和财产损失以及运至施工场地用于劳务作业的材料和待安装的设备的损害由工程承包人承担；

（2）工程承包人和劳务分包人的人员伤亡由其所在单位负责，并承担相应费用；

（3）劳务分包人自有机械设备损坏及停工损失，由劳务分包人自行承担；

（4）工程承包人提供给劳务分包人使用的机械设备损坏，由工程承包人承担，但停工损失由劳务分包人自行承担；

（5）停工期间，劳务分包人应工程承包人项目经理要求留在施工场地的必要的管理人员及保卫人员的费用由工程承包人承担；

（6）工程所需清理、修复费用，由工程承包人承担；

（7）延误的工作时间相应顺延。

29.4 因合同一方迟延履行合同后发生不可抗力的，不能免除迟延履行方的相应责任。

30. 文物和地下障碍物

30.1 在劳务作业中发现古墓、古建筑遗址等文物和化石或其他有考古、地质研究价值的物品时，劳务分包人应立即保护好现场并于4小时内以书面形式通知工程承包人项目经理，工程承包人项目经理应于收到书面通知后24小时内报告当地文物管理部门，工程承包人和劳务分包人按文物管理部门的要求采取妥善保护措施。工程承包人承担由此发生的费用，顺延合同工作时间。如劳务分包人发现后隐瞒不报或哄抢文物，致使文物遭受破坏，责任者依法承担相应责任。

30.2 劳务作业中发现影响工作的地下障碍物时，劳务分包人应于8小时内以书面形式通知工程承包人项目经理，同时提出处置方案，工程承包人项目经理收到处置方案后24小时内予以认可或提出修正方案，工程承包人承担由此发生的费用，顺延合同工作时间。所发现的地下障碍物有归属单位时，工程承包人应报请有关部门协同处置。

31. 合同解除

31.1 如果工程承包人不按照本合同的约定支付劳务报酬，劳务分包人可以停止工作。停止工作超过28天，工程承包人仍不支付劳务报酬，劳务分包人可以发出通知解除合同。

31.2 如在劳务分包人没有完全履行本合同义务之前，总包合同或专业分包合同终止，工程承包人应通知劳务分包人终止本合同。劳务分包人接到通知后尽快撤离现场，工程承包人应支付劳务分包人已完工程的劳务报酬，并赔偿因此而遭受的损失。

31.3 如因不可抗力致使本合同无法履行，或因一方违约或因发包人原因造成工程停建或缓建，致使合同无法履行的，工程承包人和劳务分包人可以解除合同。

31.4 合同解除后，劳务分包人应妥善做好已完工程和剩余材料、设备的保护和移交工作，按工程承包人要求撤出施工场地。工程承包人应为劳务分包人撤出提供必要条件，支付以上所发生的费用，并按合同约定支付已完工作劳务报酬。有过错的一方应当赔偿因合同解除给对方造成的损失。合同解除后，不影响双方在合同中约定的结算和清理条款的效力。

32. 合同终止

双方履行完合同全部义务，劳务报酬价款支付完毕，劳务分包人向工程承包人交付劳务作业成果，并经工程承包人验收合格后，本合同即告终止。

33. 合同份数

本合同正本两份，具有同等效力，由工程承包人和劳务分包人各执一份；本合同副本____份，工程承包人执____份，劳务分包人执____份。

34. 补充条款

35. 合同生效

合同订立时间：________年____月____日

合同订立地点：______________________

本合同双方约定____________________________________后生效。

附件一：工程承包人供应材料、设备、构配件计划（略）

附件二：工程承包人提供施工机具、设备一览表（略）

附件三：工程承包人提供周转、低值易耗材料一览表（略）

三、扩大劳务分包合同模板

扩大劳务分包合同

合同编号：________

工程承包人：××公司（简称甲方）

劳务分包人：××××工程有限公司（简称乙方）

根据《中华人民共和国合同法》、《中华人民共和国建筑法》及其他有关法律、行政法规，鉴于甲方已与工程发包人签订了工程总承包合同，甲乙双方本着诚实信用、平等互利的原则，就劳务分包事项协商达成一致，订立本合同：

第1条 工程概况

1.1 工程名称：月亮湾小区

1.2 工程地点：××市中山路

1.3 工作范围：3#楼9层及以上、4#、5#、6#、7#、8#楼主体一次、二次结构

1.4 结构形式：剪力墙结构

1.5 承包方式：扩大劳务分包

1.6 总建筑面积：约10万平方米，地上20层，地下2层

1.7 质量标准：合格

1.8 合同工期：______年　月　日至　　年　月　日

第2条 现场条件

2.1 乙方进场前，对现场充分考察，了解施工现场情况。

2.2 在现场，甲方提供彩钢房供乙方办公及施工住宿，以及临时堆料场地。乙方须自行准备需用的临时生活用品、办公设备及用品。

第3条　合同价款

3.1 合同价款按实际建筑面积乘以综合单价计算，该综合单价为475.00元/平方米（不含地下车库），其中：主体一次结构为345.00元/平方米（不含水、暖、电及消防工程），二次结构为130.00元/平方米（不含所有外墙工程）。

以上单价不含税费和管理费，由甲方承担税费和管理费。

以上单价币种为人民币，建筑面积按2014年7月1日实施的《建筑工程建筑面积计算规范GB（TB50353—2013）》计算。

以上单价是由乙方完成其承包范围和内容、乙方按合同约定提供资源、乙方权利和义务及其他内容任务所构成的综合单价。

3.1.1 劳务人工费：

（一）人工费含工程所有综合用工（包含材料二次搬运费用、工完场清及成品保护费用；周转材料、器具搭设、场内装卸的费用和退场清理费用；脚手架安装拆卸费用；进入现场材料装卸、堆码等所增加费用；各种预留洞口及施工洞口的预留及封堵费用、竣工清理费用等），但不包含施工区域内垃圾清运至工地以外的费用。

（二）辅料及低值易耗品费用：除注明甲供材料以外的所有材料费用。

（三）中小型机具及工具用具使用费：

二级配箱以下、到施工工地主水源以下的所有施工临时用的电箱和电线电缆、灯具、水管、管件；砼搅拌机及各种施工用中小型机具等，均由分包方提供。

（四）包括止水螺杆及其机具的费用。

3.1.2 设计变更及新增项目

设计变更及增减项目工程的直接费，单项在1000元内的不作调整；单项超过1000元以上的，根据图纸工程量和《2012年河北省预算定额》中规定的人工定额标准（含各种费用）进行调整，并相应调整工程总价。

3.1.3 现场以外的签证用工，按150元/日（综合费用）计算。要求签证的用工必须有生产经理及项目经理签字，同时应在本月及时办理完签证手续，并在次月5日以前上报预算部。工程完工后一次性结算。

3.1.4 施工用周转材料的租赁费及搭拆费、施工放线费，乙方承担。

3.1.5 由于政府政策性及甲方手续不齐全等其他因素导致本工程停建或缓建的工人误工费、材料和机具的租赁费、因甲方材料、设备及工程洽商未能及时到位引起的一切费用，均由甲方承担。

3.1.6 施工成本增加及安全风险费用包含：市场物价波动、生活费用提高、人员工资提高、施工安全风险及不可预见的安全风险费用。

3.1.7 施工区、生活区（包含生活区厕所）、公共区卫生清理费用，乙方应设专人保证每天的清理工作。

第4条 乙方应向甲方提供的资源：

4.1 乙方的企业资质、营业执照、各管理人员的上岗证、特殊工种作业人员的上岗证，前述人员统一归甲方管理。

4.2 各类机具、材料、仪器，其中：

A－主要材料：模板及方木；内脚手架的满堂扣件钢管、油托，外脚手架的钢管、钢管扣件，穿墙螺杆及配套塑料管；各类标准件；三级配电箱、配电件、电器配件、施工照明灯具和设备（包含低压照明灯具及设备）；临用水管线材料、设备、各种阀门；

B－辅助材料：钉子、铁丝、电焊条、绑扎丝、海绵条、胶布、胶带、氧气、乙炔等；

C－消耗材料：本工程有关的耗材及临建耗材。

4.3 结构模板支撑、施工作业安全防护支撑系统及所有周转工具材料。

注：在工程未竣工前，乙方的周转材料须满足现场使用要求，并且要满足施工方案的要求。

4.4 看护工、信号工、钢筋工、木工、瓦工、混凝土工、踢墙抹灰工、焊工、架子工、杂工。

4.5 施工作业用的各种仪器、仪表及放线测量工具（包含：水平仪、铅锤仪、卷尺、合尺）等。

4.6 高空作业施工防护材料、安全带、安全帽等。

注：乙方还应提供现场所有材料计划，并尽量保证材料计划的准确性，需要预制或加工的材料必须提前20日向甲方报计划，其他材料至少提前7天向甲方报计划；合格后方可加工下料。

4.7 节假日值班人员名单、每月各工种施工作业人员的考勤表1份原件、工资表1份原件。

4.8 乙方保证本工程所需的劳动力能满足本工程连续施工的需要，并保证在合同约定的工期内保质保量地按时完成。

4.9 除本条列明的乙方资源（含材料）外，工程所需的其他资源（含材料）全部由甲方提供。如果甲方委托乙方代购的，甲方应出具《代购委托书》原件1份。

第5条　合同暂定总价

无暂定总价，本合同为固定单价合同，最终按实际完成的建筑面积、变更、签证及合同外用工进行结算。

第6条　施工范围及退场

6.1 乙方的施工范围为基础垫层以上，垫层以下属于甲方。

6.2 如果乙方因工程质量、工期满足不了施工进度及质量要求，甲方有权另行分包工程，乙方须无条件退场。乙方退场后3日内，甲方按乙方实际完成的工程量、本合同约定的单价结算工程款并支付给乙方。

第7条　工程款的支付及结算

7.1 乙方垫资到单栋主体结构封顶，甲方支付乙方到单栋工程总价的85%，二次结构完成验收合格后支付至97%，剩余3%作为工程质量保证金。

7.2 如果春节前结构未封顶或者二次结构未完成，甲方应向乙方支付相应的工程款，并保证该工程款足够发放乙方农民工工资。

7.3 结算金额：实际建筑面积×承包合同单价+（1000元以上的单项变更洽商及增减项目款）。

第8条　甲方权利和义务

8.1 甲方驻工地代表：__________

8.2 甲方向乙方提供施工图纸四套；

8.3 甲方负责组织图纸会审和技术交底，编制施工组织设计；

8.4 甲方负责组织对乙方施工的工程部位进行隐检，对乙方的质量、进度、安全和文明施工进行监督；

8.5 甲方定期（每周不超过一次）组织召开生产例会，负责组织分部工程及竣工验收工作；

8.6 甲方按本合同约定及时支付工程款；

8.7 由于甲方原因造成工期延误（如7.1条等）给乙方造成的全部经济损失由甲方承担，工期相应顺延。

第9条 乙方的权利和义务

9.1 按照甲方通知时间准时进场，乙方驻工地代表：________

9.2 乙方必须严格遵守国家、地方政府法规、规范、标准和甲方现场有关安全、文明施工、后勤卫生、环保、消防、保卫等各项管理规定，并承担因违反前述规定而造成的一切责任及损失。

9.3 乙方的工作范围还应包括其施工范围内水平运输和垂直运输及施工安全所要求的脚手架的搭设及排除工作；并严格按甲方关于文明施工要求和各项规章制度和规定组织施工，遵循甲方在本工程中对文明施工的其他要求。

9.4 现场材料按甲方指定位置整齐堆放，生活设施应保持整洁卫生；乙方按甲方的文明施工要求组织施工，保证甲方所分配责任区内的卫生及文明施工。

9.5 承担施工安全保卫工作及施工区域夜间使用的照明灯具、围挡设施安装、使用。

9.6 每月25日提交下月材料使用计划及进场时间（如需订货的成品、半成品需预留出甲方订货、加工周期）。

9.7 乙方对项目实施精细化管理，乙方必须做到安全第一，文明施工。甲方负责购买工程意外险，乙方负责购买团体意外险，如发生伤亡事故，先用甲方购买的工程意外险和乙方购买的团体意外险进行赔偿，若仍不够支付，由乙方补偿差额部分。

9.8 不到工程款结算时间的农民工工资，由乙方自行解决；如果到了工程款结算时间，甲方不予结算或不支付工程款的，乙方应及时通知甲方负责人________，联系电话________________，甲方接乙方通知后应在3日内支付乙方农民工工资。

第10条 管理要求

10.1 乙方必须是成建制的施工队伍，组织机构健全，证件齐全，并将其人员登记造册，同时必须保持人员的相对稳定，注册人员的稳定率不得低于95%；

10.2 特殊工程须由乙方自备电焊工、气焊工、电工、架子工、机修工、信号工、搅拌机和卷扬机操作工等，每个特殊工种职工均须持证上岗。

第11条　工期要求

该工程各项工期不予调整，但受不可抗力、自然灾害或甲方原因影响的，可顺延工期。在发生顺延工期事由后3日内由甲方项目经理、技术总工、生产经理及栋号长共同签字确认。

第12条　安全要求

乙方必须全面遵守国家有关安全生产的法律、法规及市政府、市建委颁发的有关规定组织施工（特殊工程必须持证上岗并配备专职安全员）。乙方应严格按照甲方安全部门对于安全施工方面的各规章制度、要求及甲方对施工现场安全施工的其他特殊要求组织施工，并接受甲方的安全检查。对甲方所发生的安全整改通知，乙方应在甲方指定的期限内立即派人整改完毕。

第13条　违约责任

13.1 质量违约：若由于乙方原因致使工程质量达不到双方所约定的标准，乙方承担由此造成的返工责任和给甲方造成的损失。

13.2 工期违约：若由于乙方原因致使工程达不到合同约定的工期要求，每拖延一日，罚款5000元，并承担拖延期内的机械设备的租金；若由于甲方原因致使工程达不到工期要求，每拖延一日，甲方每日补偿乙方5000元并承担拖延时间的机械设备租金和人工误工费。

13.3 付款违约：若甲方不按本合同约定向乙方支付工程款，除工期顺延外，每拖延一日甲方应向乙方支付应付款万分之五的违约金。

13.4 农民工工资：乙方必须保证农民工资按时发放，提供工资发放表及考勤表，否则甲方有权从乙方工程款中扣除相应金额代为支付，乙方必须无条件服从。

第14条　履约保证金

乙方按每平方米10.00元向甲方缴纳保证金，合同签订后乙方向甲方缴纳50万元、进场正常施工后补齐剩余保证金；主体结构完成一半时甲方返还乙方保证金总额的50%，主体结构全部完成后甲方返还剩余50%的保证金给乙方。

第15条　争议解决方式

在本合同履行过程中如果发生争议，双方应友好协商解决；若协商不成的，任何一方可向工程所在地有管辖权的人民法院起诉。

第16条　其他

16.1 附件1《乙供材料范围》、附件2《代购委托书》是本合同的有效套成部分，与本合同具有同等法律效力。

16.2 本合同未尽事宜，由甲方双方签订补充协议，签字盖章后与本合同具有同等法律效力。

16.3 本合同正本一式陆份，甲乙双方各持叁份，具有同等法律效力，本合同自双方代表签字盖章之日起生效。

甲方（盖章）：　　　　　　　　乙方（盖章）：
法定代表人（签字）：　　　　　法定代表人（签字）：
　　　　　　　　　　　　　　　签订日期：　　　年　　月　　日

附件1　乙供材料范围

A－主要材料：模板及木方；内脚手架的满堂扣件钢管、油托，外脚手架的钢管、钢管扣件；穿墙螺杆及配套塑料管；各类标准件；三级配电箱、配件、电器配件、施工照明灯具和设备（包含低压照明灯具及设备）；临用水管线材料、设备、各种阀门。

B－辅助材料：钉子、铁丝、电焊条、绑扎丝、海绵条、胶布、胶带、氧气、乙炔等，厨房用品、床铺等。手推车、塑料薄膜、塑料垫块、扫帚，打夯机、水泵、铁锹、钢筋后台制作全套机械，拉钢筋炮车，振动器振动棒、电焊机。

C－消耗材料：本工程有关的能拆走的耗材及临建耗材；负责施工作业的各种仪器、仪表及放线测量工具（包含：水平仪、铅锤仪、卷尺、合尺）等。

D－本材料代购委托协议书，乙方向甲方提供的材料及机具仅限上述

A、B、C条款中的内容，其他结构建筑图纸中所有结构及装修所用的材料均由甲方提供。

E－乙供材料范围不包含：塔吊、天泵、地泵、水泥支撑、止水钢板、油漆、套筒、施工电梯。

甲　方：　　　　　　　　　　　　乙　方：

法定代表人或委托代理人：　　　　法定代表人：

签订日期：　　年　月　日　　　　签订日期：　　年　月　日

附件2　代购委托书

鉴于甲乙双方于____年__月__日签订了《扩大劳务分包合同》（合同编号为__________），为了便于管理，甲方委托乙方代为采购下列材料：

1. ____

2. ____

3. ____

乙方负责以甲方的名义与供应商签订《买卖合同》，代甲方履行该买卖合同中买受人的全部权利与义务，但货款由甲方直接支付给供应商。

乙方必须尽到善良代理人义务，确保所购材料的质量、数量、到货期等符合该买卖合同要求，且满足工程施工进度要求。

乙方上述合法行为，甲方均予以认可，由甲方承担法律责任。

委托人（甲方）：
法定代表人：

受托人（乙方）：
法定代表人：

委托时间：　　年　　月　　日

四、补充协议模板

补充协议

合同编号：______

工程承包人：______________________________（简称甲方）

劳务分包人：______________________________（简称乙方）

鉴于：

（1）甲乙双方于______年____月____日签订了《扩大劳务分包合同》（下称“原合同”），原合同约定的工程名称为盛嘉泰小区，工程地点为徐水县职中路，工作范围为3#楼9层及以上、4#、5#、6#、7#、8#楼主体一次、二次结构。

（2）原合同中4#、5#、6#、7#、8#楼工作面（即基础垫层）交给乙方的时间未确定。

因此，甲乙双方经过友好协议，达成以下补充条款，以资共同信守。

第一条 甲方应按下述时间将各楼的工作面（即基础垫层）交给乙方：

（一）4#楼工作面（即基础垫层）的交接时间为______年____月____日前；

（二）5#楼工作面（即基础垫层）的交接时间为______年____月____日前；

（三）6#楼工作面（即基础垫层）的交接时间为______年____月____日前；

（四）7#楼工作面（即基础垫层）的交接时间为______年____月____日前；

（五）8#楼工作面（即基础垫层）的交接时间为______年____月____

日前。

第二条　如果甲方不履行本协议第一条任何一款，乙方有权单方解除合同，甲方收到乙方《解除合同通知》后三日内办理结算并赔偿乙方的经济损失。

第三条　本协议第二条中的经济损失包括乙方的利润损失和成本损失，其中：

（一）利润损失

1. 一次主体结构的（总建筑面积－已施工建筑面积）×______元/平方米×5%；

2. 二次主体结构的（总建筑面积－已施工建筑面积）×______元/平方米×5%。

（二）成本损失

1. 乙方为履行原合同已购买的剩余材料价款；

2. 乙方为履行原合同已运至工地的设备闲置费和往返运费；

3. 乙方为履行原合同已动迁至工地的人员进出场费。

第四条　本协议与原合同具有同等的法律效力，本协议未约定的事项，按原合同履行。

第五条　本协议正本一式陆份，甲乙双方各持叁份，具有同等法律效力；本协议自双方代表签字盖章之日起生效。

甲方（盖章）：

负责人或委托代理人（签字）：

乙方（盖章）：

法定代表人（签字）：　　　　签订时间：　　　年　　月　　日

五、内部承包协议模板

内部承包协议

（钢筋绑扎班组）

合同编号：______

为确保工程达到质量标准，满足施工进度要求，经双方协商一致，明确双方权利、义务和责任，特签订本协议以资共同遵守。

甲方（内部发包人）：____××××建设工程有限公司____________

乙方（内部承包人）：__________________________

一、内部承包项目：____钢筋绑扎项目____________

二、工程地址：__________________________

三、工程名称：__________________________

四、承包面积：__________________________

五、承包方式：包清工，包劳保费用、包限额领料、包质量、包安全、包文明施工、包工期进度。______________

六、承包内容及要求：

（一）主要工作：

1. 负责本工程所有钢筋的绑扎、预留、预埋、调整、除锈（并且含阳台、女儿墙、空调板、飘窗、屋面风井、棚架、门厅、腰线、装饰檐的预埋、绑扎、剔凿，包括工程要求所有后插筋、楼梯梁洞、天沟、塔吊基础、楼梯平台等部位）。

2. 负责钢筋绑扎后的保护及增补工作，浇筑砼时看筋工作和木工安装门窗洞口的调筋工作。墙体钢筋绑扎完后，收好钢筋板凳，存放在指定的地方。

（二）从属性工作：

1. 负责承包项目相关的临时的搭设、拆除。

2. 负责设计单位和建设单位对本工程的变更而发生的增减工程量。

3. 负责自己所需材料的水平运输及垂直运输，包括进退场材料装卸车。

4. 负责余料的清理及返回料场，并分类摆放整齐。

5. 负责工作范围内的文明标化、清理卫生。

6. 负责现场试件取样。

7. 负责所有预埋件的安装（包括塔吊锚固件、玻璃幕墙体预埋件在内）。

8. 负责文明工地验收的前后工作，所有工作应达到市优质结构要求。

9. 负责出资购买自己工人所需劳保用品。

10. 接受甲方对质量、安全、文明施工等进行的技术交底、教育和监督，服从指挥。对甲方提出的整改意见应即时组织人员进行整改，直至达到标准为止。

11. 其他甲方交付的任务。

七、承包价格

（一）价格数额

1. 对用料吨位适用__元/吨单价，按照现场工长的放样料单计算。

2. 对建筑面积适用__元/平方米单价。按照图纸尺寸和2014年7月1日实施的《建筑工程建筑面积计算规范》（GB/T50353—2013）计算。

3. 临时用工：____元/工日。临时用工即本工程总承包范围以外的临时用工。

（二）计算说明

1. 此单价包括税金。若由甲方承担纳税责任，则在结算时扣除税金4.16%，其中包括营业税综合3.56%、个人所得税0.6%。

2. 此单价已包括质量、安全、进度、文明施工、工具费用等；除大型机械设备甲方供应外，小型设备、工具乙方自备；零星材料由甲方提供（甲方按定额测定含量，乙方按规定使用，若超过部分由乙方自行负责）。

3. 若出现安全事故，当期工程结算单价下降____元/平方米；若出现工期进度达不到项目部要求，当期工程结算单价下降____元/平方米；若出现文明施工达不到项目部要求，当期工程结算单价下降____元/平方米。

八、工程质量标准：100%优良率，______优质结构工程。

1. 乙方应严格按照工程质量验收标准、施工规范及设计要求，做好每道工序施工。熟悉施工图纸，进行组织施工，确保工程质量、进度、安全、因管理不善达不到质量标准造成的返工，应负担由此造成的工料、工期等一切损失。

2. 每道工序完工后乙方应先做好自检，互检工作然后通知甲方、总包单位及监理单位验收。

3. 经验收达到质量标准乙方可进行下道工序，达不到质量标准应认真按照验收提出的整改措施和要求进行整改，直到达到标准为止。

九、工期要求

20____年____月____日至20____年____月____日，共计______天（按甲方单位的进度计划执行）。

十、人员管理

1. 乙方所有施工人员应：满足甲方的要求，整体素质及技术水平达标，年龄在四十岁以下、二十岁以上，非犯罪在逃人员。否则不得参加本工程。

2. 签订合同时乙方应首先提供包括所有乙方员工的《20××年××工程××分项班组名单》用作进场依据，如进场施工人员与签订合同提供名单不符时甲方可以拒绝乙方进场，乙方应将双方已签订的《内部承包协议》交还给甲方，按乙方过错导致自始无效处理。

3. 乙方进场后应提供所有乙方员工的身份证复印件及上岗证给甲方；

如果有无身份证及上岗证人员在现场施工，出现任何安全事故和其他事情均与甲方无关，乙方承担其所造成的一切经济损失和责任。

4. 乙方按时参加甲方的各项会议，把会议精神传达到每个员工。

5. 乙方定期对员工进行教育，有详细的安全教育、检查记录。

6. 乙方进场人应相对稳定，未经甲方同意不得随意变动员工。

7. 认真搞好个人、宿舍、现场卫生，随时保持文明清洁。

十一、安全管理

1. 乙方员工发生伤亡事故时，双方应尽力施救，同时保护好现场，以便有关部门进行勘察、鉴定、伤亡事故定性。属乙方责任或乙方员工违章操作发生的事故，由乙方按国家工伤标准对伤亡职工或家属进行经济补偿，甲方不承担任何责任，甲方向乙方提供道义协助。

2. 乙方在施工过程中所受所有行政处罚均由乙方负责，与甲方无关。

3. 严禁带病作业、违章作业。如不遵守以上规则，发生一切责任事故、安全事故均由乙方承包人员负责，与甲方无关。

4. 如发生灾害、停电、图纸变更等不可归责于甲方的情形，乙方不得向甲方索要任何费用，乙方除负责完成本协议约定的工作外，还应完成相关工作，并配合项目总发包人、总承包人或项目部及甲方的各种检查和整改，因此而发生的任何用工乙方不得再请求计入价款或报销费用。

5. 乙方使用的各种机械、脚手架及防护设施，应由甲方安全员进行检查，并做好检查记录，确定符合安全标准，乙方操作人员方可使用。

6. 乙方班组长应亲临现场指挥安排，严把质量，积极参加甲方或总包方组织的相关会议。

十二、处罚处理

甲方按下列规则对乙方进行处罚：

1. 不戴安全帽和不系安全带给予____元/人次罚款。

2. 违反安全操作规程的和未经主管部门同意任意拆除安全防护的视情节严重程度处以______元至______元罚款。

3. 对打架斗殴、嫖娼、赌博的给予______元/人次罚款，然后根据调查结果，责任方承担另一方的全部损失，情节严重者移交司法部门处理。凡在施工区域外发生的治安事件，均由乙方自行负责。

4. 对在宿舍内男女混居的给予________元/人次的罚款；对工地上带家属的给予______元/人次的罚款；对未经甲方同意留宿非乙方人员的给予______元/人次处罚。

5. 宿舍内严禁乱拉乱接电线、烧煮食物，一经发现，没收违禁物品并对行为人处以______元/人次罚款。

6. 不允许任何人打骂信号工、抢吊环、霸占各种材料，违者严重处罚。

7. 爱护甲方提供的各种设施和设备，不得随意损坏，如有损坏则给予其价值的两倍予以赔偿和处罚。

8. 单项工作完成后不进行物料清理，每次罚款______元。

9. 对擅自离开现场或不参加会议的给予______元/人次罚款。

10. 上述情形外的其他严重行为处罚。

十三、物资管理

1. 甲方对乙方采取“限额领料制度”，由相关甲方材料负责人实际测量单位面积所需材料数量后领料，超过部分全部由乙方自行承担。乙方应按照材料管理有关规定去用料，按所需大小进行切割，不得超长使用。

2. 乙方在领取材料、机具时应办理出入库手续。完工后对周转材料的修理、清理，按指定地点堆码整齐，移交给甲方现场材料员清点验收。甲方现场材料员填写《材料清单》，双方签字，作为办理工程结算的凭据。

3. 不能随意运料、补料，造成浪费均按原价赔偿。缺料应由相关甲方材料负责人认可后，方可到料场补料。

4. 乙方应按照标准化文明施工的要求，对自己承包区域内的材料分类、分规格型号堆码整齐。每道工序完成应做到工完场清，能使用的材料应使用。

5. 乙方所领材料应妥善保管，待工程竣工后交回甲方材料库。乙方领用周转类材料按定额计算损耗，如乙方归还不够领料数量，将按市场价全额赔偿。

十四、承包价款结算及支付

（一）支付方式。

1. 生活费：乙方施工期间甲方每月以饭卡方式付乙方生活费____元。

2. 零用款：开工后第三月起甲方每月 5 日至 10 日发给乙方零用款____元。

3. 结算：在乙方承包的工程全部完工以后，甲方向乙方结算承包价款，扣除已预付的生活费、零用款、罚款后，将余款支付给乙方。如果有跨年度未完工程，甲方于年终时向乙方预付至全部承包价款的______%（百分之____十），余款于乙方承包的工程全部完工后再结清。

（二）承包价款的支付程序：

1. 乙方（班组长）应持下列全部资料到甲方办理承包价款结算手续：

（1）乙方员工向乙方（班组长）出具的《授权委托书》（领承包价款专用）；

（2）《2015 年 × 月 × × 班组实名制工资表》；

（3）《2015 年 × 月 × × 班组实名制考勤表》；

（4）《 × × × × 建筑工程有限公司资金领用审批表》（签字顺序为：乙方〔班组长〕、专业工长、项目经理、公司劳资员、财务部经理、董事长）；

（5）甲方材料员与乙方领用人签署的《2015 年 × 月 × × 班组材料清单》；

（6）甲乙双方签字并有项目经理审核的《2015 年 × 月 × × 班组工程量单》；

（7）本协议；

（8）根据实际发生变动情形还需具备的其他结算材料包括但不限于：结构验收单、现金借支清单、生活费清单、合同外用工清单、班组互扣明细单、有无安全质量罚款单等其他材料。

2. 《结算书》由项目部编制、审核无误后，报告甲方公司财务部、商务部负责人签字批准。

3. 持本条上述全部材料到甲方处要求付款。

（三）结算时的扣除项：

1. 乙方没有完成承包内容中的任务项目，按定额（______元/工日）从乙方承包价款中扣除。

2. 对乙方承包范围内的工程由其他班组或个人完成的，按______元/

工日从乙方承包价款中扣除。

3. 因人员不稳定和技术含量达不到要求的，甲方有权让乙方退场，按工程量的______%结算。

4. 因乙方原因中途退场等违反合同和管理导致损失，甲方不予结算。

5. 甲方为乙方办证所花的费用，年终均在乙方承包价款中扣除。

6. 超过限额领料按照原价扣除。

7. 工程中所出现的零杂活，乙方无条件服从甲方安排并完成任务，否则，按200元/工日从乙方承包价款中扣除。

8. 甲方对乙方的罚款。

9. 若在要求工期内不能完工，造成总包方对甲方的工期罚款，根据乙方承包总价按相应的比例给予双倍处罚。乙方应确保工期，每延误一日乙方承担违约金________元整。

10. 其他应扣除款项。

（四）结算补充说明：

1. 杜绝转包，若发生转包现象，甲方有权清退乙方所有人员（乙方无条件退场）并按完成工程量的______%进行结算。

2. 乙方当月所发生的临时用工量及费用应当月上报给甲方，如不上报，视为乙方放弃临时用工费用请求权，结算时甲方不予结算。

3. 在施工期间，如属于甲方原因造成停工在7天以上，工地上又确无办法安排其他工作的情况下，甲方向乙方支付每人每天10元基本生活费。

4. 不按本协议约定和其他要求使用、发放造成的一切损失和税金由乙方自行承担。

5. 继续承包预付款。本工程竣工后，如甲方另有工程，且甲乙双方愿意继续签订内部承包协议的，则甲方只付给乙方本协议承包价款的50%，余款于年终再结清。

6. 未作结构验收则甲方在结算时预收乙方承包价款______%至______%的维修费，待装修完且无任何扣款时再返还乙方。

十五、其他

（一）乙方任何形式的进退场，甲方按乙方所做合格工程量进行结算外，不再承担其他任何费用。

（二）争议解决。在本协议履行过程中如果发生争议或纠纷，双方应友好协商解决；协商不成，任何一方有权向甲方所在地有管辖权的人民法院提起诉讼。

（三）本协议一式两份，双方各执一份，每份具有同等法律效力，双方签字盖章之日生效。

（四）本协议自签字之日起生效至工程款全部付清自动失效。

十六、补充事项：____

____

____

____

甲方（公章）：	乙方（签字）：
法定代表人：	乙方身份证号：
联系电话：	联系电话：
甲方常住地址：	乙方常住地址：

签订时间：______年____月____日

六、建筑机械设备租赁合同模板

建筑机械设备租赁合同

合同编号：__________

出租方：________________________（以下简称甲方）

承租方：________________________（以下简称乙方）

乙方因工程需要，向甲方租用施工材料，设备。经甲乙双方协商一致，依据《中华人民共和国合同法》及相关规定，达成以下协议，以资共同遵守。

一、机械设备名称、规格、数量：

实际物件以物品清单为准。(另附清单)

二、租赁期限：自__年____月____日起至____年__月__日共计__个月。乙方因工程需要延长租期的，应在合同届满前15 日内通知甲方，签订补偿协议。

甲方委托负责人______________

乙方委托负责人______________

三、租金收取标准及支付方式，支付时间：

1. 租金标准：按壹个月为一期计算租金，每期租金为人民币__万元整，合同期租金不足 15 天按 15 天计算，超出 15 天超出部分按天计算，每天租金为____元。随机人员__人，工资每天合计__元。承租日期自提货日起至归还运输到甲方指定地点止，租金及随机人员工资按实结算。

2. 支付方式：乙方支付租金应以现金、支票的方式。

3. 支付时间：提货前付__万元，租赁结束全部付清。

四、1. 履约保证金：经双方协商，甲方收取乙方保证金人民币____万元整。

2. 乙方如在租赁期限结束后没把租赁设备归还运输到甲方指定地点，乙方每天则应支付甲方原定每天租金____%人民币的违约金。

五、租赁设备的运输、装卸、安装、调试、维修保养等：

1. 设备的运输、装卸、安装、调式：租赁设备的往返运输、装卸、安装、调试，均由乙方负责，费用由乙方承担（含保险费）。

2. 租赁设备的维修保养：乙方使用甲方机械设备，应严格执行操作规格和保修规定。严禁违章指挥、超负荷使用。设备归还时，应保持完好、清洁，并按出库清单当面点清验收，设备应处于正常使用后合理损耗状态。发现损坏或遗失，乙方应按市场价赔偿或修理。甲方不负责乙方的施工生产质量及施工生产安全。

3. 乙方向甲方归还租赁产品时必须提前五天通知甲方到现场检验租赁产品，如不通知甲方检验，租赁产品回厂保养时发现任何损坏，所有维修费用将由乙方全部承担。

4. 租赁物的产权归甲方所有。

5. 其他。

1）租赁期间机械设备维修保养、能耗（如燃油、水、电等）由乙方负责其费用。甲方随机人员配合乙方维修保养。

2）履约期间发生未约定的特殊情况，以甲方授权代表签字的书面有效凭证作为结算依据。

3）在租赁期内，未经甲方同意不得增加或拆除设备的任何部件。

4）乙方租赁的机械设备仅供合同中规定的地方和规定期限内使用，不得转换工地，不得转第三方使用，一经发现即视为乙方违约行为，甲方有权以任何方式收回所租赁的机械设备，所发生的损失由乙方承担。

5）乙方在使用过程中租赁的机械设备报废或无法归还，赔偿金额一律按现有市场可购价的150%计算。

6）随机主电缆如在租赁期发生任何原因的损失按____元/米赔偿甲方，主电缆发生破损按______元一处赔偿甲方。

7）附件：××××公司机构设备清单。

六、其他未尽事宜，双方协商解决。若协商不成任何一方均可向甲方所在地人民法院提起诉讼。

七、本协议一式两份，双方各执一份，具有同等法律效力，双方签字盖章之日生效。

出租方（盖章）：　　　　承租方（盖章）：

单位地址：　　　　单位地址：

电话：　　　　电话：

委托代理人：　　　　委托代理人：

签订日期：

附件　××××公司机械设备清单

编号：　　　　　　　　　　　　　　　　　　　　　　日期：　　　年　月　日

序号	设备名称	规格	数量	备注
1				
2				
3				
4				
5				
6				
7				
8				
9				
10				
11				
12				
13				
14				
15				
16				
17				
18				
19				
20				
21				
22				
23				
24				
25				
26				
27				
28				
29				
30				

承租方负责人：＿＿＿＿＿　　　　　　　　　　　　出租方负责人：＿＿＿＿＿

第十一章
建筑企业常用法律法规

一、建筑工程建筑面积计算规范

二、最高人民法院关于审理建设工程施工合同纠纷案件适用法律问题的解释

三、最高人民法院关于建设工程价款优先受偿权问题的批复

四、建筑工程施工发包与承包计价管理办法

五、关于建立建筑业企业农民工工资保证金制度的通知

六、天津市建筑业农民工工资保证金制度实施细则

一、建筑工程建筑面积计算规范

中华人民共和国住房和城乡建设部
公　　告第269号
住房城乡建设部关于发布国家标准
《建筑工程建筑面积计算规范》的公告

现批准《建筑工程建筑面积计算规范》为国家标准，编号为GB/T50353—2013，自2014年7月1日起实施。原《建筑工程建筑面积计算规范》GB/T50353—2005同时废止。

本规范由我部标准定额研究所组织中国计划出版社出版发行。

住房城乡建设部
2013年12月19日

前　言

根据住房和城乡建设部《关于印发〈2012年工程建设标准规范制订修订计划〉的通知》（建标［2012］5号）的要求，规范编制组经广泛调查研究，认真总结经验，并在广泛征求意见的基础上，修订了本规范。

本规范的主要技术内容是：1. 总则；2. 术语；3. 计算建筑面积的规定。

本规范修订的主要技术内容是：1. 增加了建筑物架空层的面积计算规定，取消了深基础架空层；2. 取消了有永久性顶盖的面积计算规定，增加了无围护结构有围护设施的面积计算规定；3. 修订了落地橱窗、门斗、挑廊、走廊、檐廊的面积计算规定；4. 增加了凸（飘）窗的建筑面积计算要求；5. 修订了围护结构不垂直于水平面而超出底板外沿的建筑物的面积计算规定；6. 删除了原室外楼梯强调的有永久性顶盖的面积计算要求；7. 修订了阳台的面积计算规定；8. 修订了外保温层的面积计算规定；9. 修订了设备层、管道层的面积计算规定；10. 增加了门廊的面积计算规定；11. 增加了有顶盖的采光井的面积计算规定。

本规范由住房和城乡建设部负责管理，由住房和城乡建设部标准定额研究所负责具体技术内容的解释。执行过程中如有意见和建议，请寄送住房和城乡建设部标准定额研究所（地址：北京市三里河路9号，邮编：100835）。

本规范主编单位：住房和城乡建设部标准定额研究所

本规范参编单位：北京市建设工程造价管理处

辽宁省建设工程造价管理总站

黑龙江省建设工程造价管理总站

浙江省建设工程造价管理总站

四川省建设工程造价管理总站

陕西省建设工程造价管理总站

本规范主要起草人员：李艳海　王海宏　胡晓丽　陈国立　徐成高
吴宏伟　王玉波　胡建明　程万里　杜浐阳
白洁如　刘大同　赵　彬　泽仁江措

目　录

Contents

1. 总　则

1.0.1 为规范工业与民用建筑工程建设全过程的建筑面积计算，统一计算方法，制定本规范。

1.0.2 本规范适用于新建、扩建、改建的工业与民用建筑工程建设全过程的建筑面积计算。

1.0.3 建筑工程的建筑面积计算，除应符合本规范外，尚应符合国家现行有关标准的规定。

2. 术　语

2.0.1 建筑面积 construction area

建筑物（包括墙体）所形成的楼地面面积。

2.0.2 自然层 floor

按楼地面结构分层的楼层。

2.0.3 结构层高 structure story height

楼面或地面结构层上表面至上部结构层上表面之间的垂直距离。

2.0.4 围护结构 building enclosure

围合建筑空间的墙体、门、窗。

2.0.5 建筑空间 space

以建筑界面限定的、供人们生活和活动的场所。

2.0.6 结构净高 structure net height

楼面或地面结构层上表面至上部结构层下表面之间的垂直距离。

2.0.7 围护设施 enclosure facilities

为保障安全而设置的栏杆、栏板等围挡。

2.0.8 地下室 basement

室内地平面低于室外地平面的高度超过室内净高的1/2的房间。

2.0.9 半地下室 semi – basement

室内地平面低于室外地平面的高度超过室内净高的1/3，且不超过1/2的房间。

2.0.10 架空层 stilt floor

仅有结构支撑而无外围护结构的开敞空间层。

2.0.11 走廊 corridor

建筑物中的水平交通空间。

2.0.12 架空走廊 elevated corridor

专门设置在建筑物的二层或二层以上，作为不同建筑物之间水平交通的空间。

2.0.13 结构层 structure layer

整体结构体系中承重的楼板层。

2.0.14 落地橱窗 french window

突出外墙面且根基落地的橱窗。

2.0.15 凸窗（飘窗）bay window

凸出建筑物外墙面的窗户。

2.0.16 檐廊 eaves gallery

建筑物挑檐下的水平交通空间。

2.0.17 挑廊 overhanging corridor

挑出建筑物外墙的水平交通空间。

2.0.18 门斗 air lock

建筑物入口处两道门之间的空间。

2.0.19 雨篷 canopy

建筑出入口上方为遮挡雨水而设置的部件。

2.0.20 门廊 porch

建筑物入口前有顶棚的半围合空间。

2.0.21 楼梯 stairs

由连续行走的梯级、休息平台和维护安全的栏杆（或栏板）、扶手以及相应的支托结构套成的作为楼层之间垂直交通使用的建筑部件。

2.0.22 阳台 balcony

附设于建筑物外墙，设有栏杆或栏板，可供人活动的室外空间。

2.0.23 主体结构 major structure

接受、承担和传递建设工程所有上部荷载，维持上部结构整体性、稳定性和安全性的有机联系的构造。

2.0.24 变形缝 deformation joint

防止建筑物在某些因素作用下引起开裂甚至破坏而预留的构造缝。

2.0.25 骑楼 overhang

建筑底层沿街面后退且留出公共人行空间的建筑物。

2.0.26 过街楼 overhead building

跨越道路上空并与两边建筑相连接的建筑物。

2.0.27 建筑物通道 passage

为穿过建筑物而设置的空间。

2.0.28 露台 terrace

设置在屋面、首层地面或雨篷上的供人室外活动的有围护设施的平台。

2.0.29 勒脚 plinth

在房屋外墙接近地面部位设置的饰面保护构造。

2.0.30 台阶 step

联系室内外地坪或同楼层不同标高而设置的阶梯形踏步。

3. **计算建筑面积的规定**

3.0.1 建筑物的建筑面积应按自然层外墙结构外围水平面积之和计算。结构层高在2.20m及以上的，应计算全面积；结构层高在2.20m以下的，应计算1/2面积。

3.0.2 建筑物内设有局部楼层时，对于局部楼层的二层及以上楼层，有围护结构的应按其围护结构外围水平面积计算，无围护结构的应按其结构底板水平面积计算，且结构层高在2.20m及以上的，应计算全面积，结构层高在2.20m以下的，应计算1/2面积。

3.0.3 对于形成建筑空间的坡屋顶，结构净高在2.10m及以上的部位应计算全面积；结构净高在1.20m及以上至2.10m以下的部位应计算1/2面积；结构净高在1.20m以下的部位不应计算建筑面积。

3.0.4 对于场馆看台下的建筑空间，结构净高在2.10m及以上的部位应计算全面积；结构净高在1.20m及以上至2.10m以下的部位应计算1/2面积；结构净高在1.20m以下的部位不应计算建筑面积。室内单独设置的有围护设施的悬挑看台，应按看台结构底板水平投影面积计算建筑面积。有顶盖无围护结构的场馆看台应按其顶盖水平投影面积的1/2计算面积。

3.0.5 地下室、半地下室应按其结构外围水平面积计算。结构层高在2.20m及以上的，应计算全面积；结构层高在2.20m以下的，应计算1/2面积。

3.0.6 出入口外墙外侧坡道有顶盖的部位，应按其外墙结构外围水平面积的1/2计算面积。

3.0.7 建筑物架空层及坡地建筑物吊脚架空层，应按其顶板水平投影计算建筑面积。结构层高在2.20m及以上的，应计算全面积；结构层高在2.20m以下的，应计算1/2面积。

3.0.8 建筑物的门厅、大厅应按一层计算建筑面积，门厅、大厅内设置的走廊应按走廊结构底板水平投影面积计算建筑面积。结构层高在2.20m及以上的，应计算全面积；结构层高在2.20m以下的，应计算1/2面积。

3.0.9 对于建筑物间的架空走廊，有顶盖和围护设施的，应按其围护结构外围水平面积计算全面积；无围护结构、有围护设施的，应按其结构底板水平投影面积计算1/2面积。

3.0.10 对于立体书库、立体仓库、立体车库，有围护结构的，应按其围护结构外围水平面积计算建筑面积；无围护结构、有围护设施的，应按其结构底板水平投影面积计算建筑面积。无结构层的应按一层计算，有结构层的应按其结构层面积分别计算。结构层高在2.20m及以上的，应计算全面积；结构层高在2.20m以下的，应计算1/2面积。

3.0.11 有围护结构的舞台灯光控制室，应按其围护结构外围水平面积计算。结构层高在2.20m及以上的，应计算全面积；结构层高在2.20m以下的，应计算1/2面积。

3.0.12 附属在建筑物外墙的落地橱窗，应按其围护结构外围水平面积计算。结构层高在2.20m及以上的，应计算全面积；结构层高在2.20m以下的，应计算1/2面积。

3.0.13 窗台与室内楼地面高差在0.45m以下且结构净高在2.10m及以上的凸（飘）窗，应按其围护结构外围水平面积计算1/2面积。

3.0.14 有围护设施的室外走廊（挑廊），应按其结构底板水平投影面积计算1/2面积；有围护设施（或柱）的檐廊，应按其围护设施（或柱）外围水平面积计算1/2面积。

3.0.15 门斗应按其围护结构外围水平面积计算建筑面积，且结构层高在2.20m及以上的，应计算全面积；结构层高在2.20m以下的，应计算1/2面积。

3.0.16 门廊应按其顶板的水平投影面积的1/2计算建筑面积；有柱雨篷应按其结构板水平投影面积的1/2计算建筑面积；无柱雨篷的结构外边线至外墙结构外边线的宽度在2.10m及以上的，应按雨篷结构板的水平投影面积的1/2计算建筑面积。

3.0.17 设在建筑物顶部的、有围护结构的楼梯间、水箱间、电梯机房等，结构层高在2.20m及以上的应计算全面积；结构层高在2.20m以下的，应计算1/2面积。

3.0.18 围护结构不垂直于水平面的楼层，应按其底板面的外墙外围水平面积计算。结构净高在2.10m及以上的部位，应计算全面积；结构净高在1.20m及以上至2.10m以下的部位，应计算1/2面积；结构净高在1.20m以下的部位，不应计算建筑面积。

3.0.19 建筑物的室内楼梯、电梯井、提物井、管道井、通风排气竖井、烟道，应并入建筑物的自然层计算建筑面积。有顶盖的采光井应按一层计算面积，且结构净高在2.10m及以上的，应计算全面积；结构净高在2.10m以下的，应计算1/2面积。

3.0.20 室外楼梯应并入所依附建筑物自然层，并应按其水平投影面积的1/2计算建筑面积。

3.0.21 在主体结构内的阳台，应按其结构外围水平面积计算全面积；在主体结构外的阳台，应按其结构底板水平投影面积计算1/2面积。

3.0.22 有顶盖无围护结构的车棚、货棚、站台、加油站、收费站等，应按其顶盖水平投影面积的1/2计算建筑面积。

3.0.23 以幕墙作为围护结构的建筑物，应按幕墙外边线计算建筑面积。

3.0.24 建筑物的外墙外保温层，应按其保温材料的水平截面积计算，并计入自然层建筑面积。

3.0.25 与室内相通的变形缝，应按其自然层合并在建筑物建筑面积内计算。对于高低联跨的建筑物，当高低跨内部连通时，其变形缝应计算在低跨面积内。

3.0.26 对于建筑物内的设备层、管道层、避难层等有结构层的楼层，结构层高在2.20m及以上的，应计算全面积；结构层高在2.20m以下的，应计算1/2面积。

3.0.27 下列项目不应计算建筑面积：

1. 与建筑物内不相连通的建筑部件；

2. 骑楼、过街楼底层的开放公共空间和建筑物通道；

3. 舞台及后台悬挂幕布和布景的天桥、挑台等；

4. 露台、露天游泳池、花架、屋顶的水箱及装饰性结构构件；

5. 建筑物内的操作平台、上料平台、安装箱和罐体的平台；

6. 勒脚、附墙柱、垛、台阶、墙面抹灰、装饰面、镶贴块料面层、装饰性幕墙，主体结构外的空调室外机搁板（箱）、构件、配件，挑出宽度在2.10m以下的无柱雨篷和顶盖高度达到或超过两个楼层的无柱雨篷；

7. 窗台与室内地面高差在0.45m以下且结构净高在2.10m以下的凸（飘）窗，窗台与室内地面高差在0.45m及以上的凸（飘）窗；

8. 室外爬梯、室外专用消防钢楼梯；

9. 无围护结构的观光电梯；

10. 建筑物以外的地下人防通道，独立的烟囱、烟道、地沟、油（水）罐、气柜、水塔、贮油（水）池、贮仓、栈桥等构筑物。

本规范用词说明

1. 为便于在执行本规范条文时区别对待，对要求严格程度不同的用词说明如下：

1）表示很严格，非这样做不可的：

正面词采用“必须”，反面词采用“严禁”。

2）表示严格，在正常情况下均应这样做的：

正面词采用“应”，反面词采用“不应”或“不得”。

3）表示允许稍有选择，在条件许可时首先应这样做的：

正面词采用“宜”，反面词采用“不宜”。

4）表示有选择，在一定条件下可以这样做的，采用“可”。

2. 条文中指明应按其他有关标准执行的写法为：“应符合……的规定”或“应按……执行”。

中华人民共和国国家标准

建筑工程建筑面积计算规范

GB/T 50353—2013

条文说明

修订说明

本规范是在《建筑工程建筑面积计算规范》（GB/50353—2005）的基础上修订而成，上一版的主编单位是住房和城乡建设部标准定额研究所，主要起草人员是胡晓丽、王彭林、徐金泉、王海宏、李艳海、白洁如、徐佩清、李学范、朱连。

为便于规划、设计、施工、科研、学校等单位有关人员在使用本规范时能正确理解和执行条文规定，《建筑工程建筑面积计算规范》编制组按顺序，编制了包括条文规定的目的、依据以及执行中需注意的有关事项等内容的条文说明。本条文说明不具备与规范正文同等的法律效力，仅供使用者在理解和把握规范条文规定时参考。

目　录

1. 总　则

1.0.1 我国的《建筑面积计算规则》最初是在20世纪70年代制订的，之后根据需要进行了多次修订。1982年国家经委基本建设办公室（82）经基设字58号印发了《建筑面积计算规则》，对20世纪70年代制订的《建筑面积计算规则》进行了修订。1995年建设部发布《全国统一建筑工程预算工程量计算规则》（土建工程 GJD_{GZ} -101 -95），其中含“建筑面积计算规则”，是对1982年的《建筑面积计算规则》进行的修订。2005年建设部以国家标准发布了《建筑工程建筑面积计算规范》（GB/T50353—2005）。

此次修订是在总结《建筑工程建筑面积计算规范》（GB/T50353—2005）实施情况的基础上进行的，鉴于建筑发展中出现的新结构、新材料、新技术、新的施工方法，为了解决建筑技术的发展产生的面积计算问题，本着不重算，不漏算的原则，对建筑面积的计算范围和计算方法进行了修改统一和完善。

1.0.2 本条规定了本规范的适用范围。条文中所称建设全过程是指从项目建议书、可行性研究报告至竣工验收、交付使用的过程。

2. 术　语

2.0.1 建筑面积包括附属于建筑物的室外阳台、雨篷、檐廊、室外走廊、室外楼梯等。

2.0.5 具备可出入、可利用条件（设计中可能标明了使用用途，也可能没有标明使用用途或使用用途不明确）的围合空间，均属于建筑空间。

2.0.13 特指整体结构体系中承重的楼层，包括板、梁等构件。结构层承受整个楼层的全部荷载，并对楼层的隔声、防火等起主要作用。

2.0.14 落地橱窗是指在商业建筑临街面设置的下槛落地、可落在室外地坪也可落在室内首层地板，用来展览各种样品的玻璃窗。

2.0.15 凸窗（飘窗）既作为窗，就有别于楼（地）板的延伸，也就是不能把楼（地）板延伸出去的窗称为凸窗（飘窗）。凸窗（飘窗）的窗台应只是墙面的一部分且距（楼）地面应有一定的高度。

2.0.16 檐廊是附属于建筑物底层外墙有屋檐作为顶盖，其下部一般有柱或栏杆、栏板等的水平交通空间。

2.0.19 雨篷是指建筑物出入口上方、凸出墙面、为遮挡雨水而单独设立的建筑部件。雨篷划分为有柱雨篷（包括独立柱雨篷、多柱雨篷、柱墙混合支撑雨篷、墙支撑雨篷）和无柱雨篷（悬挑雨篷）。如凸出建筑物，且不单独设立顶盖，利用上层结构板（如楼板、阳台底板）进行遮挡，则不视为雨篷，不计算建筑面积。对于无柱雨篷，如顶盖高度达到或超过两个楼层时，也不视为雨篷，不计算建筑面积。

2.0.20 门廊是在建筑物出入口，无门、三面或二面有墙，上部有板（或借用上部楼板）围护的部位。

2.0.24 变形缝是指在建筑物因温差、不均匀沉降以及地震而可能引起结构破坏变形的敏感部位或其他必要的部位，预先设缝将建筑物断开，令断开后建筑物的各部分成为独立的单元，或者是划分为简单、规则的段，并令各段之间的缝达到一定的宽度，以能够适应变形的需要。根据外界破坏因素的不同，变形缝一般分为伸缩缝、沉降缝、抗震缝三种。

2.0.25 骑楼是指沿街二层以上用承重柱支撑骑跨在公共人行空间之上，其底层沿街面后退的建筑物。

2.0.26 过街楼是指当有道路在建筑群穿过时为保证建筑物之间的功能联系，设置跨越道路上空使两边建筑相连接的建筑物。

2.0.28 露台应满足四个条件：一是位置，设置在屋面、地面或雨篷顶，二是可出入，三是有围护设施，四是无盖，这四个条件须同时满足。如果设置在首层并有围护设施的平台，且其上层为同体量阳台，则该平台应视为阳台，按阳台的规则计算建筑面积。

2.0.30 台阶是指建筑物出入口不同标高地面或同楼层不同标高处设置

的供人行走的阶梯式连接构件。室外台阶还包括与建筑物出入口连接处的平台。

3. **计算建筑面积的规定**

3.0.1 建筑面积计算，在主体结构内形成的建筑空间，满足计算面积结构层高要求的均应按本条规定计算建筑面积。主体结构外的室外阳台、雨篷、檐廊、室外走廊、室外楼梯等按相应条款计算建筑面积。当外墙结构本身在一个层高范围内不等厚时，以楼地面结构标高处的外围水平面积计算。

3.0.2 建筑物内的局部楼层，包括：（1）围护设施；（2）围护结构；（3）局部楼层。

3.0.3 场馆看台下的建筑空间因其上部结构多为斜板，所以采用净高的尺寸划定建筑面积的计算范围和对应规则。室内单独设置的有围护设施的悬挑看台，因其看台上部设有顶盖且可供人使用，所以按看台板的结构底板水平投影计算建筑面积。“有顶盖无围护结构的场馆看台”所称的“场馆”为专业术语，指各种“场”类建筑，如：体育场、足球场、网球场、带看台的风雨操场等。

3.0.4 地下室作为设备、管道层按本规范第3.0.26条执行；地下室的各种竖向井道按本规范第3.0.19条执行；地下室的围护结构不垂直于水平面的按本规范第3.0.18条规定执行。

3.0.5 出入口坡道分有顶盖出入口坡道和无顶盖出入口坡道，出入口坡道顶盖的挑出长度，为顶盖结构外边线至外墙结构外边线的长度；顶盖以设计图纸为准，对后增加及建设单位自行增加的顶盖等，不计算建筑面积。顶盖不分材料种类（如钢筋混凝土顶盖、彩钢板顶盖、阳光板顶盖等）。地下室出入口包括：（1）应计算1/2投影面积部位；（2）主体建筑；（3）出入口顶盖；（4）封闭出入口侧墙；（5）出入口坡道。

3.0.6 本条既适用于建筑物吊脚架空层、深基础架空层建筑面积的计算，也适用于目前部分住宅、学校教学楼等工程在底层架空或在二楼或以上某个甚至多个楼层架空，作为公共活动、停车、绿化等空间的建筑面积的计算。架空层中有围护结构的建筑空间按相关规定计算。建筑物吊脚架空层包括：（1）柱；（2）墙；（3）吊脚架空层；（4）应计算建筑面积部位。

3.0.7 无围护结构的架空走廊。有围护结构的架空走廊包括：（1）栏杆；（2）架空走廊。

3.0.8 本条主要规定了图书馆中的立体书库、仓储中心的立体仓库、大型停车场的立体车库等建筑的建筑面积计算规定。起局部分隔、存储等作用的书架层、货架层或可升降的立体钢结构停车层均不属于结构层，故该部分分层不计算建筑面积。

3.0.9 檐廊，包括：（1）檐廊；（2）室内；（3）不计算建筑面积部位；（5）计算1/2建筑面积部位。

3.0.10 门斗，包括：（1）室内；（2）门斗。

3.0.11 雨篷分为有柱雨篷和无柱雨篷。有柱雨篷，没有出挑宽度的限制，也不受跨越层数的限制，均计算建筑面积。无柱雨篷，其结构板不能跨层，并受出挑宽度的限制，设计出挑宽度大于或等于2.10m时才计算建筑面积。出挑宽度，系指雨篷结构外边线至外墙结构外边线的宽度，弧形或异形时，取最大宽度。

3.0.12 本规范的2005年版条文中仅对围护结构向外倾斜的情况进行了规定，本次修订后条文对于向内、向外倾斜均适用。在划分高度上，本条使用的是“结构净高”，与其他正常平楼层按层高划分不同，但与斜屋面的划分原则相一致。由于目前很多建筑设计追求新、奇、特，造型越来越复杂，很多时候根本无法明确区分什么是围护结构、什么是屋顶，因此对于斜围护结构与斜屋顶采用相同的计算规则，即只要外壳倾斜，就按结构净高划段，分别计算建筑面积。斜围护结构包括：（1）应计算1/2建筑面积部位；（2）不计算建筑面积部位。

3.0.13 建筑物的楼梯间层数按建筑物的层数计算。有顶盖的采光井包括建筑物中的采光井和地下室采光井。地下室采光井包括：（1）采光井；（2）室内；（3）地下室。

3.0.14 室外楼梯作为连接该建筑物层与层之间交通不可缺少的基本部件，无论从其功能、还是工程计价的要求来说，均需计算建筑面积。层数为室外楼梯所依附的楼层数，即梯段部分投影到建筑物范围的层数。利用室外楼梯下部的建筑空间不得重复计算建筑面积；利用地势砌筑的为室外踏步，不计算建筑面积。

3.0.15 建筑物的阳台，不论其形式如何，均以建筑物主体结构为界分别计算建筑面积。

3.0.16 幕墙以其在建筑物中所起的作用和功能来区分，直接作为外墙起围护作用的幕墙，按其外边线计算建筑面积；设置在建筑物墙体外起装饰作用的幕墙，不计算建筑面积。

3.0.17 为贯彻国家节能要求，鼓励建筑外墙采取保温措施，本规范将保温材料的厚度计入建筑面积，但计算方法较2005年规范有一定变化。建筑物外墙外侧有保温隔热层的，保温隔热层以保温材料的净厚度乘以外墙结构外边线长度按建筑物的自然层计算建筑面积，其外墙外边线长度不扣除门窗和建筑物外已计算建筑面积构件（如阳台、室外走廊、门斗、落地橱窗等部件）所占长度。当建筑物外已计算建筑面积的构件（如阳台、室外走廊、门斗、落地橱窗等部件）有保温隔热层时，其保温隔热层也不再计算建筑面积。外墙是斜面者按楼面楼板处的外墙外边线长度乘以保温材料的净厚度计算。外墙外保温以沿高度方向满铺为准，某层外墙外保温铺设高度未达到全部高度时（不包括阳台、室外走廊、门斗、落地橱窗、雨篷、飘窗等），不计算建筑面积。保温隔热层的建筑面积是以保温隔热材料的厚度来计算的，不包含抹灰层、防潮层、保护层（墙）的厚度。建筑外墙外保温包括：（1）墙体；（2）粘结胶浆；（3）保温材料；（4）标准网；（5）加强网；（6）抹面胶浆；（7）计算建筑面积部位。

3.0.18 本规范所指的与室内相通的变形缝，是指暴露在建筑物内，在建筑物内可以看得见的变形缝。

3.0.19 设备层、管道层虽然其具体功能与普通楼层不同，但在结构上及施工消耗上并无本质区别，且本规范定义自然层为“按楼地面结构分层的楼层”，因此设备、管道楼层归为自然层，其计算规则与普通楼层相同。在吊顶空间内设置管道的，则吊顶空间部分不能被视为设备层、管道层。

3.0.20 不计算建筑面积项目：

1 指的是依附于建筑物外墙外不与户室开门连通，起装饰作用的敞开式挑台（廊）、平台，以及不与阳台相通的空调室外机搁板（箱）等设备平台部件；

2 骑楼、过街楼、人行道、街道、建筑物通道。

二、最高人民法院关于审理建设工程施工合同纠纷案件适用法律问题的解释

(2004年9月29日最高人民法院审判委员会第1327次会议通过)

法释〔2004〕14号

中华人民共和国最高人民法院公告

《最高人民法院关于审理建设工程施工合同纠纷案件适用法律问题的解释》已于2004年9月29日由最高人民法院审判委员会第1327次会议通过，现予公布，自2005年1月1日起施行。

二〇〇四年十月二十五日

根据《中华人民共和国民法通则》、《中华人民共和国合同法》、《中华人民共和国招标投标法》、《中华人民共和国民事诉讼法》等法律规定，结合民事审判实际，就审理建设工程施工合同纠纷案件适用法律的问题，制定本解释。

第一条　建设工程施工合同具有下列情形之一的，应当根据合同法第五十二条第（五）项的规定，认定无效：

（一）承包人未取得建筑企业资质或者超越资质等级的；

（二）没有资质的实际施工人借用有资质的建筑企业名义的；

（三）建设工程必须进行招标而未招标或者中标无效的。

第二条　建设工程施工合同无效，但建设工程经竣工验收合格，承包人请求参照合同约定支付工程价款的，应予支持。

第三条　建设工程施工合同无效，且建设工程经竣工验收不合格的，按照以下情形分别处理：

（一）修复后的建设工程经竣工验收合格，发包人请求承包人承担修复费用的，应予支持；

（二）修复后的建设工程经竣工验收不合格，承包人请求支付工程价款的，不予支持。因建设工程不合格造成的损失，发包人有过错的，也应承担相应的民事责任。

第四条 承包人非法转包、违法分包建设工程或者没有资质的实际施工人借用有资质的建筑企业名义与他人签订建设工程施工合同的行为无效。人民法院可以根据民法通则第一百三十四条规定，收缴当事人已经取得的非法所得。

第五条 承包人超越资质等级许可的业务范围签订建设工程施工合同，在建设工程竣工前取得相应资质等级，当事人请求按照无效合同处理的，不予支持。

第六条 当事人对垫资和垫资利息有约定，承包人请求按照约定返还垫资及其利息的，应予支持，但是约定的利息计算标准高于中国人民银行发布的同期同类贷款利率的部分除外。

当事人对垫资没有约定的，按照工程欠款处理。

当事人对垫资利息没有约定，承包人请求支付利息的，不予支持。

第七条 具有劳务作业法定资质的承包人与总承包人、分包人签订的劳务分包合同，当事人以转包建设工程违反法律规定为由请求确认无效的，不予支持。

第八条 承包人具有下列情形之一，发包人请求解除建设工程施工合同的，应予支持：

（一）明确表示或者以行为表明不履行合同主要义务的；

（二）合同约定的期限内没有完工，且在发包人催告的合理期限内仍未完工的；

（三）已经完成的建设工程质量不合格，并拒绝修复的；

（四）将承包的建设工程非法转包、违法分包的。

第九条 发包人具有下列情形之一，致使承包人无法施工，且在催告的合理期限内仍未履行相应义务，承包人请求解除建设工程施工合同的，应予支持：

（一）未按约定支付工程价款的；

（二）提供的主要建筑材料、建筑构配件和设备不符合强制性标准的；

（三）不履行合同约定的协助义务的。

第十条 建设工程施工合同解除后，已经完成的建设工程质量合格的，发包人应当按照约定支付相应的工程价款；已经完成的建设工程质量不合格的，参照本解释第三条规定处理。

因一方违约导致合同解除的，违约方应当赔偿因此而给对方造成的损失。

第十一条 因承包人的过错造成建设工程质量不符合约定，承包人拒绝修理、返工或者改建，发包人请求减少支付工程价款的，应予支持。

第十二条 发包人具有下列情形之一，造成建设工程质量缺陷，应当承担过错责任：

（一）提供的设计有缺陷；

（二）提供或者指定购买的建筑材料、建筑构配件、设备不符合强制性标准；

（三）直接指定分包人分包专业工程。

承包人有过错的，也应当承担相应的过错责任。

第十三条 建设工程未经竣工验收，发包人擅自使用后，又以使用部分质量不符合约定为由主张权利的，不予支持；但是承包人应当在建设工程的合理使用寿命内对地基基础工程和主体结构质量承担民事责任。

第十四条 当事人对建设工程实际竣工日期有争议的，按照以下情形分别处理：

（一）建设工程经竣工验收合格的，以竣工验收合格之日为竣工日期；

（二）承包人已经提交竣工验收报告，发包人拖延验收的，以承包人提交验收报告之日为竣工日期；

（三）建设工程未经竣工验收，发包人擅自使用的，以转移占有建设工程之日为竣工日期。

第十五条 建设工程竣工前，当事人对工程质量发生争议，工程质量经鉴定合格的，鉴定期间为顺延工期期间。

第十六条 当事人对建设工程的计价标准或者计价方法有约定的，按照约定结算工程价款。

因设计变更导致建设工程的工程量或者质量标准发生变化，当事人对该部分工程价款不能协商一致的，可以参照签订建设工程施工合同时当地建设行政主管部门发布的计价方法或者计价标准结算工程价款。

建设工程施工合同有效，但建设工程经竣工验收不合格的，工程价款结算参照本解释第三条规定处理。

第十七条 当事人对欠付工程价款利息计付标准有约定的，按照约定处理；没有约定的，按照中国人民银行发布的同期同类贷款利率计息。

第十八条 利息从应付工程价款之日计付。当事人对付款时间没有约定或者约定不明的，下列时间视为应付款时间：

（一）建设工程已实际交付的，为交付之日；

（二）建设工程没有交付的，为提交竣工结算文件之日；

（三）建设工程未交付，工程价款也未结算的，为当事人起诉之日。

第十九条 当事人对工程量有争议的，按照施工过程中形成的签证等书面文件确认。承包人能够证明发包人同意其施工，但未能提供签证文件证明工程量发生的，可以按照当事人提供的其他证据确认实际发生的工程量。

第二十条 当事人约定，发包人收到竣工结算文件后，在约定期限内不予答复，视为认可竣工结算文件的，按照约定处理。承包人请求按照竣工结算文件结算工程价款的，应予支持。

第二十一条 当事人就同一建设工程另行订立的建设工程施工合同与经过备案的中标合同实质性内容不一致的，应当以备案的中标合同作为结算工程价款的根据。

第二十二条 当事人约定按照固定价结算工程价款，一方当事人请求对建设工程造价进行鉴定的，不予支持。

第二十三条 当事人对部分案件事实有争议的，仅对有争议的事实进行鉴定，但争议事实范围不能确定，或者双方当事人请求对全部事实鉴定的除外。

第二十四条 建设工程施工合同纠纷以施工行为地为合同履行地。

第二十五条 因建设工程质量发生争议的，发包人可以以总承包人、分包人和实际施工人为共同被告提起诉讼。

第二十六条 实际施工人以转包人、违法分包人为被告起诉的，人民法院应当依法受理。

实际施工人以发包人为被告主张权利的，人民法院可以追加转包人或者违法分包人为本案当事人。发包人只在欠付工程价款范围内对实际施工人承担责任。

第二十七条 因保修人未及时履行保修义务，导致建筑物毁损或者造成人身、财产损害的，保修人应当承担赔偿责任。

保修人与建筑物所有人或者发包人对建筑物毁损均有过错的，各自承担相应的责任。

第二十八条 本解释自二○○五年一月一日起施行。

施行后受理的第一审案件适用本解释。

施行前最高人民法院发布的司法解释与本解释相抵触的，以本解释为准。

三、最高人民法院关于建设工程价款优先受偿权问题的批复

《最高人民法院关于建设工程价款优先受偿权问题的批复》已于2002年6月11日由最高人民法院审判委员会第1225次会议通过。现予公布，自2002年6月27日起施行。

2002年6月20日

(2002年6月11日最高人民法院审判委员会第1225次会议通过)

法释〔2002〕16号

上海市高级人民法院：

你院沪高法〔2001〕14号《关于合同法第286条理解与适用问题的请示》收悉。经研究，答复如下：

一、人民法院在审理房地产纠纷案件和办理执行案件中，应当依照《中华人民共和国合同法》第二百八十六条的规定，认定建筑工程的承包人的优先受偿权优于抵押权和其他债权。

二、消费者交付购买商品房的全部或者大部分款项后，承包人就该商品房享有的工程价款优先受偿权不得对抗买受人。

三、建筑工程价款包括承包人为建设工程应当支付的工作人员报酬、材料款等实际支出的费用，不包括承包人因发包人违约所造成的损失。

四、建设工程承包人行使优先权的期限为六个月，自建设工程竣工之日或者建设工程合同约定的竣工之日起计算。

五、本批复第一条至第三条自公布之日起施行，第四条自公布之日起六个月后施行。

此复。

四、建筑工程施工发包与承包计价管理办法

中华人民共和国建设部令

第 107 号

《建筑工程施工发包与承包计价管理办法》已经2001 年10 月25 日建设部第 49 次常务会议审议通过，现予发布，自 2001 年 12 月 1 日起施行。

部长　俞正声

二〇〇一年十一月五日

第一条　为了规范建筑工程施工发包与承包计价行为，维护建筑工程发包与承包双方的合法权益，促进建筑市场的健康发展，根据有关法律、法规，制定本办法。

第二条　在中华人民共和国境内的建筑工程施工发包与承包计价（以

下简称工程发承包计价）管理，适用本办法。

本办法所称建筑工程是指房屋建筑和市政基础设施工程。

本办法所称房屋建筑工程，是指各类房屋建筑及其附属设施和与其配套的线路、管道、设备安装工程及室内外装饰装修工程。

本办法所称市政基础设施工程，是指城市道路、公共交通、供水、排水、燃气、热力、园林、环卫、污水处理、垃圾处理、防洪、地下公共设施及附属设施的土建、管道、设备安装工程。

工程发承包计价包括编制施工图预算、招标标底、投标报价、工程结算和签订合同价等活动。

第三条 建筑工程施工发包与承包价在政府宏观调控下，由市场竞争形成。

工程发承包计价应当遵循公平、合法和诚实信用的原则。

第四条 国务院建设行政主管部门负责全国工程发承包计价工作的管理。

县级以上地方人民政府建设行政主管部门负责本行政区域内工程发承包计价工作的管理。其具体工作可以委托工程造价管理机构负责。

第五条 施工图预算、招标标底和投标报价由成本（直接费、间接费）、利润和税金构成。其编制可以采用以下计价方法：

（一）工料单价法。分部分项工程量的单价为直接费。直接费以人工、材料、机械的消耗量及其相应价格确定。间接费、利润、税金按照有关规定另行计算。

（二）综合单价法。分部分项工程量的单价为全费用单价。全费用单价综合计算完成分部分项工程所发生的直接费、间接费、利润、税金。

第六条 招标标底编制的依据为：

（一）国务院和省、自治区、直辖市人民政府建设行政主管部门制定的工程造价计价办法以及其他有关规定；

（二）市场价格信息。

第七条 投标报价应当满足招标文件要求。

投标报价应当依据企业定额和市场价格信息，并按照国务院和省、自治区、直辖市人民政府建设行政主管部门发布的工程造价计价办法进行编制。

第八条 招标投标工程可以采用工程量清单方法编制招标标底和投标报价。

工程量清单应当依据招标文件、施工设计图纸、施工现场条件和国家制定的统一工程量计算规则、分部分项工程项目划分、计量单位等进行编制。

第九条 招标标底和工程量清单由具有编制招标文件能力的招标人或其委托的具有相应资质的工程造价咨询机构、招标代理机构编制。

投标报价由投标人或其委托的具有相应资质的工程造价咨询机构编制。

第十条 对是否低于成本报价的异议，评标委员会可以参照建设行政主管部门发布的计价办法和有关规定进行评审。

第十一条 招标人与中标人应当根据中标价订立合同。

不实行招标投标的工程，在承包方编制的施工图预算的基础上，由发承包双方协商订立合同。

第十二条 合同价可以采用以下方式：

（一）固定价。合同总价或者单价在合同约定的风险范围内不可调整。

（二）可调价。合同总价或者单价在合同实施期内，根据合同约定的办法调整。

（三）成本加酬金。

第十三条 发承包双方在确定合同价时，应当考虑市场环境和生产要素价格变化对合同价的影响。

第十四条 建筑工程的发承包双方应当根据建设行政主管部门的规定，结合工程款、建设工期和包工包料情况在合同中约定预付工程款的具体事宜。

第十五条 建筑工程发承包双方应当按照合同约定定期或者按照工程进度分段进行工程款结算。

第十六条 工程竣工验收合格，应当按照下列规定进行竣工结算：

（一）承包方应当在工程竣工验收合格后的约定期限内提交竣工结算文件。

（二）发包方应当在收到竣工结算文件后的约定期限内予以答复。逾期未答复的，竣工结算文件视为已被认可。

（三）发包方对竣工结算文件有异议的，应当在答复期内向承包方提出，并可以在提出之日起的约定期限内与承包方协商。

（四）发包方在协商期内未与承包方协商或者经协商未能与承包方达成协议的，应当委托工程造价咨询单位进行竣工结算审核。

（五）发包方应当在协商期满后的约定期限内向承包方提出工程造价咨询单位出具的竣工结算审核意见。

发承包双方在合同中对上述事项的期限没有明确约定的，可认为其约定期限均为28日。

发承包双方对工程造价咨询单位出具的竣工结算审核意见仍有异议的，在接到该审核意见后一个月内可以向县级以上地方人民政府建设行政主管部门申请调解，调解不成的，可以依法申请仲裁或者向人民法院提起诉讼。

工程竣工结算文件经发包方与承包方确认即应当作为工程决算的依据。

第十七条 招标标底、投标报价、工程结算审核和工程造价鉴定文件应当由造价工程师签字，并加盖造价工程师执业专用章。

第十八条 县级以上地方人民政府建设行政主管部门应当加强对建筑工程发承包计价活动的监督检查。

第十九条 造价工程师在招标标底或者投标报价编制、工程结算审核和工程造价鉴定中，有意抬高、压低价格，情节严重的，由造价工程师注册管理机构注销其执业资格。

第二十条 工程造价咨询单位在建筑工程计价活动中有意抬高、压低价格或者提供虚假报告的，县级以上地方人民政府建设行政主管部门责令改正，并可处以一万元以上三万元以下的罚款；情节严重的，由发证机关注销工程造价咨询单位资质证书。

第二十一条 国家机关工作人员在建筑工程计价监督管理工作中，玩忽职守、徇私舞弊、滥用职权的，由有关机关给予行政处分；构成犯罪的，依法追究刑事责任。

第二十二条 建筑工程以外的工程施工发包与承包计价管理可以参照本办法执行。

第二十三条 本办法由国务院建设行政主管部门负责解释。

第二十四条 本办法自2001年12月1日起施行。

五、关于建立建筑业企业农民工工资保证金制度的通知

各区、县建委，各省驻津建管处，各建筑企业：

为有效预防和解决建设领域拖欠农民工工资问题，维护农民工合法权益，促进社会和谐稳定，依据《国务院关于解决农民工问题的若干意见》（国发〔2006〕5号）和市政府《批转市建委等六部门关于建立防止建设领域拖欠工程款和农民工工资长效管理机制意见的通知》（津政发〔2006〕94号）等有关规定，在全市建筑业企业建立农民工工资保证金制度。现就有关事项通知如下：

一、保证金性质：农民工工资保证金是预防拖欠农民工工资的专项资金，仅限于被拖欠农民工工资的支付，不用于解决其他经济纠纷，不得挪作他用。

二、收取对象：在本市行政区域内从事建筑施工活动的外地进津建筑业企业以及近三年内发生过拖欠农民工工资的本市建筑业企业。

三、收取主体：市、区（县）建设行政主管部门按管理权限负责收取建筑业企业农民工工资保证金。其中：本市注册的二级以上（含二级）施工总承包企业、一级专业承包企业和外地进津建筑业企业由天津市施工队伍管理站（以下简称市施管站）统一收取；本市注册的三级施工总承包企业、二级（含二级）以下专业承包企业和劳务企业按企业注册地由各区县建设行政主管部门收取。

四、收取标准：施工总承包企业的农民工工资保证金标准为100万元，专业承包企业和劳务企业为30万元。

五、收取程序

1. 市施管站和各区县建设行政主管部门设立农民工工资保证金专用账户。

2. 本市注册的建筑业企业于2009年5月1日前将农民工工资保证金存入指定的专用账户；外地进津建筑业企业在办理进津备案时，需将保证金存入市施管站指定账户。

3. 建筑业企业在缴存农民工工资保证金时，应当书面承诺一旦其发生拖欠农民工工资行为时，建设行政主管部门有权强制启动农民工工资保证金用于支付被拖欠工资。

六、减免与增补条件

（一）增加条件

1. 上一年度存在拖欠、克扣农民工工资，并产生恶劣社会影响的建筑业企业，新一年度应加倍缴存农民工工资保证金。

2. 企业及时解决农民工工资拖欠问题，未造成严重影响的，维持原保证金额度。

3. 因用于支付拖欠的农民工工资导致原交纳的保证金低于规定标准的，应及时补足差额。

（二）减免条件

1. 上一年度未发生农民工工资拖欠的，下一年度减半收取；

2. 被评为天津市诚信企业的，免收保证金；

3. 连续三年未发生农民工工资拖欠的，免收保证金。

减免期间，企业发生拖欠农民工工资行为，应按原保证金额度标准予以补齐。

七、使用情形

1. 由于施工总承包企业的原因导致拖欠农民工工资的，可从其缴存的农民工工资保证金中先行划支。

2. 由于分包企业的原因导致拖欠农民工工资的，先从分包企业缴存的农民工工资保证金中先行划支；不足部分，从施工总承包企业缴存的保证金中划拨，工程结算后总承包企业从分包款中扣除。

八、启动程序

1. 申请启动：发生农民工工资拖欠后，由项目所在地建设行政主管部门、劳动和社会保障部门和市施管站调查认定拖欠事实；建筑企业对拖欠事实无任何异议但无力偿还的，可向企业注册地建设行政主管部门或市施管站提交支取保证金申请书。经核对后，企业注册地建设行政主管部门或者市施管站按程序提取相应数额资金支付农民工工资。

2. 强制启动：发生农民工工资拖欠后，建筑企业对拖欠农民工工资未予认可的，经项目所在地建设行政主管部门、劳动和社会保障部门调查认定事实，由企业注册地建设行政主管部门或市施管站认定，可强制从企业保证金专项账户中提取相应数额资金（以企业存入的保证金额为限），支付农民工工资。项目所在地建设行政主管部门、劳动和社会保障部门以及相关省驻津建管处现场监督农民工工资发放到位。

九、退还程序

建筑业企业退出本市建筑市场，可按程序退还农民工工资保证金。

1. 外地进津建筑业企业提交《外地进津建筑业企业退市登记表》、在天津日报刊登的退市声明等材料向市施管站提出退还保证金申请。

2. 本市施工总承包企业凭已注销的施工资质证书向市施管站或者企业注册地建设行政主管部门提出退还保证金申请。

符合要求的，市施管站或企业注册地建设行政主管部门应在5个工作日内办理完毕退还手续。

十、有关要求

1. 各建筑业企业向市施管站或企业注册地建设行政主管部门缴存农民工工资保证金，并取得《农民工工资保证金缴存凭证》，不再向项目所在地建设行政部门重复缴存农民工工资保证金。

2. 建筑业企业缴存农民工工资保证金是参与工程招投标的必备条件之一。未缴存农民工工资保证金或保证金金额未达到规定标准的，不得参加本市工程招投标或承揽工程任务。

3. 按照管理权限，各区县建设行政主管部门和市施管站要落实责任，严格管理，密切配合，确保农民工工资保证金制度的建立及有效运转。

4. 本制度从2009年4月1日起执行。

特此通知

二〇〇九年三月三十一日

六、天津市建筑业农民工工资保证金制度实施细则

一、保证金初始收取

（一）保证金专用账户的建立

施工队伍管理站（后简称市施管站）和各区县建设行政管理主管部门开立农民工工资保证金（后简称保证金）专用账户并安排专人或部门负责保证金的收取和管理。市施管站建立保证金管理网络系统（www. tjsjz. com）（后简称系统）实现市施管站和各区县建设行政主管部门收取保证金和保证金管理的联动。

（二）初始收取金额的核定

依据《关于建立建筑业企业农民工工资保证金制度的通知》（建筑〔2009〕257 号），施工总承包企业缴纳金额为 100 万，专业承包企业和劳务企业缴纳金额为 30 万，获 2008 年度天津市优秀诚信建筑企业称号的企业 2009 年度可免交保证金。

（三）收取程序

1. 本市注册的二级以上（含二级）施工总承包企业、一级专业承包企业和外地进津建筑业企业由天津市施工队伍管理站统一收取；本市注册的三级施工总承包企业、二级（含二级）以下专业承包企业和劳务企业按企业注册地由各区县建设行政主管部门收取；

2. 保证金账户所属区县建设行政主管部门或市施管站开具缴款通知；

3. 企业持缴款通知到保证金账户所在银行足额缴纳保证金；

4. 企业签署关于保证金管理和使用的书面承诺书；

5. 区县建设行政主管部门或市施管站开具保证金收据和《农民工工资保证金缴存凭证》；

6. 企业办理缴纳保证金手续时，应携带资质证书原件和复印件。

二、保证金启动程序

（一）申请启动

当项目发生拖欠农民工工资问题，建筑企业对拖欠事实无异议但无力偿还的，采取申请启动保证金的方式解决农民工工资拖欠问题。具体程序如下：

1. 拖欠责任企业在系统上提出启动申请，并填写《天津市农民工工资保证金申请启动审批表》由项目所在地劳动和社会保障部门、区县建设行政主管部门和市施管站确认拖欠事实和启动金额；

2. 保证金账户所属区县建设行政主管部门或市施管站对《天津市农民工工资保证金申请启动审批表》审核批准后，收回该企业的《农民工工资保证金缴存凭证》；

3. 保证金账户所属区县建设行政主管部门或市施管站依据启动程序提取相应数额保证金支付农民工工资；

4. 项目所在地建设行政主管部门、劳动和社会保障部门以及相关省驻津建管处应现场监督农民工工资发放到位。

（二）强制启动

当项目发生农民工工资拖欠后，责任企业（建筑企业）对拖欠农民工工资事实拒不认可时，采取强制启动保证金的方式解决农民工工资拖欠问题。具体程序如下：

1. 项目所在地区县建设行政主管部门、劳动和社会保障部门调查认定拖欠事实后，填写《天津市农民工工资保证金强制启动审批表》；

2. 保证金账户所属区县建设行政主管部门或市施管站核实批准后，可强制从企业保证金账户中提取相应数额保证金支付农民工工资；

3. 通过系统将该企业《农民工工资保证金缴存凭证》废除；

4. 项目所在地建设行政主管部门、劳动和社会保障部门以及相关省驻津建管处应现场监督农民工工资发放到位。

三、补足保证金

因用于支付拖欠的农民工工资导致原交纳的保证金低于规定标准的企业，应在90日内补足差额，差额补足后由保证金账户所属区县建设行政主管部门或市施管站重新核发《农民工工资保证金缴存凭证》。

四、保证金增减、免除、退还

（一）调整时间

2009年为保证金初始收取年度，自2010年开始每年4月份依据上年度农民工工资拖欠和有关诚信情况进行保证金增、减或免交的调整。

（二）增加保证金

1. 调增条件

依据《关于建立建筑业企业农民工工资保证金制度的通知》文件中“减免与增补条件”要求调增。

2. 调增程序

（1）项目所在区县建设行政主管部门及时向保证金账户所属区县建设行政主管部门和市施管站通报企业因拖欠农民工工资发生重大突发或重大社会影响事件，作为该企业保证金调增的主要依据；

（2）保证金账户所属区县建设行政主管部门或市施管站对保证金进行调整，并以《调增通知单》、短信通知或通过网上公告的方式通知企业；

（3）企业应在接到任何一种方式通知后 30 日内，将保证金调增的差额交至保证金账户所属区县建设行政主管部门或市施管站。

（三）减少保证金

1. 调减条件

依据《关于建立建筑业企业农民工工资保证金制度的通知》文件中“减免与增补条件”要求调减。每年 6 月 30 日后缴纳保证金的，不在下一年度调整期进行调减。

2. 调减程序

（1）项目所在区县建设行政主管部门每月向保证金账户所属区县建设行政主管部门和市施管站通报企业因拖欠农民工工资发生的投诉上访汇总情况；

（2）保证金账户所属区县建设行政主管部门或市施管站对未发生拖欠农民工工资问题的企业的保证金进行调减，并通过系统公布调减企业名单并向调减企业发出短信通知；

（3）企业应在接到任何一种方式通知后 30 日内到保证金账户所属区县建设行政主管部门或市施管站办理相应手续。

（四）免除保证金

依据《关于建立建筑业企业农民工工资保证金制度的通知》文件中“减免与增补条件”要求免除。

1. 保证金账户所属区县建设行政主管部门和市施管站依据天津市建委

核发的上一年度天津市优秀诚信建筑企业名单免除该企业的保证金；

2. 自2009年度起连续三年未发生农民工工资拖欠的或连续两年保证金均减半的企业，保证金账户所属区县建设行政主管部门或市施管站免除该企业保证金；

3. 企业到其保证金账户所属区县建设行政主管部门或市施管站办理退还手续，重新开具《农民工工资保证金缴存凭证》。

4. 减免期间，企业发生拖欠农民工工资问题的，应按原保证金额度标准予以补齐。

（五）退还保证金

1. 外地进津建筑业企业提交《外地进津建筑业企业退市登记表》、在天津日报刊登的退市声明等材料向市施管站提出退还保证金申请；

2. 本市施工总承包企业凭已注销的施工资质证书向保证金账户所属区县建设行政主管部门或市施管站提出退还保证金申请；

3. 符合要求的，保证金账户所属区县建设行政主管部门或市施管站在5个工作日内办理完毕退还手续，同时收回企业《农民工工资保证金缴存凭证》。

五、农民工工资保证金监管

通过保证金管理系统，市施管站掌握全市及和外地进津企业保证金缴纳及启动情况，并对各区县建设行政主管部门保证金管理情况实施监控。各区县建设行政主管部门应及时通报辖区项目拖欠农民工工资情况。

六、其他要求

1. 企业凭《农民工工资保证金缴存凭证》方可参加招投标，招投标部门通过网络查询《农民工工资保证金缴存凭证》的有效性，作为投标预审的条件之一。

2. 未缴存农民工工资保证金或保证金金额未达到规定标准的，不得参加本市工程招投标或承揽工程任务。

3. 企业丢失《农民工工资保证金缴存凭证》应及时到保证金账户所属区县建设行政主管部门或市施管站办理挂失并补办。

二〇〇九年四月二十七日